AF544706

EL MÉDICO DE SÍ MISMO

Manual práctico de medicina oriental

Noboru B. Muramoto

EL MÉDICO DE SÍ MISMO

Manual práctico de medicina oriental

Edición al cuidado de
Ida, Yukinori, Tide y Hannah Muramoto

Ilustraciones de M. M.

EDICIONES OBELISCO

Colección Salud y Vida natural
El médico de sí mismo
Noboru B. Muramoto

1.ª edición: septiembre de 2021

Título original: *Il medico di se stesso*

Traducción: *Manuel Manzano*
Corrección: *Sara Moreno*
Diseño de cubierta: *Enrique Iborra*

Edita: Ediciones Obelisco, S. L.
Collita, 23-25. Pol. Ind. Molí de la Bastida
08191 Rubí - Barcelona - España
Tel. 93 309 85 25
E-mail: info@edicionesobelisco.com

ISBN: 978-84-9111-780-3
Depósito Legal: B-14.997-2021

Impreso en los talleres gráficos de Romanyà/Valls S. A.
Verdaguer, 1 - 08786 Capellades - Barcelona

Printed in Spain

PRÓLOGO

Esta nueva edición nace gracias a Mario Pianesi, pionero de la macrobiótica italiana, creador, fundador y presidente de la asociación nacional e internacional Un Punto Macrobiótico, quien hizo justicia y honró la memoria del senséi Muramoto también en la historia de este libro.

Noboru B. Muramoto fue uno de los alumnos del maestro japonés Georges Ohsawa (Nyoiti Sakurazawa), padre fundador de la macrobiótica en Occidente, y que dedicó su vida a difundirla, especialmente a través de la producción de alimentos tradicionales como el miso, el tamari, el shoyu, las ciruelas umeboshi, el mochi, etc. El libro *Healing Ourselves* (traducido como *Il medico di se stesso* para la edición italiana y *El médico de sí mismo* para esta edición en español) nació originalmente de una colección de notas tomadas de las conferencias que celebró en Estados Unidos durante una iniciativa organizada por la editorial Swan House de Nueva York, en 1973. Lamentablemente, los textos transcritos y publicados por uno de los participantes en estas conferencias presentaban errores e inexactitudes. El senséi Muramoto, dado su carácter reservado y al estar totalmente dedicado a sus actividades sociales, pudo leer el texto del libro en la versión definitiva sólo después de su publicación, e intentó luego, y en vano, obtener los derechos de autor de la obra de la que había sido privado y, sobre todo, corregir gran parte de ella, ya que no se reconocía en lo que allí estaba escrito.

En 1988, Mario Pianesi invitó a Noboru B. Muramoto a Italia para realizar el primer curso en Europa sobre la preparación del miso; en esta ocasión se puso en contacto con la editorial Feltrinelli para buscar una solución al menos en Italia. Lamentablemente, y pese a la amplia disponibilidad que le mostró la editorial italiana, el senséi Muramoto falleció antes de que su deseo se viera satisfecho.

Fue gracias a la amistad y el estímulo de Mario Pianesi –a quien el senséi Muramoto dejó su herencia espiritual antes de su muerte– y de la asociación Un Punto Macrobiótico que pudimos reunirnos para recomponer los manuscritos y notas originales de Noboru B. Muramoto, nuestro padre y esposo.

Con este libro queremos llevar a cabo su misión: ayudar a todas las personas a recuperar la salud y a cuidarla personalmente, para crear un mundo más sano y pacífico. Si bien va en contra de su modestia hablar demasiado de los méritos de Noboru B. Muramoto, se puede decir que su principal obra fue precisamente la difusión de la parte práctica de las enseñanzas de su maestro, cuya actividad consistió, sobre todo, en enseñar a las personas a ser autosuficientes en la preparación de alimentos, especialmente de los productos fermentados macrobióticos. Por este motivo, también hemos optado por incluir un capítulo sobre la producción artesanal del miso, de la salsa de soja, de las umeboshi, etc. Después de tantos años podemos honrar a una persona que ha seguido un camino humilde, «dando» a los demás y «actuando» en silencio, sin buscar una afirmación personal.

Agradecemos la disponibilidad y comprensión del editor Feltrinelli, quien supo captar el significado de esta nueva edición y dar crédito al pensamiento real del autor.

Ida, Yukinori, Marea, Hannah Muramoto

BIOGRAFÍA DEL AUTOR

Noboru B. Muramoto nació el 5 de noviembre de 1920 en Omi, un pequeño pueblo de montaña en la región de Toyama, en la zona central de Japón. La suya era una familia campesina, lo que le permitió desde muy pequeño vivir en estrecho contacto con la naturaleza, cultivando la tierra y vendiendo la madera que obtenía del bosque. Sus padres se dedicaban a la elaboración de productos tradicionales japoneses para uso familiar, como el miso y otros condimentos obtenidos de la fermentación de cereales y de soja (tamari y shoyu), y umeboshi (ciruelas saladas con hojas de shiso). Eran muy pobres y llevaban una vida sencilla y llena de sacrificios.

El cuarto de ocho hijos, Noboru Muramoto nació prematuro y con la constitución muy débil: en los primeros años de su vida creció de manera insuficiente. Desde muy joven sufrió numerosos problemas de salud: tuvo tuberculosis y sufría de dolor de estómago persistente, además de tener alteraciones visuales y dolor de espalda severo. Su condición empeoraba constantemente y, a pesar de consultar a varios médicos, no se pudo encontrar una cura.

Durante el bachillerato, a los dieciséis años de edad, leyó algunos libros de Nyoiti Sakurazawa (Georges Ohsawa), el padre fundador de la macrobiótica, y quedó impresionado: ¡cuántas enfermedades se pueden curar simplemente con la comida! Inmediatamente decidió probar la dieta recomendada en esos libros y comenzó a cocinar arroz integral y otras preparaciones macrobióticas para sí mismo, logrando finalmente solucionar sus problemas de salud y recuperarse por completo. La lectura de los textos de Georges Ohsawa marcó profundamente su vida.

A Noboru Muramoto le gustaba estudiar y, como en esos años su maestro estaba en Occidente con el cometido de difundir la macrobiótica, comenzó a profundizar en la filosofía oriental de manera autodidacta, en la teoría del yin y el yang, estudiando diferentes materias, como biología, química, fisiología y en general las enfermedades. Completó sus estudios y se graduó en Economía y Comercio en la Universidad de Tohoku.

Posteriormente, durante la Segunda Guerra Mundial, fue reclutado como oficial y cumplió su servicio militar en Filipinas. Su fuerte impulso desinteresado le permitió identificarse con las situaciones de miseria y sufrimiento de las personas, y durante la guerra no le faltaron oportunidades para aplicar sus conocimientos macrobióticos sobre los enfermos y heridos, logrando salvar muchas vidas. En esa época entendió que su misión era curar a las personas con la macrobiótica.

En 1945 se instaló en Toyama, donde se casó y realizó diversas actividades para ganarse la vida: dirigió un aserradero, experimentó en el sector textil, la horticultura y la agricultura.

En 1950 se trasladó a Tokio, donde pudo ampliar sus conocimientos sobre el método de la agricultura libre, la producción de alimentos macrobióticos tradicionales, la fisonomía, el diagnóstico, la pranoterapia, la acupuntura y la fitoterapia oriental.

En 1964, finalmente tuvo la suerte de conocer personalmente a Georges Ohsawa, que había regresado a Japón. Estaba fascinado por su personalidad y sus conferencias, que trataban principalmente de la filosofía macrobiótica y de sus principios. Estaba muy interesado en las propiedades curativas de los alimentos y fue durante ese período cuando comprendió que la macrobiótica es la libertad, no la esclavitud, de los alimentos. Comenzó a trabajar para el centro macrobiótico de Georges Ohsawa, principalmente para mejorar la calidad de los productos macrobióticos que se distribuían en Japón. Éste fue el momento en el que más aprendió. Junto con los otros estudiantes, Herman y Cornelia Aihara, Shizuko Yamamoto, Junsei y Kazuko Yamasaki, Clim Yoshimi, consideraba a su maestro como un enigma, un milagro, ya que podía cambiar su condición física en pocas horas. Noboru Muramoto recibió una gran influencia de él, aunque sólo pudo pasar un corto período de tiempo a su lado, porque Georges Ohsawa murió pocos años después, en 1966.

Posteriormente, Noboru Muramoto fue elegido presidente del centro macrobiótico Ignoramus Nippon CI, fundado por Georges Ohsawa en Tokio, donde la esposa del maestro, Lima Ohsawa, realizó muchas actividades para la difusión de la macrobiótica hasta una edad muy avanzada de su vida.

En los años siguientes, Muramoto se dedicó con mayor conciencia y fe aún a la promoción de las enseñanzas de su maestro, tratando de ayudar a personas con diversos problemas de salud y de diferentes orígenes sociales.

En 1971 fue invitado a Estados Unidos por sus amigos, alumnos de Ohsawa, para participar en una gira de conferencias en treinta ciudades, de este a oeste del país, exponiendo los aspectos teóricos y prácticos de la filosofía oriental y despertando un gran interés. Luego fue invitado a dar una conferencia en Binghampton durante una iniciativa organizada por la editorial Swan House de Nueva York. Las notas de estas lecciones se recogen en el libro *Healing Ourselves,* publicado en 1973 por Avon Books en colaboración con Swan House y traducido a varios idiomas. Muramoto se instaló en San Francisco, donde ofreció consultas y dio consejos dietéticos. En 1972, a petición de la gente, abrió una pequeña empresa con algunos socios, la Herb Tea Co., que distribuía infusiones de hierbas orientales elaboradas según antiguas recetas y fórmulas chinas. En el otoño de 1976 fundó el Asunaro (que significa «Deseando estar completos mañana»), una institución sin fines de lucro, reconocida por el estado de California, con el objetivo de difundir los antiguos conocimientos orientales. Los estudiantes tenían la oportunidad de vivir en el campus, en una casa en las montañas de Sonoma, en el norte de California, y aprender la preparación artesanal del miso, del tamari, del shoyu, de las ciruelas umeboshi, del ume-zu, del mochi, del seitán, de los encurtidos de salvado de arroz, del dentie, de la tekka, del arroz agrio, de la malta y de otros productos. También podían escuchar las conferencias vespertinas de Noboru Muramoto; lo llamaban senséi, que en japonés significa «maestro». Les enseñó varios métodos de tratamiento, en particular los basados en la nutrición y en un estilo de vida más natural. Después de asistir a esta escuela, muchas personas de diferentes partes de Estados Unidos decidieron abrir talleres para la producción de alimentos tradicionales.

En 1979, en Escondido, en la California meridional, el senséi Muramoto fundó la empresa Great Life Co. para la producción de alimentos macrobióticos, promoviendo la difusión de la sal marina integral sin refinar y profundizando en los métodos para la producción de miso. En

1986 trasladó la actividad de la firma a San Marcos, cerca de Escondido, a su casa particular. Allí acogía a sus alumnos, a quienes animaba a difundir por otros lugares los conocimientos adquiridos.

Con mucho compromiso y esfuerzo, el senséi Muramoto creó una pequeña realidad macrobiótica en Estados Unidos, tratando de insistir en el aspecto práctico, y logró el propósito de sus enseñanzas: demostrar que los alimentos macrobióticos se pueden producir en cualquier parte del mundo utilizando productos locales.

En 1988 publicó *Natural Immunity,* publicado por la Fundación Macrobiótica Georges Ohsawa (GOMF), de Oroville, California. El libro describe exhaustivamente la historia y las causas de las enfermedades infecciosas, incluido el sida, expone su conexión con la dieta y los estilos de vida, y sugiere la nutrición natural como un medio de prevención y tratamiento curativo.

En ese mismo año, Noboru Muramoto fue invitado por primera vez a Italia por Mario Pianesi, pionero de la macrobiótica italiana, creador, fundador y presidente de la asociación nacional e internacional Un Punto Macrobiótico (UPM), quien organizó con él el primer curso en el país y en Europa para la elaboración de miso, tamari, shoyu, ciruelas umeboshi, arroz agrio y mochi, fomentando su producción. De inmediato se estableció entre ellos una relación de profunda estima y amistad.

Posteriormente fue invitado en varias ocasiones por la misma asociación para ofrecer su contribución en los diferentes seminarios y conferencias macrobióticos organizados en distintos puntos de Italia y de Europa (como Francia y Alemania); para otras organizaciones ha dictado conferencias en China y Sudamérica.

A lo largo de su vida, el senséi Muramoto estuvo siempre disponible para todos, dando consejos a muchos pacientes que padecían graves problemas físicos o mentales, devolviéndoles la salud y el amor a sí mismos, a los demás y a la naturaleza.

La vida sobria del senséi Muramoto, libre de la esclavitud de la posesión y activo hasta el último día, se extinguió pacíficamente el 9 de octubre de 1995.

LA FILOSOFÍA ORIENTAL

Se acepta unánimemente que la China antigua es el lugar donde por primera vez el hombre comienza a cuestionarse y a obtener respuestas sobre cuestiones existenciales y sobre la explicación de los fenómenos del universo.

Hace unos cinco mil años, los sabios chinos fundaron un tipo de pensamiento y de acción que, primero transmitido oralmente de maestro a alumno y luego también de forma escrita, ha llegado hasta nuestros días y que ha influido y generado escuelas de pensamiento posteriores, entre ellas, fundamentos de la filosofía difundida y conocida en Occidente.

La filosofía oriental considera al hombre una parte integral de la naturaleza y del universo: a través de la observación de los fenómenos del universo y de las leyes de la naturaleza es como los antiguos chinos encontraron respuestas a sus preguntas, y es a través de esta suposición como pudieron elaborar teorías que siguen vigentes hoy, después de miles de años. Si el hombre es consciente de que está conectado con el universo, nutre y manifiesta un profundo respeto por la naturaleza e intenta comprenderla y vivir de acuerdo con los principios y las leyes que ordenan el universo, teniendo así la oportunidad de liderar una vida más saludable, feliz y larga.

El descubrimiento de las leyes universales del yin y el yang se remonta al legendario emperador Fu-Hi, y su conocimiento es posible gracias a algunos textos que han llegado hasta nuestros días, como el *Tao Te Ching*, el libro del camino y la virtud; el *I Ching*, el libro de los cambios, considerado un texto sagrado, que da sabias respuestas a las cuestiones más importantes de la vida (por eso también se le llama libro de los oráculos), y el *Nei Ching*, el canon de medicina del emperador amarillo Huang Di.

Desafortunadamente, otras enseñanzas y escritos importantes se han olvidado y perdido con el tiempo.

En períodos más recientes, el médico japonés Sagen Ishizuka (1851-1910) elaboró una teoría nutricional basada en la medicina oriental tradicional, en marcado contraste con las teorías occidentales dominantes en Japón en ese momento. La dieta recomendada por Ishizuka era simple y natural, y se basaba en arroz integral. Ishizuka también publicó dos textos: *Teoría química de la longevidad* y *Dieta para la salud.*

Nyoiti Sakurazawa (1893-1966) leyó uno de estos libros y pudo, siguiendo las indicaciones dietéticas prescritas en él, recuperarse de una enfermedad entonces considerada incurable. Como muestra de gratitud, profundizó en la teoría de su maestro y dedicó toda su vida a difundir sus principios. El joven Sakurazawa estudió en profundidad los antiguos textos chinos y comenzó a promover sus conocimientos en su propio país. Posteriormente, utilizando el seudónimo de Georges Ohsawa, primero llevó a los países occidentales esta filosofía y luego la difundió. Gracias a él, también en Europa y en todo el mundo hoy se conoce la teoría del yin y el yang, que explicó a través de siete principios y doce teoremas, haciéndola accesible y comprensible para todos.

A su enseñanza filosófica, que incluye una base teórica y una práctica, le dio el nombre de «macrobiótica», del griego *macros* (grande) y *bios* (vida). Ohsawa enseñó que la macrobiótica (las «lentes mágicas», como él mismo la definió) se puede aplicar a cualquier fenómeno y, en lo que respecta al organismo humano, involucra los aspectos físicos, mentales y espirituales. Adaptando y actualizando la macrobiótica a la realidad contemporánea, de hecho, ha curado muchas enfermedades y ha logrado solucionar problemas sociales y mentales, situaciones de violencia e injusticia.

Ohsawa promueve la macrobiótica como método de curación, que brinda salud, tranquilidad y libertad. Ha dado al mundo entero la esperanza de transformar la enfermedad en salud, la infelicidad en felicidad, la esclavitud en libertad, la pobreza en riqueza y la injusticia en justicia.

LA TEORÍA DEL YIN Y EL YANG

Los antiguos sabios chinos intentaron comprender los principios de las leyes universales que subyacen a la creación del universo, de cada fenómeno y de cada ser vivo a través de la observación de la naturaleza, y descubrieron que descansaban sobre dos fuerzas fundamentales antagónicas y complementarias entre sí, que llamaron yin y yang. La fuerza yin tiene una acción dilatadora y la fuerza yang actúa contrayendo. Yin y yang son las dos energías que lo generan todo. Estas dos fuerzas están en interacción continua, se atraen y se repelen entre sí, y así dieron lugar al mundo inorgánico y orgánico: átomos, planetas, estrellas, galaxias, seres vivos...

Con este descubrimiento fue posible profundizar y comprender todos los eventos de la naturaleza, su influencia en el ser humano y la interdependencia directa entre cualquier ser vivo, incluido el hombre, y el equilibrio natural. La antigua teoría del yin y el yang constituye un punto de referencia, una guía para explicar todos los aspectos de la vida, ya que propone una visión monista y dialéctica que ofrece mayores posibilidades para entender las cosas.

Yin y yang son las dos fuerzas que provienen del infinito y son la base del orden del universo. Al mismo tiempo opuestos y complementarios, crean y mantienen la vida.

Yin y yang son dos energías dinámicas, que se combinan y recombinan en un movimiento perpetuo. Esto significa que cualquier entidad está sometida a ellas en un orden muy específico.

No hay nada exclusivamente yin, ni exclusivamente yang, porque en todas las manifestaciones ambas fuerzas operan en continua interrelación y dependencia.

Por esta razón, la clasificación yin y yang se puede hacer en términos de comparación relativa entre diferentes fenómenos.

Georges Ohsawa difundió este conocimiento a través de siete principios y doce teoremas.[1]

El orden del universo traducido en siete principios lógicos y dinámicos:

1. Todo lo que tiene un comienzo tiene un final.
2. Todo lo que tenga una cara tiene un dorso.
3. No hay nada idéntico.
4. Cuanto más grande es la cara, más grande es el dorso.
5. Todo antagonismo es complementario.
6. El yin y el yang son las clasificaciones de toda polarización. Son antagónicos y complementarios.
7. El yin y el yang son los dos brazos del Uno (infinito).

El principio único se tradujo en doce teoremas que dominan el mundo físico:

1. El yin y el yang son dos polos que entran en juego cuando se produce una expansión infinita en el punto de bifurcación.
2. El yin y el yang son producidos continuamente por la expansión trascendente.
3. El yin es centrífugo, el yang es centrípeto. El yin y el yang producen energía.
4. El yin atrae al yang y el yang atrae al yin.
5. El yin y el yang combinados en diversas proporciones producen todos los fenómenos.
6. Todos los fenómenos son efímeros, son constituciones infinitamente complejas y en constante cambio de los componentes yin y yang. Todas las cosas se mantienen sin reposo.
7. Nada es totalmente yin ni totalmente yang, incluso en el fenómeno aparentemente más simple. Todo contiene esta polaridad, en todos los niveles de su composición.

---

1. G. Ohsawa (Nyoiti Sakurazawa), *L'Ère atomique et la philosophie d'Extrême Orient*, Vrin, París 1962, págs. 53-54 y 56-57.

8. Nada es neutral. O el yin o el yang está en exceso en todo caso.
9. La fuerza de atracción es proporcional a la diferencia de los componentes yin y yang.
10. El yin repele al yin y el yang repele al yang. La repulsión o atracción es inversamente proporcional a la diferencia de las fuerzas yin y yang.
11. Con el tiempo y el espacio, el yin produce yang y el yang produce yin.
12. Cada cuerpo físico es yang en su centro y yin en la superficie.

Poder hacer clasificaciones yin y yang no es tarea fácil, pues todo cambia constantemente debido a la interacción perpetua de las dos fuerzas: dada la gran riqueza de componentes del mundo mineral, vegetal y animal, es necesario comparar los objetos considerados de vez en cuando.

Por ejemplo, si se comparan dos o más plantas o animales u hombres entre sí, el más alto y más grande es más yin que el otro más bajo y más pequeño (y, por lo tanto, más yang). Pero este último, a su vez, puede considerarse yin, en comparación con uno aún más bajo.

Yin

La energía yin se caracteriza por la fuerza centrífuga, que produce expansión y dilatación en cada manifestación.

Todas las cosas expandidas, grandes y ligeras están formadas predominantemente por energía yin, que agranda y aumenta la materia. La acción de la fuerza yin se puede observar en ciertos sucesos naturales, como en erupciones volcánicas y terremotos. Numerosos ejemplos de esta fuerza se encuentran en la flora y la fauna. De hecho, todo lo que crece más rápido y es más grande que el resto se caracteriza más por poseer energía yin.

El mundo vegetal, en general, es yin; y en cualquier planta el fruto, comparado con otras partes de la planta, es más yin, porque crece más alto y más rápido, es más suave, más dilatado y jugoso y se deteriora rápidamente.

Yang

El yang, que se encuentra en una relación de oposición y complementariedad con respecto al yin, se caracteriza por la fuerza centrípeta y crea concentración y compacidad. La fuerza centrípeta se manifiesta más en las tormentas eléctricas y en los tornados.

La energía yang da vida a elementos y cosas pequeñas, compactas, duras, pesadas, bajas y concentradas.

La raíz es la parte más yang de la planta, porque crece hacia abajo y más lentamente, y es más seca, dura y compacta y dura más que el resto. Por ejemplo, la bardana y la zanahoria, que son dos raíces, tienen estas características más yang.

Ejemplos de yin y yang

Yin	**Yang**
Norte	Sur
Noche	Día
Oscuro	Luminoso
Invierno	Verano
Frío	Caliente
Pasivo	Activo
Negativo	Positivo
Ácido	Alcalino
Aceite	Sal
Alimentos vegetales	Alimentos de origen animal

El entorno está formado por yin y yang, que distinguen cada momento del día, en cada estación, en todo tipo de clima y en cada zona.

En primavera y verano, la naturaleza se manifiesta en su máxima actividad: las plantas crecen y florecen, los animales son más activos. En otoño e invierno, sin embargo, hay menos vegetación y los animales hibernan o se retiran a sus madrigueras.

Así, también el hombre debería adaptarse a esta alternancia de yin y yang.

Durante el verano y durante el día, cuando hay más luz, hay mayor actividad y el cuerpo aumenta sus funciones. En estos períodos encontramos principalmente energía yang presente. Con el ambiente yang, cálido, la persona intenta refrescar el cuerpo para encontrar el equilibrio y desea alimentos con características opuestas (yin, frío). En invierno y por la noche, cuando está más oscuro, la persona ralentiza sus movimientos y funciones corporales. En este caso, la energía yin está principalmente presente. En climas fríos, la persona busca calor y más nutrición yang.

Todo lo que se produce en verano y en un clima cálido (yang) está formado principalmente por energía yin, como las frutas y las verduras, que son alimentos más suaves, jugosos, expandidos, ligeros y dilatan el cuerpo.

Todo lo que se produce en otoño e invierno y en un clima frío (yin) es más yang, como las raíces, los bulbos y las semillas, que son más duras, más pequeñas, más compactas y tienen un efecto vigorizante y compresor en el cuerpo.

Las poblaciones que viven en el sur, en áreas cálidas (yang), como los países tropicales, comen alimentos yin para encontrar el equilibrio; de hecho, ese ambiente es rico en plantas y animales de tipo yin.

Los pueblos que, en cambio, viven en el norte, en las zonas frías (yin), para armonizar con el medio, consumen más alimentos yang, ya que la naturaleza les provee de plantas y animales tipo yang.

Al hacer la clasificación de alimentos yin o alimentos yang, se debe considerar el sabor, la forma, el color, el método de cultivo, la duración y el período de maduración, el clima y el lugar donde la planta o el animal ha crecido, la forma en que se prepara la comida y el efecto que tiene en el cuerpo.

La comida cocinada, es decir, transformada con el calor del fuego, cocinada con sal y caliente, es yang.

La comida preparada fría y con aceite refresca el cuerpo y es más yin.

Una dieta equilibrada y saludable incluye alimentos yin y yang, porque nuestro cuerpo los necesita a ambos.

La nutrición de la madre durante el embarazo es muy importante, porque decide la constitución del feto, que aún puede modificarse parcialmente más tarde, durante el crecimiento. Si en esta fase prevaleciera una dieta compuesta por alimentos yin, como dulces, frutas, lácteos grasos y aceites, que tienen un efecto dilatador, la constitución del feto tenderá a caracterizarse por la fuerza yin: la persona tenderá a ser más alta, extremidades largas y menos musculosas.

Por el contrario, si la madre embarazada comió predominantemente alimentos yang, como carne, pescado y alimentos salados, que tienen un efecto de contracción, la constitución del feto tenderá a ser más yang: la persona será más baja, más redonda y más corpulenta.

En las combinaciones de ingredientes, para equilibrar la composición de las comidas, el cocinero o la cocinera debe conocer un simple secreto: el yin puede volverse más delicioso con la ayuda del yang, que, combinado en la cantidad justa, ayuda a producir el sabor y la combinación ideal para la persona.

El yin atrae al yang y el yang atrae al yin.

La persona que se encuentra en la condición de haber ingerido demasiados alimentos yang se siente inevitablemente atraída, posteriormente, por su opuesto, los alimentos yin, y viceversa. Por ejemplo, el jamón, las salchichas y los alimentos salados (yang) contraen y secan el cuerpo. Cuando comemos grandes cantidades, sentimos una fuerte llamada de alimentos yin, como líquidos, frutas, dulces y helados, para equilibrar y relajar el cuerpo. La introducción exagerada de alimentos yin provoca una disminución de las sales minerales en el cuerpo y en consecuencia aumenta el deseo de alimentos salados y concentrados, para reponer la sal perdida por el cuerpo y buscar el equilibrio.

El conocimiento de la teoría del yin y el yang permite que cada persona pueda elegir sabiamente los alimentos, sin verse esclavizada por deseos incontrolados y antojos inducidos, y le permite llevar una vida saludable.

El principio de yin y yang no sólo se aplica en la nutrición, sino que se puede encontrar en todos los fenómenos de la naturaleza y se aplica a todas las ciencias (la agricultura, la física, la química, etc.).

El ciclo yin y yang

El yin y el yang aplicados al estudio de los fenómenos también pueden verse como un ciclo que representa el movimiento energético de las dos fuerzas antagónicas y complementarias.

Partiendo del concepto de que todo fenómeno es unitario, se compone de las dos fuerzas antagónicas y complementarias yin y yang que, en su atracción-repulsión, buscan su punto intermedio de equilibrio.

Así, por ejemplo, durante el día (24 horas) hay dos momentos opuestos y complementarios, representados por el día (luz, calor, yang) y por la noche (oscuridad, frío, yin).

En la alternancia perpetua entre antagonistas, se puede identificar el punto intermedio de equilibrio entre yin y yang, oscuro y claro, caliente y frío, que consiste en el paso oscuridad/luz y luz/oscuridad, calor/frío, frío/calor, yin/yang, yang/yin.

Siguiendo con el ejemplo del día, encontraremos no uno, sino dos puntos intermedios (en el ejemplo, el amanecer y el atardecer), que además son antagónicos y complementarios entre sí.

A su vez, por tanto, estos puntos se pueden clasificar según el yin y el yang, y los definiremos como «pequeño yin» y «pequeño yang», para distinguirlos del día y de la noche, que en este caso llamaremos «gran yang» y «gran yin».

En cualquier fenómeno, por tanto, a partir de un elemento (el fenómeno en sí), se pueden distinguir las fuerzas yin y yang, identificando los dos componentes principales y momentos intermedios que definen en conjunto diferentes estados del fenómeno.

Los dos extremos principales del ciclo son el gran yin y el gran yang; el gran yin se transforma en gran yang y viceversa, con pasos intermedios que podemos definir respectivamente como pequeño yin y pequeño yang.

En tales pasos de la transformación de la energía de yang a yin se alternan estas dos fuerzas:

— El pequeño yang está compuesto en mayor medida por la fuerza yang que por la fuerza yin (la energía yang prevalece sobre la yin).

— El gran yang es el pináculo de la fuerza yang.
— El pequeño yin está compuesto más por la fuerza yin que por la yang (la energía yin prevalece sobre la yang).
— El gran yin es la mayor manifestación de la fuerza yin.

Todo el ciclo se puede observar a lo largo del día, durante las cuatro estaciones, en la formación de cada fenómeno, en el ciclo vegetativo y en todo ser vivo.

El movimiento dinámico y eterno que se observa en la naturaleza y en el ser humano en todas sus manifestaciones se debe a la acción de las fuerzas yin y yang.

LA TEORÍA DE LOS CINCO ELEMENTOS[1]

El este es el surgimiento aparente de la vida, la excitación del movimiento vital en todos los lugares. La madera se erige, flexible y fuerte, como el árbol que aprovecha su savia y sus raíces para elevarse espléndidamente, hacia arriba, para desplegar sus ramas que se agitan con el viento.

El norte, una región de oscuridad y yin, un lugar de exilio y una ruptura de las comunicaciones, es también la reserva oculta de los fermentos de la vida. El agua es fuente de vida; dócil, se presta a cualquier mutación; perseverando, siempre termina llegando a donde debe.

1. Textos extraídos de Huangdi Neijing Suwen, *The simple question of the yellow Emperor*, editado por E. Rochat de la Vallée, C. Larre, Jaca Book, Milán, 1994.

El sur es el campo de vegetación exuberante y abundante. El calor que le corresponde facilita la circulación y floración, la maduración y la plenitud. El fuego es la manifestación de las mismas cualidades, el poder productivo de la tierra: circulación sin fin de vida, que se eleva desde las profundidades para florecer y llenar todo el espacio.

La región central es el centro y la mediana de los cuatro orientes; recibe de los cuatro cuadrantes y se lo devuelve. La tierra es capaz de recibir todas las semillas, de nutrirlas, de prever sus posteriores transformaciones y de redistribuirlas a todos, según necesidades y afinidades.

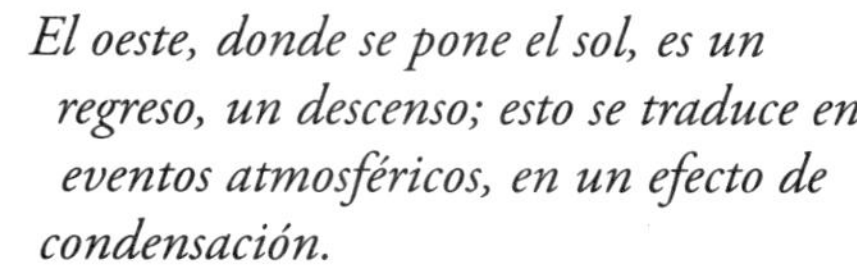

El oeste, donde se pone el sol, es un regreso, un descenso; esto se traduce en eventos atmosféricos, en un efecto de condensación.

El metal es el prototipo de la materia seca y condensada dentro de la tierra. El metal es la forma acabada y endurecida.

En la base de la filosofía oriental, como desarrollo de la teoría del yin y el yang, se encuentra la teoría de los cinco elementos o los cinco cambios. Se origina en los principios del yin y el yang y representa su complemento natural, como se ilustra en los antiguos textos clásicos chinos, como el *I Ching*, el libro de los cambios y el *Huang Di Nei Ching*, el canon de medicina del emperador amarillo.

La teoría de los cinco elementos es la clave para comprender la formación de la tierra y de los seres vivos, explica los ritmos de la naturaleza y traza el desarrollo y funcionamiento de cada fenómeno, incluido el organismo humano, su anatomía y su fisiología.

Esta teoría se puede aplicar en diferentes campos del conocimiento humano: astronomía, astrología, medicina, biología, física, química, agricultura, nutrición, etc. Ha sido desarrollada y profundizada en China, en particular, en la medicina tradicional y en la acupuntura, y ha demostrado su eficacia en la fisiognomía, el diagnóstico y el tratamiento de enfermedades.

El número cinco, también a la luz de la teoría del yin y el yang, representa el cambio, y siempre observando la naturaleza (hay cinco dedos de la mano, cinco sentidos, etc.), los antiguos sabios chinos captaron los cinco elementos principales y asociaron a ellos los órganos, los colores, los gustos, los estados de ánimo, etc., clasificando así todos los fenómenos según esta teoría y elaborando las leyes fundamentales que regulan sus relaciones, interacciones y cambios.

Cada uno de estos elementos es creado por una determinada energía del universo, generada por el eterno movimiento de los dos polos yin y yang, recíprocos y cambiantes, opuestos y complementarios.

Los elementos que, en el mundo que conocemos, representaron y representan estas cinco energías diferentes son: madera, fuego, tierra, metal, agua.

Una de las disposiciones espaciales utilizadas para representar a los cinco elementos en el *I Ching* es la siguiente:

	FUEGO SUR VERANO	
MADERA ESTE PRIMAVERA	TIERRA CENTRO DOJO	METAL OESTE OTOÑO
	AGUA NORTE INVIERNO	

Esta secuencia, al resaltar el antagonismo/complementariedad de los pares agua-norte/fuego-sur y madera-este/metal-oeste, identifica el elemento tierra como un elemento intermedio, central con respecto a los otros cuatro.

Otra secuencia y ordenamiento espacial, útil para identificar el sistema de relaciones que involucra a los cinco elementos en el ciclo continuo del cambio, considera el hecho de que se transmutan uno en otro, de modo que cada elemento crea a otro, por lo que la madera de las plantas sirve para producir fuego, que al quemarse se convierte en ceniza y forma tierra, que se contrae y genera metales, que al combinarse con el aire se licúan y se convierten en agua, que nutre las plantas, que volverán a formar madera.

El ciclo descrito se denomina *ciclo de la creación,* que resalta lo que en la medicina oriental se denomina relación «madre-hijo»: el elemento precedente es la madre, el que sigue es el hijo.

Cada elemento está representado por una dirección cardinal, una estación, un clima y una fase del día.

La primavera está ligada a la *madera,* favorece especialmente el crecimiento de las plantas, que producirán madera. Por la mañana, con la salida del sol por el este, la energía se eleva y se manifiesta con la presencia del viento. La madera, que arde, genera el elemento fuego.

La energía del *fuego* se expande y se dirige hacia el sur, la temperatura sube al mediodía, el clima correspondiente es el calor y la estación es el verano. Cuando se extingue el fuego, sus cenizas se descomponen y se convierten en tierra.

El dojo está conectado al elemento *tierra,* que es el período de transición de una temporada a otra y que conecta un elemento a otro en armonía. En el calendario oriental, el dojo dura aproximadamente dos semanas y ocurre cuatro veces al año. En el occidental coincide con los períodos comprendidos entre los dos equinoccios y los dos solsticios, que marcan el final de una temporada y el inicio de la siguiente. Este período se caracteriza por un clima húmedo y una energía dirigida hacia el centro. Los metales nacen y se extraen de la tierra.

La temporada de otoño, el clima seco y la energía que desciende y va hacia el oeste por la tarde están conectados al *metal.* Los metales cuando se combinan se disuelven y se convierten en agua (el siguiente elemento).

Finalmente el *agua:* la energía del metal se mueve hacia el norte, se atenúa y forma el elemento agua en la temporada de invierno, en el norte; la temperatura por la noche desciende y el aire es frío, hay más oscuridad. El agua penetra en la tierra y nutre las plantas para que crezcan, formen la madera y el ciclo comience de nuevo.

Esta teoría se puede aplicar al estudio de cualquier fenómeno. Por ejemplo, en agricultura, observando los ciclos de ciertas plantas:

— En primavera se produce la germinación y crecimiento de algunas plantas → Elemento madera.
— En verano se destaca el desarrollo completo de esas mismas plantas, que florecen y dan fruto → Elemento fuego.
— En otoño se cosechan frutos y semillas → Elemento metal.
— En invierno, la naturaleza descansa y se plantan las semillas → Elemento agua.

— El dojo alterna las cuatro estaciones de la temporada de crecimiento con energía unificadora → Elemento tierra.

El segundo ciclo es el *ciclo de la destrucción* o ciclo del control, donde un elemento controla al elemento opuesto y en el extremo puede dañarlo:

— La madera penetra en la tierra y es quebrada por el metal.
— El fuego derrite el metal y es extinguido por el agua.
— La tierra bloquea el agua y es penetrada por la madera.
— El metal rompe la madera y es derretido por el fuego.
— El agua extingue el fuego y la tierra la bloquea.

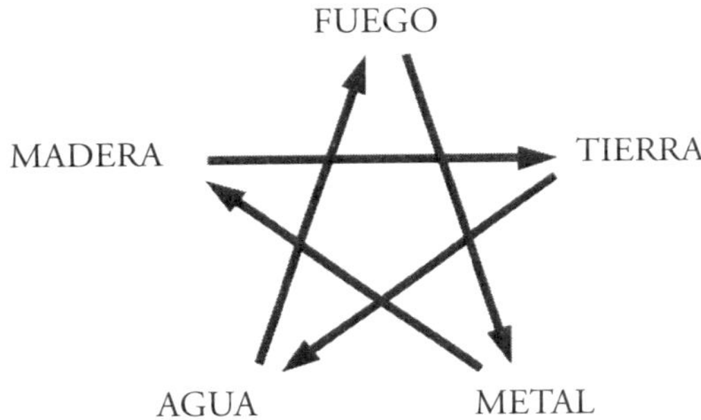

Ambos ciclos, el de la creación y el de la destrucción, opuestos y complementarios, ayudan a salvaguardar el equilibrio entre los cinco elementos y en general de todos los fenómenos.

El hombre es producto del cielo y de la tierra, gracias a la interacción del yin y el yang, y está compuesto por los cinco elementos. Los antiguos chinos utilizaron esta teoría principalmente en medicina, en el estudio del cuerpo humano y en el tratamiento de las enfermedades.

El *Nei Ching* es el texto más importante sobre la medicina china antigua, que se compiló por primera vez como libro en el año 400 a. C., pero sus orígenes se remontan más de cuatro mil años. Este texto explica que el cuerpo humano tiene cinco órganos compactos (yang) y cinco órganos huecos (yin) y cada elemento está interrelacionado, ya sea un órgano yang o un órgano yin.

Los órganos yang se encuentran más adentro del cuerpo y son compactos:

— El *hígado* está conectado al elemento madera.
— El *corazón* está conectado al elemento fuego.
— El *bazo* y el *páncreas* están conectados al elemento tierra.
— Los *pulmones* están conectados al elemento metal.
— Los *riñones* están conectados al elemento agua.

Cada uno de estos cinco órganos está asociado a un órgano yin, que es opuesto y complementario a él. Son más periféricos que los demás y están huecos:

— La *vesícula biliar* está conectada al hígado.
— El *intestino* delgado está conectado al corazón.
— El *estómago* está conectado al bazo y al páncreas.
— El *intestino grueso* está conectado a los pulmones.
— La *vejiga* está conectada a los riñones.

El ciclo de la creación y el ciclo de la destrucción se aplican tanto a los cinco elementos como a los cinco pares de órganos. Cada par de órganos está estrechamente relacionado con el par de órganos anterior y posterior.

Si todos los órganos trabajan juntos, de acuerdo con estos ciclos, el cuerpo goza de buena salud:

— El hígado y la vesícula biliar en buen estado de salud, con sus actividades, apoyan el trabajo del corazón y del intestino delgado.
— El corazón y el intestino delgado en buen estado de salud, con sus actividades, apoyan el trabajo del bazo y del páncreas y el estómago.
— El bazo y el páncreas y el estómago en buen estado de salud, con sus actividades, apoyan el trabajo de los pulmones y el intestino grueso.
— Los pulmones y el intestino grueso en buen estado de salud, con sus actividades, apoyan el trabajo de los riñones y la vejiga.
— Los riñones y la vejiga en buen estado de salud, con sus actividades, apoyan el trabajo del hígado y la vesícula biliar.

Es un proceso que se puede representar, simplificando, en un círculo: cada par de órganos extrae energía del que le precede y se la da al par de órganos que le sigue. Al mejorar la condición de un par de órganos debilitados (madre), también se fortalece el estado del siguiente (hijo). El debilitamiento de un par de órganos puede requerir más energía, en detrimento del par que lo precede.

Cualquier disfunción o exceso de cualquier órgano o par de órganos que persista en el tiempo también creará perturbaciones en el órgano opuesto o en el par de órganos opuesto:

— Un hígado enfermo con exceso de energía causa problemas en el bazo y en el páncreas con el tiempo.
— El corazón con exceso de energía y bajo esfuerzo puede inhibir la actividad respiratoria de los pulmones.
— Un exceso de energía que provoca un trastorno del bazo y del páncreas a menudo causa disfunción renal.
— Una neumonía repetida daña el hígado.
— Un exceso de energía de los riñones puede forzar el corazón.

En este marco, el órgano relacionado (yin) también está involucrado y se ve afectado.

Así, gracias a la teoría de los cinco elementos, se entiende que si un órgano está enfermo, o incluso falta, pone en dificultad a los demás órganos y el cuerpo sufre, perdiendo el equilibrio adecuado.

La medicina occidental no ve el cuerpo como un todo, en su totalidad: lo divide en varias partes y lo estudia por separado. En caso de enfermedad, se centra sólo en el órgano enfermo, considera el síntoma sin examinar el resto del cuerpo y, a menudo, lo elimina. No tener en cuenta la interdependencia de los diversos órganos crea una falta de armonía dentro del cuerpo y del sistema nervioso, y el organismo ya no está en relación con la naturaleza y el entorno circundante.

La teoría de los cinco elementos considera que el clima puede afectar positivamente, y bajo ciertas condiciones negativamente, el funcionamiento de los órganos en la estación correspondiente:

— El viento está conectado al hígado, y en primavera, si uno se da en exceso, el otro se ve afectado; por tanto, los trastornos de este órgano son más frecuentes en esa estación del año.
— El calor está conectado al corazón, por lo que en verano un clima demasiado caluroso puede ser perjudicial para el corazón y, de hecho, es más probable que ocurran enfermedades cardíacas en esa estación del año.
— La humedad está relacionada con el bazo y el páncreas: sin embargo, un exceso de humedad, más probable en el paso de una estación a otra, puede crear alteraciones en el bazo y en el páncreas.
— Un clima demasiado seco en otoño puede ser peligroso para los pulmones, que tienden a sufrir más en esta temporada.
— El frío está conectado a los riñones: pero un exceso de frío en invierno puede debilitar los riñones y, en consecuencia, sus problemas pueden presentarse con mayor frecuencia en esta época del año.

Cada par de órganos tiene una función específica y está conectado a un determinado tejido del cuerpo y a un órgano sensorial.

— El hígado y la vesícula biliar procesan los nutrientes y forman los músculos; los ojos están conectados al hígado y el sentido correspondiente es la vista.

— El corazón hace circular la sangre por todo el cuerpo. El lenguaje y el habla están conectados al corazón.
— El bazo y el páncreas y el estómago intervienen en la digestión de los alimentos y generan tejidos conectivos en todo el cuerpo; la boca está conectada al bazo y al páncreas y el sentido correspondiente es el gusto.
— Los pulmones oxigenan las células y con la ayuda del intestino grueso limpian el cuerpo y la piel. La nariz está conectada a ellos y el sentido correspondiente es el olfato.
— Los riñones filtran la sangre y eliminan las toxinas con la orina a través de la vejiga; las sales minerales retenidas por los riñones forman los huesos. Los oídos están conectados a ellos y el sentido correspondiente es el oído.

La teoría de los cinco elementos es muy útil para el diagnóstico, porque la condición de los cinco pares de órganos se revela externamente en los órganos de los sentidos:

— El funcionamiento del hígado se revela en los ojos y la vista; el estado del corazón se puede ver en la lengua y en la palabra (habilidad para hablar).

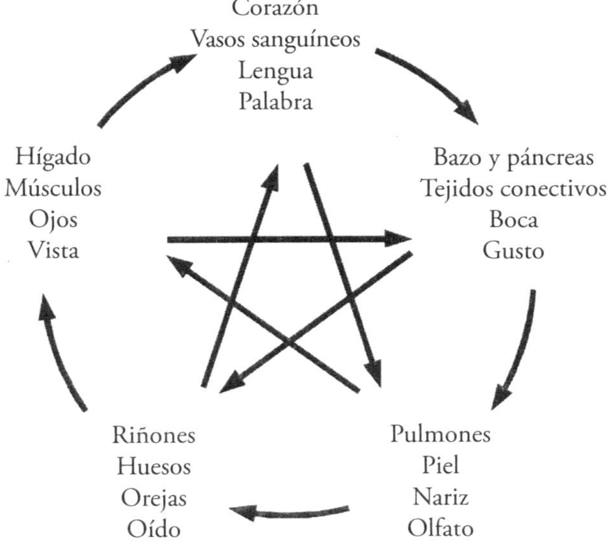

— La condición del bazo y del páncreas se manifiesta en la boca y en el sentido del gusto.
— La función de los pulmones se revela en la nariz y en el sentido del olfato.
— El estado de los riñones se observa en los oídos y a través del sentido del oído.

Cada par de órganos también está asociado a un sabor que tiene un efecto diferente en el cuerpo:

— El sabor ácido está ligado al hígado y a la vesícula biliar y es astringente.
— El sabor amargo está ligado al corazón y al intestino delgado y es reforzante.
— El sabor dulce está ligado al bazo y al páncreas y al estómago y es armonizador.
— El sabor picante está ligado a los pulmones y al intestino grueso y es dispersivo.
— El sabor salado está ligado a los riñones y a la vejiga y es emoliente.

Cada sabor es beneficioso para su órgano correspondiente, pero si se toma de forma exagerada, puede crear perturbaciones en el propio órgano y ser peligroso para el opuesto, según el ciclo de la destrucción o control:

— El sabor amargo nutre el hígado, pero el exceso daña el hígado y también su órgano opuesto, el bazo y el páncreas.
— El sabor amargo es beneficioso para el corazón, pero si es excesivo perturba el corazón y especialmente los pulmones.
— El sabor dulce es beneficioso para el bazo y el páncreas, pero una cantidad excesiva daña el bazo y el páncreas, y especialmente los riñones.
— El sabor picante es beneficioso para los pulmones, pero un exceso los debilita y ralentiza el funcionamiento del hígado.
— El sabor salado es bueno para los riñones, pero en exceso los desequilibra y bloquea la actividad cardíaca.

Los efectos del exceso de sabor se pueden compensar utilizando el sabor opuesto: el sabor ácido se equilibra con el sabor picante, el sabor amargo con el salado, el sabor dulce con el ácido, el sabor picante con el amargo, el sabor salado con el dulce.

El antiguo texto *Nei Ching* revela:

— Un exceso de sabor ácido en los alimentos es peligroso para el bazo y el páncreas, los tejidos conectivos y los labios pierden elasticidad.
— Un exceso de comida amarga es peligroso para los pulmones, y la piel se arruga y se cae el vello corporal.
— Un exceso de sabor picante es peligroso para el hígado y los músculos se vuelven nudosos, mientras que las uñas se secan y se marchitan.
— Un exceso de sabor dulce en los alimentos es peligroso para los riñones y los huesos, que se vuelven muy susceptibles al dolor, y el cabello se cae.
— Un exceso de sabor salado en los alimentos es peligroso para el corazón, los vasos sanguíneos se endurecen y cambian de color.
— Las uñas indican la condición del hígado y la vesícula biliar.
— El color de la piel, la tez y la apariencia del rostro revelan el estado del corazón y el intestino delgado.
— Los labios revelan la salud del bazo, del páncreas y del estómago.
— El cabello está conectado a los pulmones y al intestino grueso.
— El cabello denota el funcionamiento de los riñones y de la vejiga.

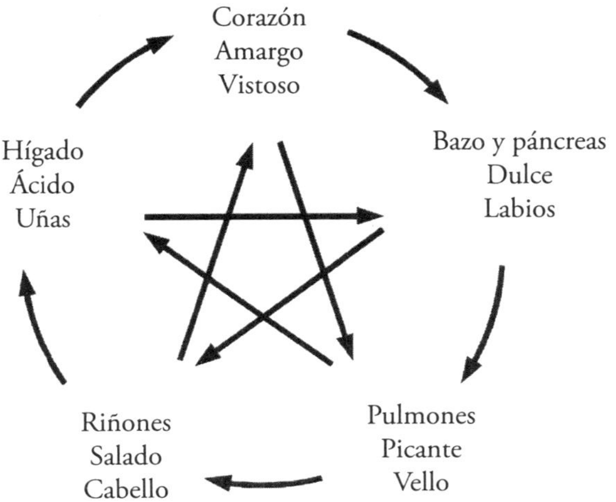

Al profundizar en la teoría de los cinco elementos, los antiguos orientales también notaron que cada órgano está vinculado a un *sentimiento* y a un *sonido:*

— La ira y el llanto son causados por el hígado.
— La alegría y la risa vienen del corazón.
— La comprensión y el canto están relacionados con el bazo y el páncreas.
— La tristeza y el llanto los generan los pulmones.
— El miedo y los gemidos están relacionados con los riñones.

Cada sentimiento se acentúa o disminuye según el estado del órgano. Por ejemplo: es probable que las personas con problemas hepáticos den rienda suelta a la ira o simplemente griten; una persona que ríe en exceso tiene un corazón demasiado activo, mientras que si no muestra ningún signo de alegría significa que tiene un corazón débil; los que lloran con facilidad tienen casi con seguridad problemas pulmonares.

El *Nei Ching* explica que, a partir de los mecanismos del ciclo de la destrucción o del ciclo del control:

— La ira desenfrenada debilita el hígado y puede equilibrarse con la tristeza.
— La alegría sin límites daña el corazón y el miedo puede contenerla.
— La comprensión excesiva debilita el bazo y el páncreas, pero puede equilibrarse con la ira.
— La tristeza profunda daña los pulmones y puede equilibrarse con la alegría.
— El miedo extremo debilita los riñones y puede superarse mediante la comprensión.

A cada órgano le corresponde un color que lo representa; esta clasificación de colores es muy útil en el diagnóstico oriental, según el cual se debe observar el «color» del paciente:

— El verde es el color del hígado y el color verde indica problemas hepáticos.
— El rojo es el color del corazón y revela enfermedades cardíacas.
— El amarillo es el color del bazo y del páncreas y denota disfunción de estos órganos.
— El blanco es el color de los pulmones e informa de cualquier dificultad pulmonar.
— El negro es el color de los riñones, un color oscuro indica un mal funcionamiento de los riñones.

La teoría de los cinco elementos muestra que la comida es un factor importante para crear y mantener la salud. Se deben comer los cinco sabores y alimentos que corresponden a los distintos órganos. Por ejemplo: el trigo se puede asociar al hígado, el mijo rojo y el maíz al corazón, el mijo amarillo al bazo y al páncreas, el arroz a los pulmones, las legumbres a los riñones, etc. En la antigüedad, en China, los pequeños frijoles rojos azuki se consideraban tan importantes como los cereales.

Curiosamente, el trigo, sembrado antes del invierno, se cosecha en primavera, el maíz en verano, el mijo entre verano y otoño y el arroz en otoño. Así, según la teoría de los cinco elementos, cada cereal aparece en la temporada correspondiente y es beneficioso para el órgano al que está conectado.

Clasificaciones según la teoría de los cinco elementos

Elemento	**Madera**	**Fuego**	**Tierra**	**Metal**	**Agua**
Órgano yang	Hígado	Corazón	Bazo y páncreas	Pulmones	Riñones
Órgano yin	Vesícula biliar	Intestino delgado	Estómago	Intestino grueso	Vejiga
Dirección	Este	Sur	Centro	Oeste	Norte
Estación	Primavera	Verano	Dojo	Otoño	Invierno
Clima	Ventoso	Cálido	Húmedo	Seco	Frío
Fase del día	Mañana	Mediodía	——	Tarde	Noche
Tejido corporal	Músculo	Vaso sanguíneo	Tejido conectivo	Piel	Huesos
Órgano de sentido	Ojos	Lengua	Boca	Nariz	Orejas
Sentido	Vista	Palabra	Gusto	Olfato	Oído
Indicador	Uñas	Color	Labios	Vello	Cabello
Fluido corporal	Lágrimas	Sudor	Saliva	Mocos	Orina
Emoción	Ira	Alegría	Comprensión	Tristeza	Miedo
Sonido	Grito	Risa	Canto	Llanto	Gemido
Color	Verde	Rojo	Amarillo	Blanco	Negro
Sabor	Ácido	Amargo	Dulce	Picante	Salado
Cereal	Trigo	Mijo rojo Maíz	Mijo	Arroz	Azuki
Fruta	Ciruela	Albaricoque	Dátil	Melocotón	Castaña
Vegetal	Puerro	Chalota	Malva	Cebolla	Vegetales verdes
Animal	Pollo	Oveja	Vaca	Caballo	Cerdo doméstico

La teoría de los cinco elementos es una herramienta eficaz para tener un mayor conocimiento del ser humano y de la naturaleza. Cualquier persona puede extraer lecciones y consejos útiles para vivir con buena salud.

NOTAS GENERALES SOBRE LA MEDICINA ORIENTAL

La verdad no cambia. Si cambia, no es verdad.

En los países orientales, los antiguos sabios enseñaban que una de las verdades más importantes está contenida en la frase «todo cambia».

Los *Sutras* de Buda, el *Tao Te Ching* de Lao Tzi, todos los más grandes maestros de la humanidad nos han enseñado que todo cambia. Las piedras son pulidas por los ríos.

Durante mucho tiempo, mucha gente ha creído que el oro no cambia, pensaban que no se quema, que no se disuelve en agua, que no se oxida o que nunca se descompone. Los científicos modernos, sin embargo, nos dicen que alrededor de 20 000 millones de toneladas de oro se disolvieron en el agua del mar como elemento químico. Así que el oro también cambia.

Tenemos cuatro estaciones al año durante las cuales los árboles, las plantas, crecen y crean hojas, flores y frutos; después todo cae y muere. Todos los animales siguen el mismo ciclo. Incluso las montañas y el paisaje cambian. En nuestra vida, los niños se vuelven adultos. Los pobres se enriquecen, los ricos se empobrecen.

¿Cuántas dinastías en el pasado tuvieron la misma posición que tienen en el mundo moderno? Los reyes todavía existen, pero su poder es casi inexistente.

Si aplicamos esta regla de vida, podemos entender que nuestro estado de salud también está siempre cambiando. Nuestra condición física y mental hoy no es la misma que la que teníamos ayer.

La medicina oriental siempre ha tenido una profunda filosofía en su base: nuestro mundo, todo el universo, es uno. Nuestro cuerpo es parte de este universo y de la naturaleza. Si nuestro estilo de vida sigue las leyes y el «camino» de la naturaleza, viviremos con salud. Si no respetamos estas leyes, nos enfrentaremos a la enfermedad. Por tanto, lo más importante es poder comprender las leyes de la naturaleza.

Si la persona enferma debe reflexionar y tratar de entender qué está haciendo, cuál es su comportamiento que rompe las leyes de la naturaleza y, en consecuencia, en qué aspecto y de qué manera debe cambiar su forma de vida y su destino.

Para ello, es necesario saber mirar al ser humano en su totalidad, no sólo una parte o varias partes separadas de las demás. Además, se debe considerar el vínculo entre el ser humano y el medio, bajo el aspecto físico y mental. En la expresión «medioambiente» incluimos la zona climática, el microclima local, el clima atmosférico, la calidad del aire, del agua y de la comida, etc.

El frío, el calor, el viento, la sequedad, la humedad, etc., entran en contacto con el cuerpo humano: la enfermedad a menudo viene del exterior. Sin embargo, si no tenemos ningún problema en el interior de nuestro cuerpo, no reaccionaremos a estas condiciones externas de manera negativa y no nos enfermaremos.

Comer demasiado, beber demasiado o consumir alimentos y líquidos inapropiados y de mala calidad hacen que el cuerpo trabaje en exceso y son la causa interna de la enfermedad. Estos comportamientos van en contra de las leyes de la naturaleza y por lo tanto generan enfermedades.

Los factores externos por sí solos son incapaces de generar las enfermedades, y cuando las generan, siempre se combinan con causas internas relacionadas con nuestro comportamiento.

No hay ninguna enfermedad en una sola parte del cuerpo; por ejemplo, trastornos de los ojos o de la vista; si aparecen problemas en los ojos o en la vista, esto revela que el resto del cuerpo también tiene problemas. Siempre tenemos que examinar todo el cuerpo (como nos enseña el antiguo diagnóstico oriental de la observación de la muñeca y del abdomen) para tratar de identificar la mejor terapia. Si podemos encontrar la terapia adecuada para una determinada enfermedad, es muy probable que las otras dolencias desaparezcan al mismo tiempo. Muchos síntomas diferentes pueden ser el resultado de la misma causa y el mismo síntoma serlo de diferentes causas.

Dado que la humanidad de hoy tiene que vivir con tantas enfermedades, ciertamente debe cambiar su estilo de vida y corregir su manera de comer, dejar de comer en exceso y beber bebidas innecesarias y nocivas.

La medicina oriental siempre ha enseñado que la mejor medicina es la comida. Ésta es probablemente la razón por la que, en la antigüedad, en Oriente, los sanadores no recibían dinero de los enfermos, porque creían que no se les debía nada y que la naturaleza misma hacía el trabajo necesario. El médico tenía derecho a la tarifa sólo mientras el paciente estuviera en buen estado de salud y se suspendía si el paciente empeoraba. En ese caso, el médico era responsable de todos los gastos ocasionados por sus errores. El sentido común en sí mismo sugería que su tarea era hacer que la persona enferma se recuperara rápidamente y mantuviera su salud.

El libro chino *Shurai,* de hace tres mil años, habla de cinco médicos con diferentes niveles de práctica de la medicina. El médico del más alto grado es el sabio, quien enseña cómo establecer la armonía entre el hombre y el mundo circundante; a éste le sigue el médico que previene y cura sólo con alimentos, práctica también conocida como medicina de longevidad. Luego viene el cirujano, que usa sus habilidades para remediar los efectos traumáticos de las lesiones, también usa hierbas y alimentos para ayudar a prolongar la vida del paciente; luego el médico de cabecera, que utiliza hierbas y técnicas de acupuntura, de la moxa, del masaje, para tratar dolencias específicas. Finalmente, el veterinario, que se ocupa de los animales.

Por tanto, la enfermedad se entiende como un desequilibrio del estado normal del organismo, y para remediar este desequilibrio no se puede eliminar ni destruir nada dentro del cuerpo, ya que de esta forma provocaría un mayor desequilibrio. Por lo tanto, no tiene sentido intervenir en partes individuales del cuerpo ni reemplazarlas en caso de enfermedad.

Cuando el organismo está desequilibrado y, por lo tanto, debilitado, es fácilmente atacado por bacterias y virus, mientras que en un organismo fuerte, éstos conviven sin causar enfermedades. Los síntomas nos advierten que existen disfunciones dentro del cuerpo; por eso no es necesario suprimirlos, sino identificar el origen de la enfermedad.

El enfoque de la medicina occidental moderna es esencialmente el opuesto, en lo que respecta al funcionamiento del cuerpo y los agentes externos. Se trata de eliminar los síntomas con remedios farmacéuticos e intervenciones quirúrgicas que, en la mayoría de los casos, siguiendo una visión sectorial, circunscriben la enfermedad a la parte en la que el síntoma es más evidente y, por tanto, también la terapia está dirigida a restaurar la zona específica.

Por ejemplo, si hay dolores de estómago, se deduce que sólo está enfermo el estómago y sobre él intervenimos hasta, en ocasiones, su extirpación parcial o total.

De la misma manera, atacamos virus y bacterias, colonias de organismos vegetales y animales que han convivido con los humanos durante millones de años, sin considerar que sólo atacan a cuerpos debilitados.

La filosofía oriental nos brinda la oportunidad de aprender a curarnos a través de una nutrición adecuada, que es la única terapia que puede erradicar la causa de la enfermedad. Sólo una vez que estés curado, te darás cuenta de cuánta libertad obtienes con la salud.

La medicina preventiva y curativa propuesta por la filosofía oriental es la nutrición macrobiótica, que enseña la elección y combinación de los alimentos adecuados, según la teoría del equilibrio del yin y el yang y de la teoría de los cinco elementos.

Si respetas las leyes de la naturaleza, que se rigen por el yin y el yang, puedes llevar una vida saludable. Con el acercamiento a la mentalidad oriental es más fácil volver a la naturaleza y al sentido común, que son fundamentales para la salud.

EL DIAGNÓSTICO ORIENTAL

Una observación rápida de una persona, si se tiene un poco de experiencia, es suficiente para revelar mucho sobre su salud. Su condición ya puede estar indicada por la forma de su rostro.

En este capítulo daré algunas pistas sobre el método de diagnóstico oriental que es simple y práctico: cualquiera puede aprender acostumbrándose a observarse a sí mismo y a los demás.

El diagnóstico oriental se remonta a hace tres mil años y aplica las antiguas teorías para leer el estado físico de la persona a través del cuerpo y del rostro. Es un método práctico para conocer la enfermedad.

Georges Ohsawa fue el primero en introducir el diagnóstico oriental en Occidente.

El experto en diagnósticos sólo necesita una mirada intensa para comprender el estado físico y mental de la persona: primero mira la estructura del cuerpo, identifica su constitución básica, y luego observa el rostro, que también revela el estado de salud y los trastornos presentes.

Hay cuatro tipos diferentes de diagnóstico en la medicina oriental. En japonés se los llama *Bo-Shin, Bun-Shin, Mon-Shin y Setsu-Shin.*

El *Bo-Shin* es el diagnóstico que se hace mediante la observación de todas las partes del cuerpo y la intuición. Se mira la estructura del cuerpo, los movimientos, la forma de caminar, la gesticulación, el color del rostro y del cuerpo y el aspecto de la piel.

El *Bun-Shin* es el diagnóstico que utiliza el oído y el olfato. El experto escucha al paciente, considera su habla y su expresión (voz alta o baja, persona habladora o taciturna, rápida o lenta) y huele el olor que emana de su cuerpo.

El *Mon-Shin* es el diagnóstico que se realiza a través de una serie de preguntas dirigidas al paciente, sobre la historia familiar y sus actividades.

El *Setsu-Shin* es el diagnóstico que utiliza el sentido del tacto e incluye el examen de las muñecas, de los puntos de presión de la acupuntura.

Lo ideal para el médico oriental era diagnosticar mediante el *Bo-Shin.* Era considerado el método más elevado, porque era verdaderamente universal. Sin embargo, se requieren muchos años de estudio y experiencia para dominar completamente esta técnica; por lo tanto, en la mayoría de los casos, los cuatro métodos mencionados deben utilizarse antes de poder hacer un diagnóstico completo. El diagnóstico oriental, con pleno respeto por el hombre, no utiliza herramientas ni sustancias invasoras para el organismo. Siempre se lleva a cabo considerando que cada enfermedad debe ser diagnosticada teniendo en cuenta el estado de todo el cuerpo.

Para un correcto diagnóstico no sólo es necesario saber interpretar la teoría, sino que también es necesaria la experiencia y el desarrollo de la intuición y del sentido común.

El diagnóstico se basa en los principios del yin y el yang, por lo que la constitución y condición de la persona se puede dividir en yin y yang, y en consecuencia también la enfermedad.

La constitución de la persona viene dada principalmente por la constitución de la madre y del padre y por la nutrición materna durante el embarazo y, en segundo lugar, por la nutrición seguida por la persona durante el período de crecimiento. La constitución básica se revela sobre todo al observar la estructura del cuerpo y del rostro.

Los problemas de constitución son más difíciles de resolver; la constitución de un recién nacido puede cambiarse con una alimentación muy yin o muy yang, mientras que la de un adulto requiere de mucho más tiempo para cambiarse.

La condición, en cambio, es un estado temporal (más o menos duradero) de la persona, determinado en gran parte por los alimentos ingeridos recientemente y que se manifiesta con signos más variables.

EL DIAGNÓSTICO DEL CUERPO

La estructura del cuerpo

La constitución física se forma desde el nacimiento hasta el final del crecimiento.

La proporción entre la cabeza y el cuerpo debe ser 1:7, por lo que el torso debe medir 7 veces el tamaño de la cabeza. Según el origen, esta proporción puede diferir de una persona a otra y también puede variar de una población a otra: por ejemplo, en algunos grupos étnicos orientales es de aproximadamente 1:6.

Aplicando el yin y el yang al cuerpo, se pueden distinguir dos estructuras constitucionales diferentes: la persona con una constitución yin es alta, de miembros largos, delgada y menos musculosa. La persona con constitución yang es baja, robusta y más musculosa.

El hombre tiene un físico más yin que la mujer, que, por lo tanto, tiene un físico más yang y órganos digestivos más fuertes.

La persona que goza de buena salud tiene un porte erguido.

La cabeza inclinada hacia adelante y hacia abajo (como a menudo se puede ver en los ancianos) indica una condición más débil de los órganos internos.

Una columna vertebral curvada revela que los órganos internos pueden tener alguna alteración (si, por ejemplo, la curva irregular está en la parte inferior, indica problemas en los órganos sexuales).

Si el vientre sobresale, significa que los órganos internos están dilatados.

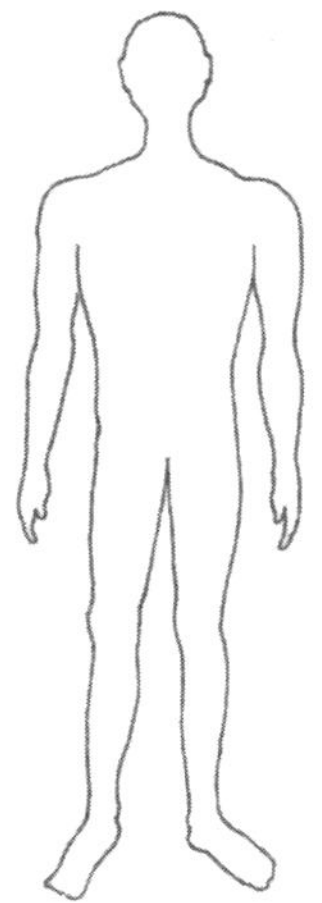

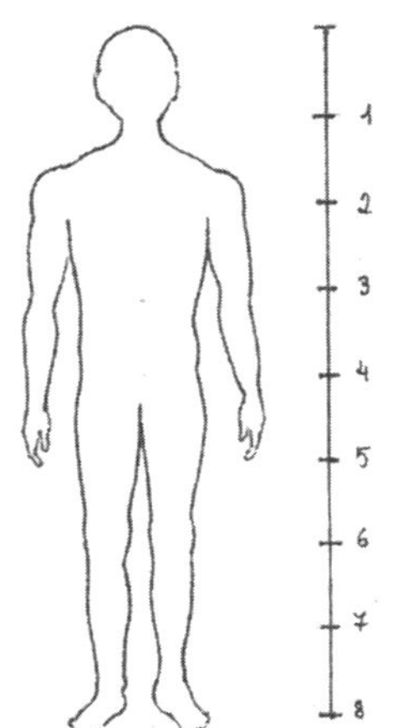

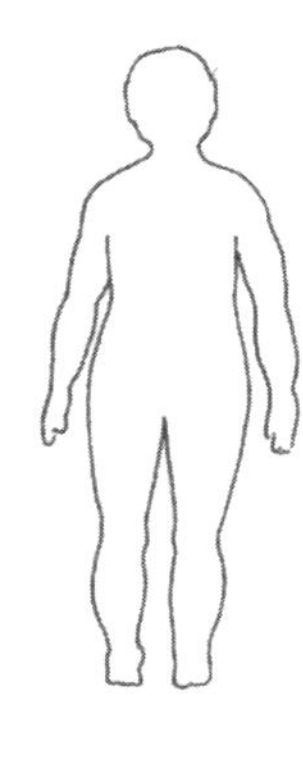

La cara

Signos yin en la cara

La cara yin tiene la forma de un triángulo con la base hacia arriba.

La parte superior del rostro es más espaciosa y ancha que la parte inferior. La frente es ancha, alta y bien desarrollada. Las mandíbulas son estrechas y el mentón puntiagudo y saliente. Los ojos están muy separados y la distancia entre los ojos y la boca es mayor. Los ojos son grandes y abultados. La nariz es larga y dilatada hasta las fosas nasales y la boca es grande.

Signos yang en la cara

La cara yang tiene la forma de un triángulo con la base hacia abajo. La parte inferior de la cara es más amplia y ancha que la parte superior. La frente es baja y estrecha.

Las mandíbulas son pronunciadas y el mentón ancho y redondo. Los ojos están muy juntos y hay poca distancia entre los ojos y la boca. Los ojos son pequeños y están hundidos. La nariz es corta y estrecha y la boca es pequeña.

Las personas con la forma de la cara más yin son más propensas a la actividad intelectual que aquéllas con la forma de la cara más yang, que tienen un sentido más práctico.

La parte superior de la cabeza se desarrolla y asume su forma especialmente durante la infancia y hasta los veinte años de edad, la parte media entre los veinte y los cincuenta años de edad, mientras que la parte inferior se desarrolla sobre todo en la vejez.

Los orientales consideran afortunada a la persona que tiene la cabeza grande, porque es un signo de yin bueno y positivo. La cabeza pequeña es un indicador yang.

La parte frontal está relacionada con la capacidad de pensamiento y la posterior con el sentido de la moralidad, el autocontrol y la conciencia. La persona con la parte posterior plana tiene poca moralidad (lamentablemente, es una característica que se encuentra a menudo en muchos jefes de Estado).

Los forúnculos en la cara son causados por la fermentación dañina de los alimentos en los intestinos; esto significa que hay una gran cantidad de productos de desecho en el cuerpo. Los forúnculos no se deben únicamente al azúcar, sino que los alimentos dulces inician y favorecen la «descarga» y la eliminación de proteínas que se manifiesta con la presencia de forúnculos (*véase* el apartado «Eliminar toxinas: Las descargas»).

La frente

A menudo se pueden ver tres líneas horizontales en la frente de una persona, lo que indica un cerebro bien desarrollado y una gran capacidad mental. Si son paralelas y regulares, revelan una mente ordenada. Por el contrario, si hay muchas líneas irregulares o discontinuas, la mente suele ser caótica.

Dos líneas verticales entre las cejas indican problemas en el hígado y mal genio.

Las cejas

Tener las cejas con el exterior hacia arriba es un signo yang. Las personas carnívoras suelen tener este tipo de cejas. Las personas con la parte externa de las cejas hacia abajo (yin) suelen seguir una dieta vegetariana. Las cejas anchas y gruesas son un signo yang, las cejas delgadas son un signo yin.

Consumir demasiados alimentos dulces, especialmente azúcar, adelgaza las cejas y puede hacer que desaparezcan.

Las personas que no tienen cejas son más propensas al cáncer.

Los ojos

En el diagnóstico oriental, los ojos están estrechamente relacionados con el hígado y se dividen en dos áreas: el iris y la esclerótica (la parte blanca).

Los ojos yin son grandes, redondos y abultados, con un iris grande.

Los ojos yang son pequeños, arqueados y hundidos, con un iris pequeño.

Un proverbio japonés dice: «Los ojos del hombre como un arco y los ojos de la mujer como un anillo». Los ojos de la mujer deben ser más grandes que los del hombre.

Las pestañas largas son un signo yin. La mujer moderna suele usar pestañas postizas porque ha perdido las que le proporciona la naturaleza: esto se debe a un consumo exagerado de productos animales.

Idealmente, el iris estará emplazado en el centro del ojo. En la persona adulta, el iris desplazado hacia arriba, hacia abajo, hacia adentro o hacia afuera revela desequilibrios físicos en los órganos debido al consumo de demasiada comida yin o demasiada comida yang.

Si el iris en un adulto parece desplazado hacia abajo, indica que la persona ha comido demasiados alimentos yang y puede tener una tendencia a la crueldad.

Aquél desplazado hacia arriba, con el blanco de la esclerótica que aparece debajo, es un signo de condición muy yin. En este caso, los órganos se encuentran considerablemente debilitados, la persona tiene una capacidad de actuación reducida ante los peligros y en ocasiones es propensa a sufrir accidentes.

Los iris que miran hacia la nariz son un signo yang, los iris que miran hacia afuera son un signo yin. Estos signos a menudo se pueden observar en personas que tienen cáncer.

Un iris apuntando hacia adentro y uno hacia afuera, o uno posicionado en la parte inferior y otro en la parte superior, indican el exceso ya sea de yang o de yin.

En particular, un iris mirando hacia la nariz, mientras que el otro está emplazado en el centro, a veces puede indicar diabetes.

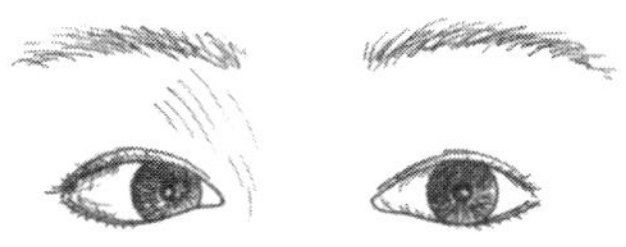

En el recién nacido, el iris se ubica en la parte inferior del ojo, destacando el blanco de la esclerótica en la parte superior. Esto indica la condición normal yang del bebé recién nacido. Con el crecimiento, su posición se normaliza: el iris se mueve hacia el centro del ojo. Un parpadeo muy frecuente indica que el cuerpo está tratando de descargar el exceso de alimentos yin. No se debe parpadear más de tres veces por minuto.

Si los ojos se mueven constantemente o tardan en reaccionar (por ejemplo, cuando tienen que seguir el movimiento de un dedo) significa que el maestro del corazón no está funcionando bien.

Los ojos muy saltones son un signo de un gran consumo de alimentos yin y de probables trastornos de la tiroides. Las ojeras indican problemas en los riñones, en la vejiga y en los órganos sexuales.

El color oscuro debajo de los ojos, sin hinchazón, es signo de un consumo excesivo de alimentos yin (azúcar, dulces, frutas, alcohol, grasas, etc.) que debilitan los riñones y otros órganos relacionados.

La hinchazón debajo de los ojos revela problemas renales y de vejiga, con retención de líquidos o estancamiento de la sangre.

La hinchazón alrededor de los ojos, particularmente en el párpado superior, se debe a una ingesta excesiva de grasas y proteínas y es una señal de posibles trastornos de la vesícula biliar.

Normalmente, el interior del párpado debe estar rojo. Si es casi blanco, significa que la persona padece anemia. Para examinar esa parte, se debe pellizcar suavemente el párpado entre el pulgar y el índice y separarlo del ojo.

Los orzuelos, los forúnculos en el párpado y el pus en el ojo son una manifestación de una cantidad excesiva de grasa y de proteínas en el cuerpo.

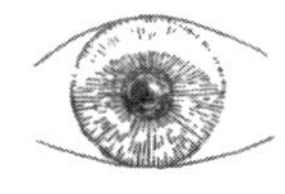

Una herramienta muy eficaz para realizar el diagnóstico es la iridología, que es el diagnóstico que se realiza mediante el estudio de los signos del interior del iris. El iris y la esclerótica revelan el estado de todos los órganos

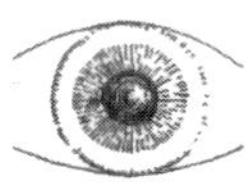

y el sistema nervioso y se dividen en segmentos; cada uno de éstos está relacionado con un órgano.

El contorno del iris debe ser redondo sin sinuosidad. Un bisel en la parte superior del iris, o un anillo blanco alrededor, denota un mal funcionamiento del triple hogar y mala circulación sanguínea en la periferia.

La esclerótica debe ser blanca. Si es de color rojo, indica que el hígado está fatigado por el consumo excesivo de alimentos, especialmente los del reino animal. Si el enrojecimiento se extiende a toda la esclerótica, significa que los órganos internos tienen alguna alteración.

La nariz

El examen de la nariz puede dar muchas indicaciones sobre el estado del paciente observado.

La respiración se realiza por la nariz. Las fosas nasales anchas denotan una buena capacidad de los pulmones y de los bronquios, las fosas nasales pequeñas y delgadas revelan una capacidad más pequeña. En los humanos, la nariz grande y las fosas nasales muy desarrolladas son un signo de masculinidad.

El volumen de la nariz también está relacionado con la nutrición: al reducir la cantidad de alimentos que se ingieren diariamente, es posible disminuir el volumen de la nariz.

Una nariz larga, que sobresale del plano de la cara, es un signo de constitución yin. Una nariz plana contraída, casi chata, indica una constitución yang.

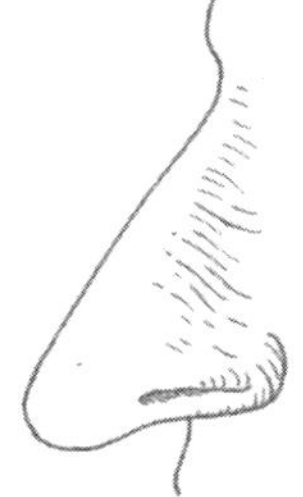

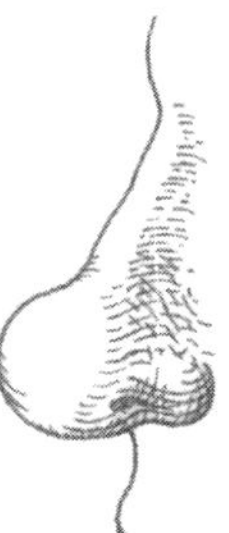

La nariz muy vuelta hacia arriba se debe a una dieta, durante la infancia, demasiado rica en huevos, un alimento que debilita el corazón.

La punta de la nariz indica el estado del corazón. Si está hinchada y grasienta, es síntoma de un corazón agrandado y fatigado, debido al consumo excesivo de productos animales. Una punta marcada por grietas, erupciones y capilares rojos o morados (estos últimos se encuentran a menudo en los bebedores de alcohol) denota una enfermedad cardíaca.

El área de la nariz que está al nivel de los ojos (entre los dos ojos) está relacionada con el bazo.

La línea horizontal entre la nariz y la boca indica problemas con los órganos sexuales e incluso puede desaparecer a medida que mejora la salud de estos órganos.

Las líneas verticales se manifiestan a medida que los órganos sexuales van envejeciendo.

La boca y los labios

La boca y los labios están relacionados con el sistema digestivo. La boca grande y ancha con los labios carnosos es un signo yin. Si es pequeña y estrecha, con labios finos, es un signo yang.

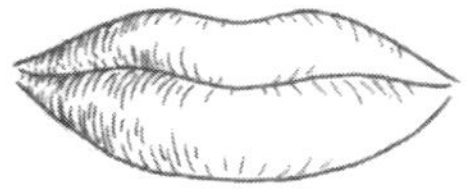

El labio inferior revela la condición del intestino grueso. Si, por ejemplo, el labio inferior está hinchado, el intestino grueso está expandido y dilatado y puede tener alguna alteración (estreñimiento). Los africanos poseen naturalmente este tipo de labios, que son un indicio de un intestino más dilatado, dada su dieta predominantemente a base de frutas.

Si el labio superior está hinchado, se tiene delante a una persona que come demasiado.

Cuando ambos labios están agrandados, existe la posibilidad de epilepsia. Cualquier tipo de marca o erupción en los labios (herpes, cortes, llagas) revela el estado actual del intestino y del estómago. El color de los labios debe ser rosado. Los labios oscuros señalan la presencia de sangre estancada dentro del cuerpo, debido a la mala circulación, causada por consumir demasiados alimentos de origen animal y salados. Las personas con labios oscuros están predispuestas a enfermedades de los órganos sexuales.

Los dientes

El estado de los dientes es indicativo del estado de salud de la persona. Los dientes débiles (por ejemplo, cariados) también indican una condición de debilidad de los huesos; de hecho, en general, los dientes se corresponden, como los huesos, a los riñones y a la vejiga.

En los humanos, los dientes más desarrollados son los molares. Son veinte y tienen la función de moler y triturar los cereales. Los cuatro caninos se utilizan para comer carne. De hecho, un exceso de alimentos de origen animal durante la infancia hace que los caninos sean más grandes y puntiagudos (a veces también los incisivos y los premolares). Los ocho incisivos se utilizan para comer verduras y frutas cocidas y crudas. Si se consume demasiada fruta, se agrandan.

Los dientes deben ser regulares y rectos, cualquier irregularidad es un signo de debilidad de algún órgano. Si los dientes crecen hacia adentro, son un signo yang; por el contrario, si crecen hacia afuera, son un signo yin. Los dientes cariados se deben al consumo excesivo de alimentos yin (como azúcar, dulces y vinagre). Los problemas de las encías suelen ser el resultado de una dieta rica en carne. Si las encías y los labios de una mujer son de color oscuro, es un indicio de menstruación irregular o de problemas en el útero.

La lengua

La lengua revela la fuerza y el estado del corazón y también el funcionamiento del estómago. Debe ser de color rosado y tener una superficie rugosa con pequeños pedúnculos. Cuando está marcada con una grieta profunda, o es lisa, brillante y roja, indica problemas cardíacos.

Las manchas, las aftas y el color blanco de la lengua sugieren que existe algún trastorno estomacal. Cuando no se puede sacar la lengua o tiembla cuando se saca indica un problema en el sistema nervioso o en el cerebro.

Es un órgano muy importante porque, al ser la sede del gusto, percibe los cinco sabores.

Cuando la raíz de la lengua es oscura, negra, es probable que haya presencia de cáncer.

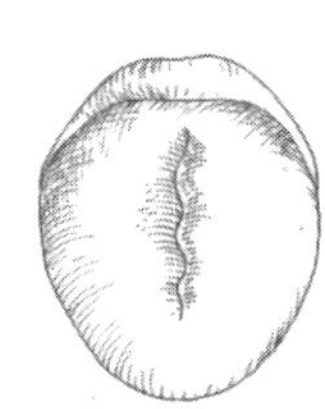

La barbilla

Un hoyuelo en la barbilla indica que la constitución de una persona es yang. Un mentón apretado y saliente es un signo de un gran consumo de azúcar y de otros alimentos yin.

Las orejas

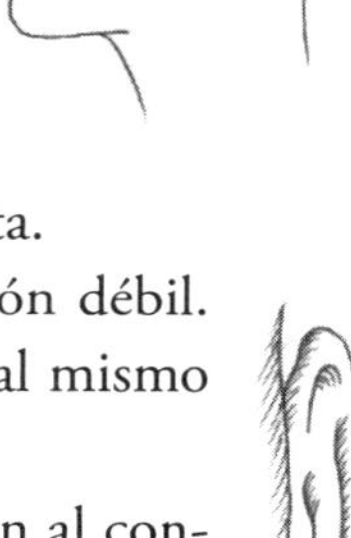

Las orejas indican la constitución general del organismo y, en particular, el estado de los riñones. El tamaño de las orejas corresponde más o menos al de los riñones.

Unas orejas grandes, bien adheridas a la cabeza, con un lóbulo bien dibujado son un signo de buena constitución y de fuerza vital: tener orejas grandes significa que los riñones están fuertes y que, por lo tanto, la madre embarazada ha seguido una dieta correcta.

Las orejas pequeñas son un signo de una constitución débil. Idealmente, el ápice de las orejas debe estar al mismo nivel que las comisuras de los ojos.

Las orejas erguidas y puntiagudas se deben al consumo excesivo de productos de origen animal. Las orejas que sobresalen indican un consumo abundante de alimentos yin.

El pelo

El pelo es un excelente indicador del estado físico de todo el organismo. En las mujeres, la bifurcación del cabello es un signo de problemas ováricos. La caspa, el cabello graso, el eccema en el cuero cabelludo consisten en una fuga de grasas y proteínas, especialmente proteínas animales, e indican problemas hepáticos. El pelo se cae porque los órganos internos no están en buenas condiciones. El pelo es un organismo vivo: se nutre de los alimentos que ingiere la persona. Si el cabello se cae de la frente, es probable que la persona esté consumiendo demasiada fruta y líquido. La caída del cabello en la parte posterior de la cabeza indica un exceso de proteína animal. El consumo excesivo de azúcar se revela al caer el pelo de las sienes. Las drogas y los medicamentos también pueden causar calvicie.

La caída del cabello durante el cambio de estaciones, especialmente en otoño, no indica necesariamente una dolencia grave.

Aparecen canas si la persona ingirió demasiados alimentos yang.

El cabello rojo es más yang, pero no tanto como el cabello blanco. El cabello rubio siempre es yang.

> Tengo el pelo blanco
> tres mil millas de largo.
> Me preocupé demasiado
> y esto he obtenido.
>
> *Poema chino*

El color de la cara

La piel generalmente indica la salud de los pulmones. Una piel mortecina, apagada, sin brillo, flácida, de colorido desigual revela una debilidad de los pulmones y del sistema inmunitario.

Al principio parece difícil distinguir los distintos tonos de la tez del rostro. Pero con un poco de práctica es posible ver distintas tonalidades de color en la piel del cuerpo y del rostro que denotan el estado de los órganos correspondientes a esos determinados colores. La teoría de los cinco elementos es de gran ayuda en este caso. Un buen estado de salud se manifiesta en el rostro con un color rosado brillante, uniforme o marrón claro, que es el más equilibrado.

El color verde está conectado al hígado y a la vesícula biliar.

La cara adquiere este color verde oliva o amarillo verdoso cuando la vesícula biliar derrama bilis en la sangre, por ejemplo, por una enfermedad o disfunción hepática. Si la alteración de estos órganos es crónica, el color verde permanece hasta que los órganos reanudan su funcionamiento normal.

El color rojo está relacionado con el corazón y el intestino delgado.

Si el color rojo de la cara persiste, puede asociarse a una disfunción cardíaca. El color rojo en el cuerpo del bebé (yang), por otro lado, es un signo de salud y de fuerza vital.

Este color también puede aparecer sólo en algunas partes del rostro, como en el caso de forúnculos e inflamación.

El color amarillo está relacionado con el bazo y el páncreas y el estómago. La piel de la cara amarilla o amarillo-naranja puede indicar problemas en el bazo y en el páncreas y en el estómago (úlceras gastroduodenales, pancreatitis, diabetes, hipoglucemia).

El color blanco está relacionado con los pulmones y el intestino grueso. El color muy blanco y pálido de la cara es un síntoma de mala funcionalidad de los pulmones y del intestino grueso. La sangre permanece estancada en los órganos internos y por tanto hay mala circulación periférica; por eso, la piel adquiere un color blanco. Las personas con esta tez suelen ser anémicas y casi siempre tienen los pies y las manos fríos.

El color negro está relacionado con los riñones y la vejiga.

Los libros de medicina orientales utilizan el término «negro», que en realidad significa marrón oscuro o gris oscuro. Este color en la cara revela una actividad insuficiente de los riñones y la vejiga: los riñones no pueden limpiar las toxinas acumuladas en la sangre, que regresan al torrente sanguíneo en lugar de ser eliminadas en la orina. Es la sangre sucia la que le da a la piel el color oscuro.

Las manos

Las manos son un verdadero libro de imágenes en el que todo médico debería poder leer.

Pueden confirmar lo que se ha diagnosticado y observado con otros métodos en diferentes partes del cuerpo.

La lectura de las manos es parte del diagnóstico oriental y es uno de los métodos más importantes, rápidos y completos para comprender la condición física de una persona.

La mano ideal es de forma regular y de color rosado, con dedos rectos, proporcionados a la palma. Una mano suave, seca, tersa y brillante, tonificada, con palma compacta, tejido flexible y dedos que, de ser forzados, pueden doblarse hacia atrás, indica un buen estado de salud de la persona. La palma gruesa y robusta, los dedos cortos y gruesos revelan una constitución fuerte. Los dedos largos y delgados y la palma esbelta son signos de una constitución más débil y de una salud más delicada. La mano izquierda se puede conectar a la comida vegetariana, mientras que la mano derecha se puede conectar a una dieta rica en productos animales.

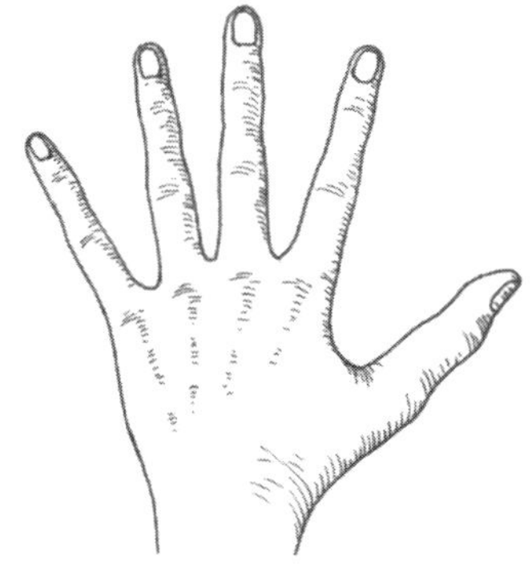

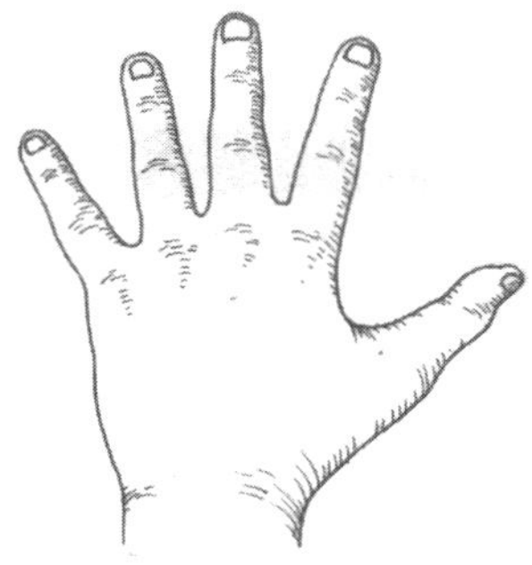

Cada dedo corresponde a un órgano: el pulgar corresponde a los pulmones, el dedo índice al intestino grueso, el dedo medio al maestro del corazón, el dedo anular al triple hogar y el meñique al intestino delgado y al corazón.

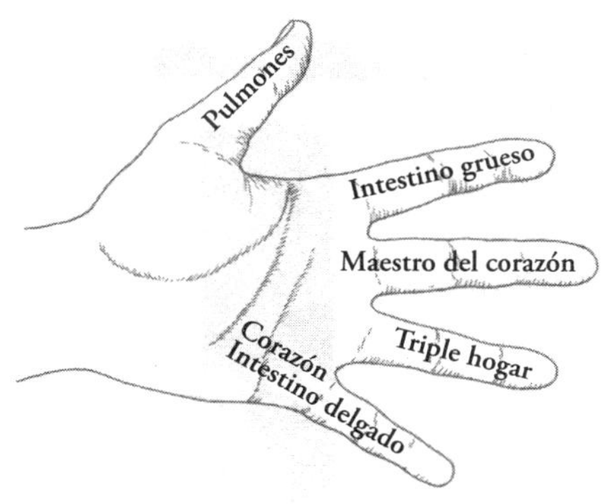

Si la parte inferior de la palma, cerca del pulgar y hacia la muñeca (y más allá), adquiere un color azulado, puede haber trastornos muy graves de los pulmones y del intestino grueso, debido a un exceso de alimentos yin que han hecho que la sangre esté poco oxigenada.

Al presionar la palma de la mano hacia la muñeca y hacia afuera, si aparece una hinchazón («burbuja de agua») en la parte exterior del pliegue de la muñeca, significa que el cuerpo está reteniendo el exceso de líquidos y alimentos yin (azúcar, dulces, frutas, bebidas carbonatadas). Las personas con esta ampolla generalmente tienen las manos húmedas.

Si el interior de la mano es amarillo, este síntoma puede indicar un trastorno del bazo y del páncreas y del estómago y la presencia de sangre impura.

Los dedos temblorosos revelan alteraciones en el maestro del corazón y en el sistema nervioso. La piel del dorso de la mano debe ser elástica. Cuando se tira de ella, debe regresar inmediatamente a su lugar; si la piel es gruesa y está rígida, significa que la persona está comiendo de forma desequilibrada (quizá comida demasiado salada o demasiados productos de origen animal).

Las venas del dorso deben ser apenas visibles. Si sobresalen, significa que es necesario que se beba menos.

La temperatura de la mano manifiesta el estado de los órganos internos. Las manos deben estar frescas. Si están demasiado calientes, esto indica que la persona come muchos alimentos yang. Las manos frías y húmedas indican un exceso de alimentos yin (azúcares, dulces y líquidos) en el cuerpo, que han debilitado el corazón.

Las uñas

Las uñas cambian según los hábitos alimentarios. En personas con salud delicada, su calidad se ve afectada de inmediato. Basta con observarlas de vez en cuando y aprenderemos mucho sobre nuestro estado de salud.

En general, las uñas están conectadas al hígado; en particular, cada uña corresponde a los órganos de los dedos respectivos.

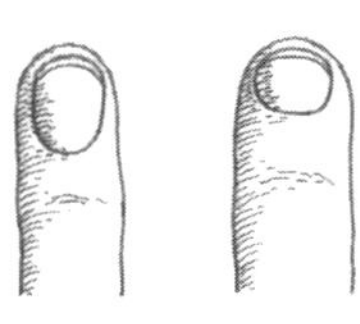

Las uñas cortas, anchas y planas indican una constitución yang, las largas, estrechas y curvas indican una constitución yin.

Un cambio significativo en la dieta a menudo se refleja en las uñas, lo que resulta en un arqueamiento o aplanamiento. Las uñas deben tener forma ovalada y ser de color rosado.

Un método muy sencillo para saber si se está anémico es estirar los dedos de las manos manteniéndolos un poco tensos y notar que las uñas se vuelven blancas. Sin embargo, si una vez que la mano está relajada, las uñas continúan blancas, significa que hay anemia. En los casos más graves, las personas anémicas siempre tienen las uñas blanquecinas.

El color oscuro de la uña indica una mala circulación sanguínea dentro del cuerpo.

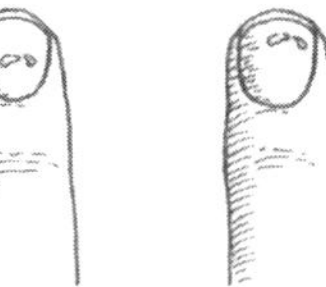

Las manchas blancas en la uña indican que se han introducido alimentos fuertemente yin (azúcar, dulces, productos con químicos) y que hay una falta de sales minerales en el cuerpo. A partir de la ubicaciónde las manchas también es posible identificar a cuándo se remonta la ingesta de alimentos yin, teniendo en cuenta que las uñas de los niños crecen más rápido que las de los adultos. Las uñas de un adulto pueden tardar de 6 a 9 meses en renovarse por completo, desde la raíz hasta la punta.

Las uñas con manchas blancas, cóncavas, agrietadas y roídas pueden estar relacionadas con una probable presencia de parásitos en el intestino. Estas indicaciones pueden confirmarse por el color azulado de la esclerótica y el prurito anal.

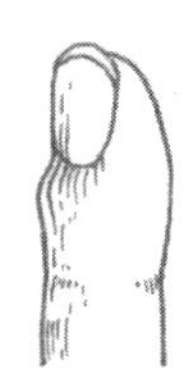

La lúnula en la base de cada uña no debe ocupar más de un cuarto de la longitud de la uña. Pero es mejor no tenerla. Al final del crecimiento de la persona y con una dieta principalmente vegetariana y natural, las lúnulas deben disminuir y desaparecer (generalmente la del pulgar es la última en desaparecer). Si quedan muy grandes y si la raíz de la uña es grande, enrojecida y se pela, es señal de un consumo exagerado de productos de origen animal.

Las yemas de los dedos hinchadas o agrandadas son un signo de enfermedad cardíaca.

Los pies

El cuadro del diagnóstico no está completo sin considerar también los pies y la manera de caminar de la persona.

La mayoría de la gente cree que el dolor de pies es causado por caminar con zapatos inadecuados. En realidad, no se deriva sólo de eso, sino que indica alteraciones en los órganos correspondientes. En los pies y en los dedos hay puntos de acupuntura muy importantes. Si son dolorosos a la presión, significa que el órgano relacionado con esa zona no está en buenas condiciones.

Los pies deben ser regulares, con la piel lisa, sin grietas ni callos. Deben tener un color rosado y ser suaves, flexibles y tonificados al mismo tiempo.

Los dedos de los pies deben ser flexibles y se deben poder mover cada uno de ellos, extenderlos o empujarlos hacia afuera cuando se les ordene.

Cada dedo está vinculado a un órgano: el dedo gordo representa el hígado, el segundo y tercer dedos el estómago, el cuarto dedo la vesícula biliar y el quinto los riñones.

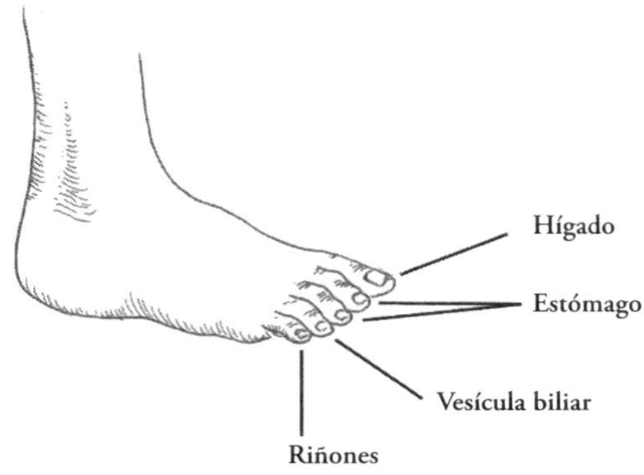

Dolor, callosidades, crecimientos, enrojecimiento en un dedo siempre anuncian una alteración momentánea del órgano correspondiente. Si el segundo dedo del pie es más largo que el dedo gordo, es probable que el estómago sea constitucionalmente débil (más yin). El dedo meñique, torcido y doblado, con una uña muy pequeña indica problemas renales. Durezas, callos, verrugas, piel agrietada, etc. están vinculados al consumo excesivo de grasas y de proteínas, especialmente animales.

Tomar medicamentos y drogas muy fuertes a menudo hace que las uñas se vuelvan quebradizas, propensas a romperse. Cuando duelen los pies después de estar de pie durante mucho tiempo, eso revela una ingesta excesiva de líquidos e indica que hay algún trastorno en los riñones o en la vejiga.

Una persona sana camina con los pies paralelos entre sí: si sus pies apuntan hacia adentro, evidentemente muestra una contracción, un signo yang. Si, por el contrario, camina con los dedos de los pies apuntando hacia afuera, hay una expansión, yin.

Las piernas arqueadas indican un consumo excesivo de carne y más probablemente de sal. Caminar sobre los talones es un signo yang, mientras que caminar de puntillas e inclinarse hacia adelante es un signo yin. Los zapatos de tacón alto hacen que la columna se arquee de forma poco natural, especialmente en mujeres más yin (altas). Si caminar descalzo sobre piedra causa dolor, significa que la condición de los riñones y órganos digestivos no es la mejor.

El calor corporal

La persona en buen estado de salud es muy sensible al calor corporal y puede sentirlo dejando que la palma de la mano abierta y relajada, a una distancia de uno o dos centímetros, se deslice sobre su cuerpo. La persona sana tiene una temperatura corporal de unos 36,5 °C.

La temperatura depende de la fuerza del corazón, que empuja la sangre a todas las partes del cuerpo. Una sangre de buena calidad, que circula bien hacia la periferia, le da al cuerpo la temperatura adecuada. Toda la superficie del cuerpo debe tener una temperatura homogénea. Cuando un área produce más calor que otras, significa que un órgano está demasiado activo. Los pies son la parte más yang del cuerpo y es normal que estén calientes. En cambio, las manos no deben estar calientes ni frías. Las manos y los pies fríos son un signo de mala circulación debido a la sangre estancada en el interior. Cuando las partes superior e inferior del cuerpo tienen temperaturas significativamente diferentes, es un signo seguro de mal funcionamiento del triple hogar.

La palabra y la voz

El tono de la voz y la manera de hablar indican el estado de salud del corazón. La voz normal no es ni demasiado alta ni demasiado baja, debe ser tan agradable como un canto.

Si la persona tartamudea, significa que el corazón está funcionando de manera irregular. Comer demasiado hace que se hable demasiado. Una voz muy fuerte denota a una persona que piensa de forma desordenada y que habla casi gritando, para darle peso a sus conceptos. El hombre debe tener una voz más baja, más yang que la mujer, que debe tener una voz más alta, más yin. La persona que goza de buena salud habla poco y se hace entender con pocas palabras.

El olor

Cada persona emite olores, más o menos fuertes, según su estado de salud. Los enfermos tienen un olor particular. Al entrar en una habitación cerrada donde un paciente lleva residiendo durante algún tiempo, se puede notar un mal olor muy intenso. Esto indica una descarga de toxinas. El olor es uno de los primeros síntomas que manifiesta el organismo cuando tiene que descargar un determinado tipo de desechos.

Algunas personas emiten constantemente malos olores y esto significa que introducen continuamente toxinas, a través de los alimentos, y el cuerpo ya no es capaz de acumularlas, por lo que trata desesperadamente de eliminarlas. En cuanto a los olores que emite la persona, quienes comen mucha carne desprenden mal olor por los pies, mientras que quienes ingieren lácteos y quesos emiten malos olores por las partes superiores; por ejemplo, por los órganos sexuales o por las axilas.

En general, el mal olor es una liberación de toxinas por un consumo abundante de productos de origen animal. Para curarlo es necesario incrementar el consumo de verduras y reducir el de productos animales. Si la persona come más sano durante el proceso de eliminación de toxinas, llamado «descarga» *(véase* el capítulo «Eliminar toxinas: Las descargas»), desprende un olor fuerte que, sin embargo, revela una mejoría de su estado.

La posición durante el sueño

La mayoría de las personas duermen en posición prona, apoyada en el propio estómago, pero en la medicina oriental este hábito se considera un signo de agrandamiento de los órganos digestivos.

Por lo general, los animales suelen descansar en esta posición.

Si el hombre duerme boca arriba, acostado boca arriba, con las piernas y los brazos ligeramente abiertos, podrá respirar con mayor facilidad y profundidad.

Hoy en día, con demasiada frecuencia, se duerme a los bebés haciéndolos acostarse boca abajo, pero esto impide una buena respiración. Los recién nacidos respiran de manera natural con la llamada respiración diafragmática (abdominal), por lo que es recomendable dejarlos acostados boca arriba. Si los niños se sienten mejor durmiendo boca abajo, esto se debe a la dieta que están siguiendo. Pero si esta dieta mejora, preferirán dormir en una posición más saludable. Los métodos modernos a menudo se inventan para compensar algún defecto. El hecho de moverse durante el sueño, a menudo cambiando de posición, depende de los problemas de evacuación y del maestro del corazón.

EL DIAGNÓSTICO DE LA ORINA Y DE LAS HECES

La mañana puede ser el momento de comprobar diariamente el estado actual del organismo. El diagnóstico de la orina y de las heces da información inmediata sobre el estado de salud del organismo.

La orina

Una buena actividad de los riñones y de la vejiga es fundamental para la desintoxicación y la limpieza del organismo de todas las sustancias impuras y nocivas.

La orina es uno de los productos de desecho líquidos del cuerpo. Los riñones filtran la sangre separando las sustancias útiles de las superfluas, que forman la orina. Ésta llega a la vejiga a través de la uretra y se expulsa desde allí. El hombre no debe orinar más de 4 o 5 veces al día, mientras que la mujer, cuya vejiga tiene mayor capacidad, sólo debe orinar 3 o 4 veces.

Al medir la cantidad diaria de orina, se puede comprender la situación de los riñones y de la vejiga. Tanto el exceso como la escasez de orina revelan una disfunción de los riñones. El olor fuerte y penetrante de la orina sugiere que el cuerpo está eliminando desechos y ácido úrico, principalmente derivados del consumo excesivo de productos animales.

La micción frecuente advierte que la vejiga no puede contener suficiente líquido porque está demasiado contraída.

El color de la orina debe ser el de la cerveza, ni demasiado claro ni demasiado oscuro. Los niños normalmente orinan con más frecuencia y el color debe ser más claro que el de los adultos. La orina muy oscura muestra que es rica en sustancias concentradas, debido a una dieta yang (alimentos salados, carnes y derivados). Por el contrario, la orina es muy clara si la persona ha ingerido alimentos yin (azúcares, dulces, frutas, alimentos que contienen sustancias químicas, alcohol, demasiados líquidos).

Cuando aparece turbia, indica que se están eliminando proteínas y que hay problemas renales. Si hay rastros de sangre oscura en la orina, son de los riñones, si son de color rojo claro probablemente sean de la vejiga y del tracto urinario.

Las heces

Las heces son las sustancias sólidas de residuos de la comida, y mientras que la orina nos dice el estado reciente de la persona, las heces nos revelan el estado relativo a hace 2 o 3 días. La defecación debe realizarse una vez al día: el momento ideal es por la mañana. Cualquier irregularidad en la evacuación de las heces es un signo de problemas intestinales. La regularidad de la defecación es una condición básica para una buena salud.

Las heces deben ser firmes, ni duras ni fluidas, y de color marrón.

Un excesivo mal olor en las heces indica un mal equilibrio en la nutrición.

Deben tener forma de plátano grande y flotar: si se hunden en el agua significa que la comida no ha sido masticada o digerida bien.

La persona sana necesita muy poco papel higiénico. Pero éste no es el caso del hombre moderno, que usa rollos enteros.

En general, el estreñimiento es el resultado de una condición yang en la que los intestinos están contraídos; sin embargo, éstos a veces se expanden e hinchan y causan estreñimiento yin.

Las heces formadas por «bolas» duras y brillantes se deben a un exceso de yang; si son gruesas y opacas se trata de un estreñimiento yin.

El color claro de las heces indica trastornos digestivos y de la vesícula biliar y revela que la bilis no llega a los órganos digestivos. Si las heces son oscuras significa que la persona tiene un intestino rígido, porque ha ingerido demasiados alimentos yang, ahumados y carnes. Las heces muy oscuras pueden indicar un posible sangrado interno en el intestino: la sangre se mezcla con las heces y las oscurece.

Si se consume demasiada sal, el colon absorbe más agua y las heces son escasas y secas; por el contrario, si come demasiada fruta, azúcar y otros alimentos yin, las heces estarán más húmedas y sin forma.

Las heces del bebé deben ser de color amarillo anaranjado y bastante blandas. Si son oscuras o verdes, significa que la leche materna no es de buena calidad, porque la madre ha ingerido alimentos inadecuados.

DIAGNÓSTICO SEGÚN EL PRINCIPIO DE LLENO Y VACÍO

El principio del yin y el yang es muy importante para el diagnóstico y tratamiento de una enfermedad. Decimos que algo es yin porque está dominado por la fuerza yin y contiene poca fuerza yang, ya que nada es sólo yin o sólo yang (*véase* el VII teorema de G. Ohsawa).

A veces se requiere un esfuerzo adicional de precisión en la clasificación: yin y yang se pueden dividir en gran yin y pequeño yin y gran yang y pequeño yang. La distinción entre uno y otro radica en la proporción de yin o yang. Una subdivisión aún más útil para el diagnóstico es la clasificación de «lleno» *(Titan)* y «vacío» *(Kyo),* que se refieren simultáneamente al tipo yin o yang de la persona y a la cantidad de energía que tiene la persona para resistir la enfermedad.

Esta clasificación se refiere a la condición de la persona y en particular a sujetos con una condición desequilibrada y tendencia a desarrollar enfermedades.

En términos generales, las personas yang están «llenas», mientras que las personas yin están «vacías». Sin embargo, hay excepciones, y combinando yin y yang con «lleno» y «vacío» obtenemos cuatro tipos básicos:

- Yang lleno *(Titan yang)*
- Yang vacío *(yang Kyo)*
- Yin lleno *(Titan yin)*
- Yin vacío *(yin Kyo)*

La persona yang llena es una persona dinámica, de tez roja, generalmente corpulenta, con una circulación sanguínea muy activa, que suda con facilidad. Generalmente, es propensa a las enfermedades cardíacas y a las hemorragias cerebrales.

La persona yang vacía es delgada, morena y activa, pero sigue siendo yang. Es propensa a tener problemas renales (por ejemplo, cálculos renales) y problemas de vejiga.

La persona yin llena es una persona menos activa, apática, de piel clara y un cuerpo bastante flácido y gordo. Tiene tendencia a la retención de agua y a la enfermedad hepática.

La persona yin vacía es una persona inactiva, muy yin, de color blanco, muy pálida. Está delgada, casi siempre siente frío y tiene dificultad para acumular energía. A menudo sufre de trastornos pulmonares (tuberculosis) y anemia.

En un estado de salud ideal, el yin y el yang están equilibrados y nos encontramos ante una persona equilibrada, en la que no hay prevalencia de un tipo y, por tanto, hay menor tendencia a enfermar.

Para conocer el estado de la persona a través del diagnóstico del pulso y del abdomen, es necesario saber que un pulso fuerte y un cuerpo compacto y tonificado indican «lleno». Un pulso débil y un cuerpo blando, por otro lado, indican «vacío».

En función de la afección diagnosticada, es más fácil comprender el tratamiento más adecuado.

El aniversario de tu concepción: ¡un día para celebrar!

El lapso de tiempo entre la concepción y el nacimiento determina la resistencia individual a lo largo de la vida, es el período durante el cual el feto se forma para dar lugar a un determinado tipo de persona y sus rasgos de personalidad y sus características fisiológicas más importantes.

La medicina oriental considera este período como un factor muy importante para el diagnóstico y la fase más significativa son los primeros tres meses de embarazo.

En el aniversario de nuestra concepción somos más fuertes con respecto al momento en que celebramos nuestro cumpleaños, cuando somos más propensos a encontrar algunas dolencias.

Si en el período del aniversario de la concepción la persona enferma, lo más probable es que necesite más energía y más tiempo para sanar, habiéndose debilitado justo en el momento en el que debería haber estado en las mejores condiciones.

Si, por el contrario, contrae un trastorno durante su cumpleaños, sanará más fácilmente, porque no se encuentra en el momento de máxima energía de su ciclo vital.

ALGUNOS PUNTOS DE PRESIÓN

Debido a su precisión, la manipulación de puntos de presión es un método muy utilizado por los médicos orientales y en particular por los acupunturistas.

La acupuntura es una técnica para diagnosticar y tratar dolencias y enfermedades, y se basa en la teoría del yin y el yang y en la de los cinco elementos.

Nacido como método de tratamiento en el norte de China hace más de dos mil años, el conocimiento de la acupuntura se extendió posteriormente por todo Oriente, y sólo recientemente se ha introducido en Occidente, gracias al trabajo de Georges Ohsawa y de George Soulié de Morant.

Por el interior del cuerpo corren canales, llamados «meridianos», a través de los cuales fluye el *ki,* la energía vital. Los meridianos están conectados a los cinco pares de órganos, el maestro del corazón y el triple hogar, y la enfermedad (y en particular el dolor) corresponde a una acumulación o falta de energía a lo largo de estos canales.

El acupunturista actúa mediante una aguja fina y flexible de acero inoxidable, originalmente muy larga, la cual, introducida en ciertos puntos de los meridianos más externos, tiene la finalidad de equilibrar el flujo de ki, incidiendo en el funcionamiento de los órganos internos sin ser invasor.

Para la medicina oriental, la acupuntura es tan eficaz que un verdadero acupunturista puede mejorar el estado de la enfermedad en un solo tratamiento con una aguja larga.

La acupuntura no considera sólo los síntomas de un órgano, considera la relación que existe entre los cinco pares de órganos, el maestro del corazón, el triple hogar y todo el sistema nervioso.

Sin embargo, no puede reemplazar el necesario restablecimiento del equilibrio en la dieta para evitar la recurrencia de la enfermedad.

Otro método es la moxa, que estimula los puntos de los meridianos de energía mediante el calor producido por la combustión de los conos de artemisa, en lugar de introducir agujas.

La práctica de la acupuntura con aguja requiere una comprensión profunda de la teoría y muchos años de experiencia.

Los mismos puntos, por otro lado, pueden ser tratados por cualquiera, simplemente presionando con el pulgar.

Los puntos de los meridianos se pueden dividir en puntos de diagnóstico y puntos de tratamiento: cuando se presiona el pulgar sobre un punto de diagnóstico y se siente dolor, agudo o sordo, significa que el órgano correspondiente no está en buenas condiciones y puede haber algunos problemas. Además, desde un punto de vista terapéutico, la presión de los puntos de tratamiento tiene como finalidad tratar un órgano, tonificar (aportar energía) o dispersar (sacar energía). La mayoría de los puntos tienen coincidencias tanto en el lado derecho como en el izquierdo del cuerpo.

Se conocen doce meridianos principales: el meridiano del hígado, el de la vesícula biliar, el del corazón, el del intestino delgado, el del bazo y el páncreas, el del estómago, el de los pulmones, el del intestino grueso, el de los riñones, el de la vejiga, el del maestro del corazón y el del triple hogar. Los puntos más importantes de diagnóstico y tratamiento fueron recomendados y enseñados por G. Ohsawa (véase *L'acupuncture et la médicine d'Extrême-Orient*, ed. Vrin, París, 1973).

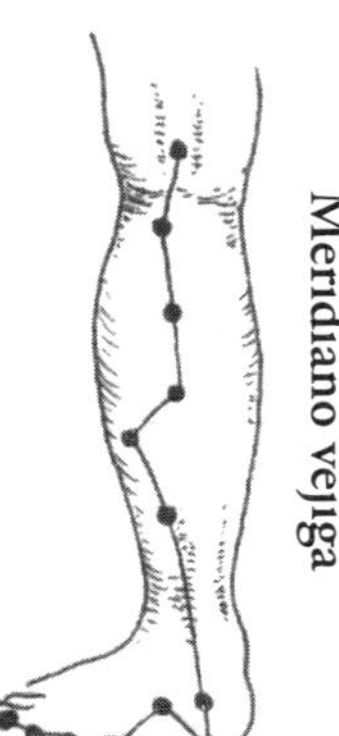

Meridiano vejiga

Un *punto de diagnóstico renal* es el R7, que se encuentra a tres dedos por encima del tobillo, en la parte interior de la pierna, a un dedo del borde de la tibia. Si se presiona y la piel no es elástica, es decir, si las huellas de los dedos permanecen visibles durante un tiempo, esto revela una retención de agua en el cuerpo y problemas renales.

Cuando se presiona con la yema del dedo sobre el meridiano de la vejiga, que corre a lo largo del eje posterior de la pierna, a lo largo de la pantorrilla, y se siente dolor, significa que hay trastornos en este órgano.

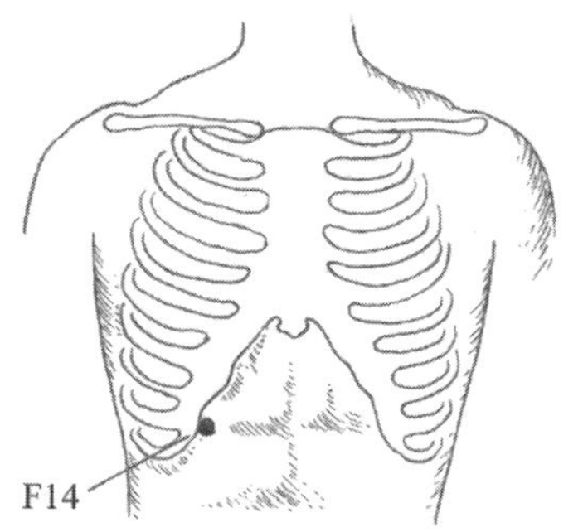

Un *punto de diagnóstico para el hígado* es F14, que se ubica a lo largo del eje que pasa verticalmente por el pezón derecho en un pequeño hueco debajo del borde de las costillas. Si se presiona este punto y se siente dolor, significa que el hígado tiene alguna dificultad.

Un *punto de tratamiento para el corazón,* que G. Ohsawa enseñó a los occidentales, es el C8: muy importante para problemas cardíacos y en intervenciones de emergencia en caso de desmayos, taquicardia, apnea, ictus, infarto, coma, accidentes, sustos.

Se encuentra en la línea horizontal más alta de la palma de la mano, entre el 4.º y 5.º metacarpianos.

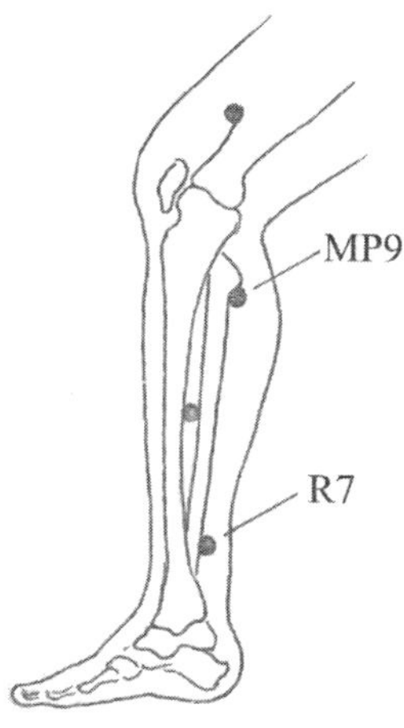

Un *punto de diagnóstico del bazo y el páncreas* es el MP9, que se encuentra inmediatamente debajo del hueso protuberante de la rodilla, a la altura del surco tibial. Un dolor por presión indica malestar en el bazo o el páncreas.

Otro punto importante a comprobar, el MP10, está colocado a dos dedos por encima de la rodilla, en la parte interior del muslo. La mayoría de las personas experimenta dolor en este lugar, lo que indica estancamiento de la sangre o mala circulación. Si es un dolor agudo, podría ser un signo de hemorroides y, en las mujeres, de trastornos en los órganos genitales.

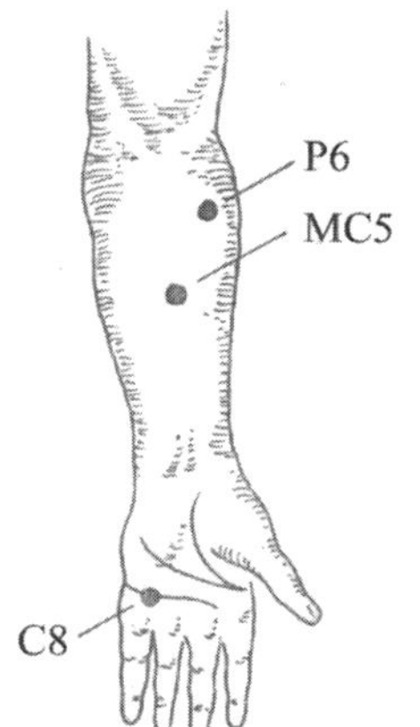

Si se siente dolor en el interior, en la parte plana de la tibia, a medio camino entre la rodilla y el tobillo, donde corre el meridiano bazo-pancreático, es probable que haya una deficiencia de vitamina B.

Un punto para aliviar los calambres *estomacales* se encuentra en la esquina inferior del omóplato izquierdo (*véase* la figura de la página siguiente). El paciente debe estar acostado boca abajo y permanecer relajado con los brazos estirados a lo largo del cuerpo; a continuación, se presiona el punto con la punta del pulgar, manteniendo cada presión durante 2 o 3 segundos.

Un *punto de diagnóstico pulmonar* es el P6, ubicado en el meridiano del pulmón que corre a lo largo del interior del antebrazo hasta el pulgar, aproximadamente a un tercio del pliegue del codo.

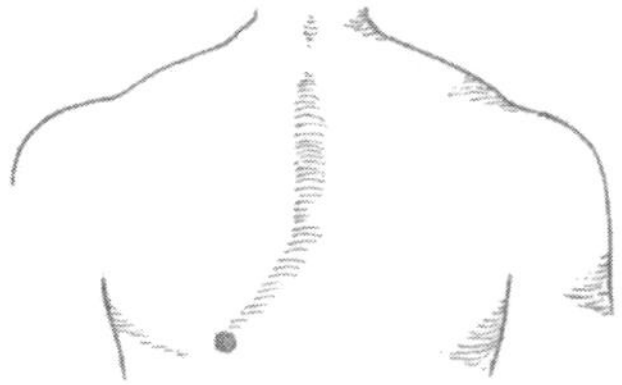

Un *punto de diagnóstico del intestino grueso* es el IC4, que se encuentra en el área entre el pulgar y el índice. Hay que apretar la carne entre estos dos dedos con el pulgar y el índice de la otra mano. Si siente dolor, el intestino grueso no está en buenas condiciones. El tratamiento es muy útil en caso de estreñimiento.

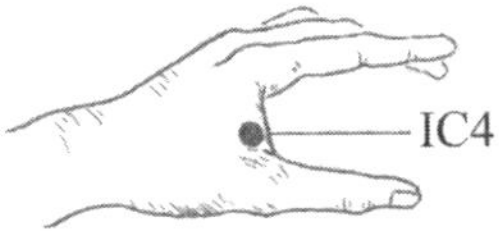

Un *punto de diagnóstico y terapia del maestro del corazón* es el MC5. Se encuentra en la parte interior del brazo, aproximadamente a la mitad entre el codo y la muñeca. Si se siente dolor significa que hay alteraciones y desequilibrios energéticos en el meridiano correspondiente. El tratamiento en casos de insomnio, taquicardia, dificultad para respirar, funciones intestinales irregulares es beneficioso.

En general, en lo que al abdomen se refiere, el de una persona sana tiene una consistencia elástica, no es demasiado blando, pero tampoco demasiado duro. Los músculos se tonifican y relajan. No hay dolor al presionar los dedos y debería ser fácil pellizcar la piel.

EL FUNCIONAMIENTO DEL ORGANISMO

LA SANGRE

El cuerpo humano produce y mantiene diferentes tipos de fluidos, el más importante de los cuales es la sangre. Cada día se renueva la sangre y se destruye la antigua: los productos de desecho presentes en la sangre son expulsados por los riñones, el intestino grueso, los pulmones y la piel. En cambio, el cuerpo retiene y utiliza los componentes todavía útiles.

La sangre, constituida en su mayor parte por agua, de hecho, transporta a las células de todos los tejidos corporales las sustancias que necesitan para su propia supervivencia y reproducción y para sus funciones y, al mismo tiempo, toma las sustancias de desecho, no utilizadas, y los residuos.

El organismo humano trabaja continuamente para mantener el equilibrio de una serie de parámetros vitales. El oxígeno es la primera y principal fuente de vida para todas las células y es particularmente absorbido por las células del cerebro. El transporte de oxígeno, elemento fundamental para todas las células, se realiza a través de los glóbulos rojos, cuya producción comienza en el intestino delgado para completarse mediante la acción de los distintos órganos.

Según los biólogos, los glóbulos rojos tardan unos 120 días en renovarse por completo. Esto significa que después de 10-12 días ya hay una diferencia del 10 % en la calidad de la sangre.

G. Ohsawa enseñó que todos los días existe la posibilidad de cambiar la calidad de la sangre y, por lo tanto, es posible curar enfermedades de la sangre como la anemia y la leucemia, incluso en poco tiempo. Sin embargo, para cambiar completamente los órganos y la constitución de la persona se necesitan varios años, durante los cuales la sangre nutre los tejidos, los órganos mismos, etc.

La velocidad a la que ocurren estos cambios difiere para cada individuo. Los órganos de un niño se limpian más rápido que los de los adultos, gracias a un metabolismo más rápido y un mejor sistema circulatorio, mientras que a las personas mayores les resulta más difícil renovar sus células.

Los glóbulos rojos contienen hemoglobina, una proteína cuya parte central es el hierro, a la que se une el oxígeno. El hierro, unido al oxígeno, le da a la sangre su característico color rojo. La importancia del hierro como elemento de transporte del oxígeno ha llevado con demasiada frecuencia a la falsa creencia de que era necesario tomar grandes cantidades de hierro para mejorar la oxigenación de la sangre o para compensar los problemas de la anemia.

Por ejemplo, muchas personas toman hierro sintético para restaurar este mineral en caso de deficiencia (que comporta la anemia), sin considerar que el cuerpo humano es incapaz de retenerlo durante mucho tiempo, por lo que al poco tiempo la anemia no tarda en manifestarse otra vez.

Básicamente, no es seguro que al introducir un elemento en la sangre se pueda utilizar tal cual, más a menudo se necesitan diferentes componentes y diferentes elementos, incluso muy distintos de los necesarios, para lograr el efecto deseado.

Además, como nos enseñó el senséi Ohsawa y como confirma Louis Kervran a partir de sus estudios sobre la transmutación biológica,[1] no es necesario asumir un determinado elemento para tenerlo en el cuerpo, porque ese elemento, una vez que entra en la sangre, puede transmutar en otro o ser ineficaz. De hecho, Kervran demuestra cómo la introducción de un elemento que falta en la sangre podría incluso tener un efecto opuesto al deseado, debido a su transmutación en su antagonista y complementario.

Si observamos, por ejemplo, el funcionamiento del mundo vegetal, un fenómeno sorprendente es el de la fotosíntesis de la clorofila, que es la capacidad de producir sustancias orgánicas mediante la unión de dióxido de carbono y agua, a partir de la luz solar, gracias a unos pigmentos fotosintéticos particulares, entre los que la clorofila es el principal. El elemento central de la reacción, la clorofila, es una sustancia de fórmula comple-

---

1. C. L. Kervran, *Preuves en biologie de transmutations à faible énergie*, Librairie Maloine SA, París, 1975.

ja con constituyentes similares a la hemoglobina, a pesar de tener magnesio en lugar de hierro en su núcleo.

En algunos aspectos, se puede decir que la clorofila en el mundo vegetal es homóloga a la hemoglobina en el mundo animal y en los humanos.

Lo que realmente sucede es que, si se ingieren alimentos que contienen clorofila, como hojas verdes, y alimentos que contienen hierro y otros minerales orgánicos, la sangre, a través de una transmutación biológica, aumenta su contenido de hierro y de hemoglobina, mejorando la oxigenación del organismo y evitando *a priori* problemas de anemia.

La comida determina la calidad de la sangre; a través de una buena alimentación, sin alimentos manipulados y tratados con químicos sintéticos, o enlatados o de otro tipo, sin comer demasiado, etc., y con una buena masticación se produce buena sangre. La sangre de buena calidad atrae oxígeno y hace que la fatiga crónica y las enfermedades sean menos probables. Es importante consumir diariamente hojas verdes, que reactivan la sangre y, por tanto, influyen en todo el metabolismo.

Los animales comen hierbas para producir sangre y tejidos. La sangre se puede formar más rápidamente al comer carne, pero la calidad de esta sangre es mala y su actividad es de corta duración.

El proceso por el cual el consumidor habitual de carne produce sangre es un proceso de descomposición. Mientras que el proceso natural de formación de sangre es plantas → sangre → carne.

Al elegir nuestra comida en la etapa final de esa transformación, forzamos a nuestro cuerpo a producir sangre invirtiendo el proceso natural. Esta desviación de la ley natural causa muchas enfermedades, porque el proceso natural no ocurre.

Otro equilibrio importante es el ácido/base.

La sangre humana, en condiciones normales, tiene un pH de entre 7,35 y 7,45, por lo que es ligeramente alcalina. Cuando la sangre desciende a valores inferiores y, por tanto, es excesivamente ácida, surgen toda una serie de dolencias y enfermedades (debidas a la acidosis), mientras que en el caso de la alcalosis se producen una serie de dolencias opuestas y complementarias. Incluso una pequeña acidificación de la sangre genera enfermedades.

Tenemos dentro del cuerpo algunos mecanismos de reequilibrio (actividad de órganos, secreciones, etc.) que sirven para restaurar el pH alterado de la sangre; pero cuando seguimos introduciendo elementos que provocan acidificación o alcalinización en la sangre, nuestro cuerpo tarde o temprano pierde la capacidad de reaccionar y la acidosis o alcalosis se vuelve crónica.

Hoy en día, debido al predominio de alimentos acidificantes (grasas, proteínas, lácteos, azúcar blanco, alimentos refinados, etc.) en la dieta, la mayoría de las enfermedades que padece el hombre contemporáneo se debe a la acidosis.

Pero no hay que pensar en lograr el equilibrio alimentándose sólo de alimentos alcalinizantes.

Para ello, es fundamental tener una dieta equilibrada, que debe realizar ambas aportaciones al organismo en una proporción correcta, permitiendo que cada célula del organismo establezca el grado adecuado de alcalinidad para no correr el riesgo de enfermarse: es bueno, entre otras cosas, recordar que si la sangre es ácida, las defensas inmunitarias se reducen y el cuerpo se debilita y queda expuesto a una amplia variedad de enfermedades.

Por este motivo, es necesario evitar el consumo de alimentos excesivamente acidificantes (azúcar, productos animales, productos lácteos, etc.), pero también limitar el consumo de alimentos excesivamente alcalinos (por ejemplo, la sal y en particular los alimentos refinados).

La comida alcalinizante no es mejor que la comida acidificante: ambas son necesarias en las proporciones adecuadas para que, mediante la digestión y las interacciones entre los alimentos y nuestro cuerpo, podamos producir una sangre ideal. Para conseguir este objetivo debemos tener en cuenta que, como hemos visto, la sangre no es neutra, sino ligeramente alcalina: por lo tanto, a través de una acertada elección y una correcta combinación de alimentos, que hay que combinar con una masticación cuidadosa, es como se puede tener una sangre fuerte y ligeramente alcalina.

Así pues, podemos concluir que una alimentación sana y equilibrada produce una sangre equilibrada, rica en todos los componentes necesarios para nutrir y oxigenar todas las células del cuerpo y mantener la salud del organismo en su conjunto.

LOS CINCO PARES DE ÓRGANOS

El hombre puede considerarse la culminación de un proceso evolutivo largo y complejo. Al principio sólo había gas, que creó los minerales, luego se desarrollaron las plantas, luego los animales y finalmente los humanos.[1]

El ser humano, como todos los fenómenos de la naturaleza, está sujeto a las leyes fundamentales del universo, guiado e influenciado por las polaridades yin y yang.

Las atracciones-repulsiones cósmicas y ambientales antes y después del nacimiento, la nutrición y el estado físico y mental de la madre embarazada, el medioambiente y la nutrición durante el crecimiento son sólo algunos de los factores fundamentales que determinan la singularidad constitucional de cada individuo.

Los mismos factores, a lo largo de la vida de una persona, determinan su estado de salud y condición.

Una vez alcanzada la edad adulta, se define la constitución de una persona y el organismo ha encontrado su propio equilibrio estructural, que puede ser más o menos sano, más o menos precario, dependiendo del equilibrio en la combinación de elementos y estímulos que recibes a diario.

Como ya hemos mencionado al hablar de la teoría de los cinco cambios, según la medicina oriental tradicional, el organismo está formado por cinco pares de órganos principales, cada uno de los cuales está compuesto por un órgano yang (lleno, compacto, duro) y un órgano yin (vacío, hueco, blando). Los órganos considerados yang son el hígado, el corazón, el bazo y el páncreas, los pulmones y los riñones. Cada uno de

1. Véase la espiral de la creación en G. Ohsawa, *L'Era atomique et la philosophie d'Extrême-Orient*, *op. cit.*

éstos tiene su propio órgano antagonista y complementario, que son la vesícula biliar, el intestino delgado, el estómago, el intestino grueso y la vejiga, respectivamente.

Los órganos están en estrecha relación funcional y energética entre sí, según los ciclos de construcción y de control ya vistos en la teoría de los cinco elementos, de modo que cada par de órganos está en relación de correspondencia y control con todos los demás órganos.

Por tanto, el organismo se considera como un sistema en equilibrio, y el desequilibrio de cada par de órganos implica una variación en el estado general de todos los demás.

La cura de una enfermedad consiste no tanto en la eliminación del síntoma como en el restablecimiento del equilibrio dentro de los cinco pares de órganos.

Junto a los cinco pares de órganos principales, la medicina oriental sostiene un sexto par, formado por el maestro del corazón y el triple hogar. Estos órganos no son físicamente tangibles y concretos, sino que constituyen una especie de centro de control del equilibrio de los órganos.

Estos últimos, de hecho, realizan sus funciones de forma involuntaria y mecánica, guiados por el sistema nervioso autónomo. El maestro del corazón es esencialmente similar al sistema nervioso autónomo, mientras que el triple hogar supervisa los tres sistemas principales en los que la medicina oriental tradicional divide el organismo: el digestivo, el respiratorio y el excretor. Ambos realizan funciones básicas y son fundamentales para el organismo. El maestro del corazón trabaja más dentro del cuerpo, mientras que el triple hogar trabaja más fuera.

El maestro del corazón

El maestro del corazón reacciona a los estímulos externos e internos y se puede comparar con el sistema nervioso autónomo. Es el coordinador del equilibrio yin y yang en el organismo. Cada órgano puede asociarse a los movimientos yin y yang, gracias al sistema nervioso autónomo que se divide en ortosimpático y parasimpático: por ejemplo, el latido del corazón, las contracciones del estómago, la peristalsis de los intestinos. Experimentar un invierno frío y un verano caluroso fortalece el parasimpático y ortosimpático. Cuando se come sal se dice, como afirma la medicina oficial, que la primera reacción ocurre en el estómago. En realidad, tan pronto como la sal entra en la boca, un mensaje se propaga inmediatamente al cerebro: el maestro del corazón comienza a coordinar los órganos para prepararlos para recibir este alimento concentrado. Los riñones y el intestino grueso retienen una mayor cantidad de agua, el corazón ralentiza sus latidos y el estómago se activa y se prepara para su digestión.

Un mal funcionamiento del maestro del corazón afecta a todas las funciones principales de los cinco pares de órganos. Los signos de insuficiencia cardíaca son, por ejemplo: latidos cardíacos demasiado rápidos o demasiado lentos o alternados, movimiento ocular demasiado lento o continuo, una pupila dilatada y otra contraída, temblores en las manos o en la lengua, un insistente estreñimiento o diarrea o un sueño ligero, perturbado por muchos sueños.

La actividad del maestro del corazón se puede mejorar con una dieta saludable, y con un estilo de vida regular y sencillo.

El triple hogar

El triple hogar tiene la función de intermediar y conectar los tres sistemas de los órganos principales (digestivo, respiratorio y excretor) y de regular la temperatura del cuerpo. Se le llama «triple hogar» porque la medicina oriental cree que, para sentir el calor, el cuerpo se divide en tres secciones: superior, media e inferior. Si el triple hogar funciona bien, la temperatura corporal es homogénea en todas las partes del cuerpo, si funciona mal, hay mala circulación periférica y la persona siente frío, por ejemplo, sólo en los pies. Un anillo blanco alrededor del iris es una indicación de mala circulación periférica. Caminar descalzo por la mañana sobre la hierba con rocío, tomar una ducha matutina alternando agua fría y caliente, o un frotamiento enérgico en todo el cuerpo, aumentan la circulación periférica y regulan la temperatura, estimulando la actividad del triple hogar. La piel, que podemos definir como la superficie del cuerpo, está íntimamente conectada al triple hogar, porque también controla la temperatura corporal.

Respirar profundamente para una mayor oxigenación y seguir una dieta natural y saludable hacen que los tres sistemas funcionen de manera más armoniosa y eficiente en el organismo.

El hígado

El hígado almacena nutrientes como grasas, proteínas, carbohidratos y sales minerales, los procesa y hace circular según las necesidades del organismo.

Tiene la función de producir bilis a partir de los componentes útiles de la sangre y se encarga de recoger las toxinas de los alimentos en el organismo, neutralizarlas o eliminarlas como productos de desecho que luego se excretan por la orina y las heces.

El aire contaminado y la dieta moderna que consiste en alimentos artificiales y cantidades excesivas de proteínas animales, grasas, combinadas con la ingesta de alcohol y drogas, crean una gran cantidad de desechos en el cuerpo (ácido úrico, ácidos grasos, etc.).

Cuando la sangre contiene demasiadas toxinas, el hígado se sobrecarga e hincha y ya no puede realizar sus funciones. Si permanecen mucho tiempo en este órgano, ya que son difíciles de expulsar, lo enferman; además, cuando el hígado está sobrecargado, algunos de estos venenos pueden regresar al torrente sanguíneo. Las toxinas derivadas de sustancias químicas sintéticas que se encuentran en alimentos y medicamentos y de las drogas son las más difíciles de eliminar.

Si en una posición sentada cómoda, presionando con los dedos debajo del lado derecho de la costilla se siente dolor, significa que el hígado está agrandado y enfermo. Demasiada comida también hace que el hígado se agrande y esto puede conducir a un trastorno peligroso.

Las enfermedades hepáticas típicas son la ictericia, la hepatitis, la cirrosis, etc. En estos casos, el hígado no puede realizar su actividad lo suficiente; el exceso de bilis se transfiere a la sangre, en lugar de al tracto digestivo, y todo el cuerpo se vuelve amarillo verdoso. El color relacionado con el hígado es el verde.

Las enfermedades oculares, los problemas de visión, los problemas de picazón en la piel, la caspa y el eccema son causados por un mal funcionamiento del hígado.

La vesícula biliar

La vesícula biliar es el órgano yin de este par de órganos, opuesto y complementario al hígado, y en estrecha colaboración con él: el buen funcionamiento de uno depende del estado del otro.

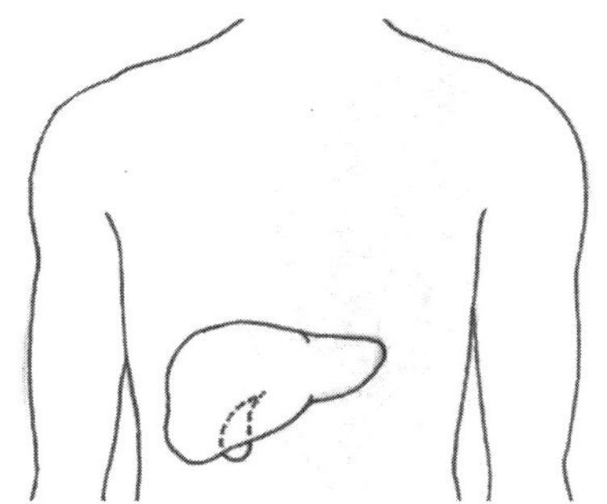

La bilis secretada por el hígado se deposita en la vesícula biliar, que durante el proceso digestivo fluye hacia el duodeno. La bilis es fundamental para la digestión, especialmente de las grasas (por tanto, de los productos de origen animal, del aceite, de los lácteos, etc.).

Si se produce una disfunción de la vesícula biliar, o en el caso de conductos biliares bloqueados, por ejemplo, debido a un cálculo, la bilis se absorbe directamente en la sangre. Esto hace que aparezca un color amarillo oliváceo en todo el cuerpo y las heces se vuelven blancas; de hecho, es la bilis la que da a las heces su característico color marrón.

Los problemas con este órgano a menudo dificultan la digestión y causan estreñimiento, por ejemplo. Extraer la vesícula biliar en caso de cálculos supone crear problemas no sólo para el hígado, sino también para la digestión y, en consecuencia, para todo el organismo.

El corazón

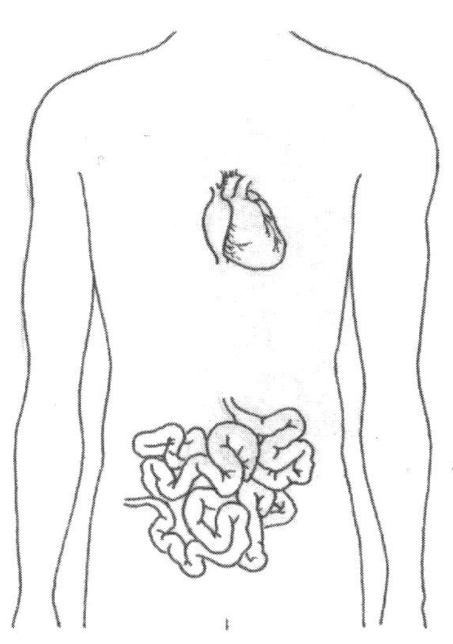

El corazón se encuentra dentro de la caja torácica, hacia la izquierda, y es uno de los órganos más yang: es compacto y muy activo. Late incesantemente y hace circular la sangre, nutriendo los órganos y toda la periferia del cuerpo. Los vasos sanguíneos, las venas, las arterias y los capilares, todo el sistema circulatorio está conectado al corazón.

El corazón es un órgano importante porque decide el ritmo del funcionamiento del organismo (metabolismo, digestión, etc.).

Desafortunadamente, las enfermedades cardíacas están aumentando en todo el mundo. A menudo no somos capaces de captar las señales de alarma que nos envía el cuerpo, como la taquicardia, la bradicardia, la dificultad para respirar, etc. Estos síntomas revelan que el corazón está débil y no funciona bien.

En la era actual, el corazón está muy debilitado por la nutrición moderna. Los alimentos demasiado salados o dulces son la principal causa de trastornos cardíacos y del sistema circulatorio, como la presión arterial alta o baja. Comer demasiado también sobrecarga el corazón.

La presión arterial alta también suele estar relacionada con una afección de los riñones contraídos, que obliga al corazón a acelerar su actividad de circulación de la sangre. Si el corazón está débil, la sangre no puede llegar a las extremidades y se notan frías. Una de las causas del estancamiento de la sangre en las partes centrales del cuerpo es el consumo de sal.

El color rojo en la cara es un síntoma que va conectado a este órgano. Una nariz roja e hinchada indica que el corazón está bajo presión. Reír demasiado o muy poco también es un signo de enfermedad cardíaca.

El intestino delgado

El intestino delgado es el órgano hueco opuesto y complementario del corazón, y está ubicado en la zona abdominal, a la altura del ombligo.

La comida pasa del estómago al intestino delgado, y en el duodeno se mezcla con la bilis y los jugos pancreáticos, así como con las secreciones del propio intestino, luego viaja a través del órgano gracias a una serie de contracciones y expansiones (peristalsis), hasta que alcanza, ampliamente digerido, el intestino grueso.

El intestino delgado se puede comparar con las raíces de una planta. El suelo es el hogar de las bacterias, que producen constantemente las sustancias necesarias para la nutrición y el crecimiento de la planta. De igual forma, en el intestino delgado existen millones de bacterias que componen la flora bacteriana, un conjunto de organismos esenciales para nuestra salud: mediante la fermentación descomponen los alimentos ingeridos, y permiten que el intestino delgado realice su función de completar la digestión de los alimentos y la asimilación de los nutrientes. De hecho, en el intestino delgado parte de la absorción de nutrientes tiene lugar a través de las vellosidades intestinales, ya que ahí comienza la producción de sangre y de elementos útiles para el funcionamiento de las células del organismo.

La parte no digerida en ese tracto intestinal se introduce en el intestino grueso.

Así como la tierra se ha esterilizado por la agricultura moderna, del mismo modo el intestino se ha debilitado, esterilizado por una dieta rica en alimentos refinados y artificiales que dañan la flora bacteriana y la actividad de este órgano. Si el intestino delgado no funciona correctamente, no puede descomponer los alimentos introducidos y asimilar los nutrientes y, en consecuencia, no puede producir sangre de buena calidad. Esto puede provocar una pérdida de peso inmediata, una alteración general de los equilibrios internos del organismo, anemia y otras enfermedades graves. Los labios pálidos indican trastornos del intestino delgado.

Una nutrición adecuada y una masticación cuidadosa fortalecen el intestino delgado.

El bazo y el páncreas

La medicina oriental considera el bazo y el páncreas como un solo órgano, y está ubicado a la izquierda del abdomen debajo de las costillas.

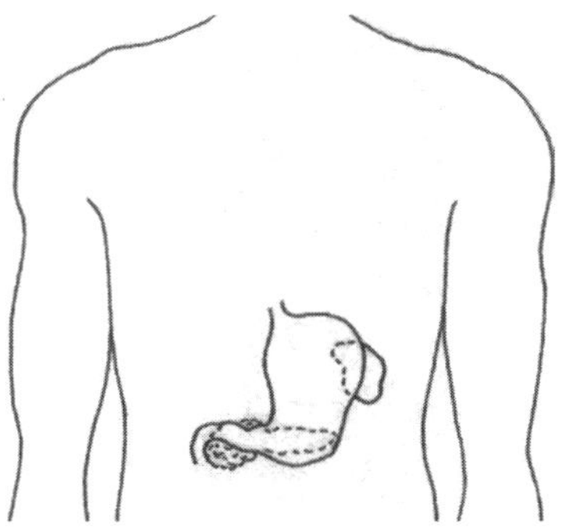

El bazo elimina los glóbulos rojos «viejos», acumula reservas de sangre y también puede participar en la producción de glóbulos rojos y otros componentes sanguíneos.

El páncreas es una glándula grande que produce enzimas digestivas muy importantes que vierte en el duodeno y que permiten la descomposición de los alimentos en moléculas para que puedan ser digeridos. También secreta hormonas, insulina y glucagón, que son esenciales para la regulación y el control del metabolismo de los azúcares en el torrente sanguíneo.

La medicina oriental considera que este par de órganos es la parte central del cuerpo y la sede de la energía, que el hombre toma del universo y que ejerce control sobre la voluntad y la memoria. Si estos órganos funcionan mal, se pierde la fuerza de voluntad y nos comportamos de manera insensata. Cuando se recupera el equilibrio, la fuerza de voluntad se recupera. En la teoría de los cinco cambios, esta pareja se coloca en el centro con una función de equilibrio energético entre las fuerzas yin y yang: un mal estado del bazo y del páncreas afecta a todo el organismo.

Los alimentos ricos en grasas y proteínas y los excesivamente dulces (que contienen azúcar refinada) son muy perjudiciales para este órgano.

Cuando hay problemas con el bazo y el páncreas, la piel adquiere un color amarillento (síntoma de diabetes, hiperinsulinismo, etc.). Es difícil encontrar un bazo y un páncreas saludables en estos días, ya que se comen demasiados dulces y demasiado azúcar.

El estómago

El estómago es un órgano hueco, opuesto y complementario al bazo y al páncreas. Está ubicado en medio de la caja torácica, entre el esófago y la primera parte del intestino delgado, el duodeno. La comida masticada en la boca llega al estómago, que gracias a una poderosa musculatura la mezcla y juega un papel importante en el proceso digestivo a través de la secreción de jugos gástricos. Estos jugos están compuestos por sustancias muy ácidas que tienen la función de descomponer las moléculas más grandes en fragmentos más pequeños. Son adecuados para los diferentes tipos de alimentos y se pueden clasificar en más yin y más yang.

El alimento procesado por el estómago, llamado «quimo», es una mezcla semilíquida, que luego desciende lentamente al intestino delgado en la cantidad adecuada para una buena digestión.

Las grasas y proteínas son más difíciles de digerir y crean más pesadez en el estómago que los carbohidratos.

Los alimentos refinados, como azúcares, alimentos con almidón, dulces, grasas y alimentos fritos aumentan la producción de jugos gástricos, que provocan una acidez excesiva, creando un ambiente desfavorable para la flora intestinal y comprometiendo así la digestión. Además, los tejidos del estómago se debilitan provocando la aparición de enfermedades como, por ejemplo, gastritis y úlcera gástrica. Los alimentos que están demasiado calientes o fríos también debilitan el estómago. Es mejor comenzar el almuerzo con comida caliente.

Los carbohidratos, el pan o los cereales integrales deben digerirse bien ya en la boca: es decir, deben masticarse por completo y reducirse a una papilla semilíquida, gracias a los elementos digestivos que contiene la saliva. Las úlceras gástricas y casi todas las demás dolencias estomacales y duodenales se deben principalmente a la masticación incompleta y a la ingestión de alimentos poco saludables.

Los trastornos de este órgano se destacan bien en la apariencia de la lengua, los labios y las heces. El apetito excesivo o insuficiente también revela un estómago debilitado.

Generalmente, los alimentos vegetarianos, como cereales, legumbres y verduras, son más digeribles, no cansan el estómago y regulan su funcionalidad.

Los pulmones

Los pulmones, ubicados en la parte superior del tronco, son el órgano más grande y expandido.

Entre los órganos compactos, los pulmones son los que poseen las características yang en menor proporción. Son los órganos que distinguen a las formas de vida más avanzadas. En el proceso evolutivo del feto en el útero materno, los pulmones son el último órgano que se desarrolla.

Están compuestos por una serie articulada de células especiales que forman un tejido muy denso de pequeñas bolsas de aire, llamadas alvéolos, por cuyo interior circula el aire introducido por la nariz, a través de la tráquea y los bronquios.

Los glóbulos rojos, a través de los alvéolos, depositan dióxido de carbono (CO_2) y absorben oxígeno (O_2). La sangre «sucia» se «limpia» así por la acción de los pulmones, se enriquece con O_2 y luego se distribuye nuevamente desde el corazón a todas las células del cuerpo.

Gracias al mundo vegetal, que transforma el dióxido de carbono en oxígeno mediante la fotosíntesis de la clorofila, la vida humana es posible. Si los pulmones no suministraran oxígeno constantemente a las células del cuerpo, el hombre no podría vivir. Gracias a los pulmones estamos en contacto directo con el entorno que nos rodea. Otra peculiaridad es que su actividad puede ser controlada por nuestra voluntad. Todos los demás órganos son impulsados únicamente por el sistema nervioso autónomo.

Nuestras capacidades como seres pensantes dependen de la estrecha relación entre los pulmones y el cerebro, porque este último necesita mucho oxígeno. El cerebro, si bien representa un porcentaje entre el 2 y el 5 % del peso corporal, consume alrededor del 25 del oxígeno introducido, mientras que los riñones utilizan alrededor del 13, el corazón el 8 y los otros órganos porcentajes menores.

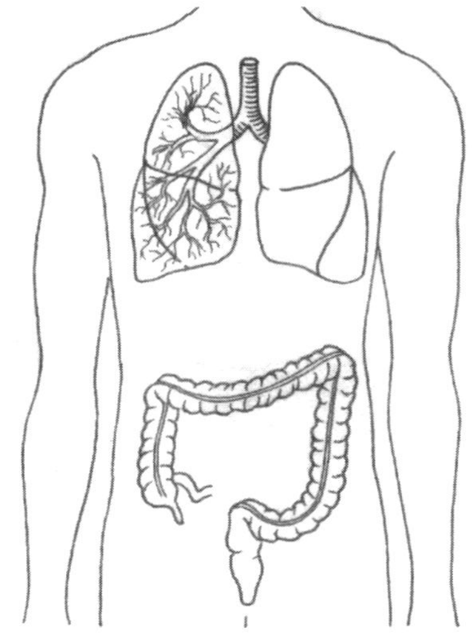

Cualquier tipo de fatiga siempre se debe a una mala oxigenación a nivel celular. El trabajo físico pesado siempre va acompañado de un aumento de la frecuencia cardíaca y del movimiento respiratorio, lo que provoca un intercambio más rápido de O_2 y CO_2 en las células. Lo mismo, lamentablemente, no ocurre durante la actividad mental, debido al mal hábito de respirar superficialmente. Por tanto, la actividad mental es más fatigante para el organismo que la actividad física. Tener muchas preocupaciones y muchos pensamientos también afecta a la respiración y es muy agotador para el cuerpo. La respiración adecuada es esencial para una buena oxigenación del cerebro y para la salud física y mental. Cuanto mejor puedan realizar sus actividades los pulmones, más rica en oxígeno será la sangre, fundamental para la salud de los órganos y de todo el organismo. Por eso es importante hacer ejercicios con una correcta respiración diafragmática (con la barriga), que son más saludables que cualquier tratamiento, porque los podemos realizar nosotros mismos. El senséi Ohsawa solía decir que la fatiga es el primer signo de enfermedad y que la alimentación sana y natural es la mejor cura para cualquier tipo de problema. Pero respirar bien es igualmente importante, porque respiramos continuamente, mientras que sólo comemos dos o tres veces al día. La comida sana debe integrarse con la respiración profunda y el aire puro.

Los problemas con este órgano pueden indicarse en las mejillas, por una coloración pálida, o en la forma de las fosas nasales, etc. Las principales enfermedades del sistema respiratorio son las siguientes: tuberculosis, asma, bronquitis, neumonía, tos, rinitis y sinusitis. Los problemas de la piel (eczema, psoriasis, etc.) también destacan un mal funcionamiento de los pulmones.

El intestino grueso

El intestino grueso es el órgano opuesto y complementario de los pulmones. Está emplazado en el abdomen, rodeando al intestino delgado. El quimo del intestino delgado pasa al intestino grueso y viaja a través de él, nuevamente gracias a la peristalsis intestinal, hasta que finalmente sale del organismo, en forma de heces, por el ano.

También en el intestino grueso hay miles de millones de bacterias que realizan una actividad de modificación de la masa ingerida y parcialmente digerida. Aquí se absorbe agua y nutrientes, y se produce un moco lubricante altamente alcalino, que facilita el flujo de la masa fecal y ayuda a las bacterias en su tarea de fermentar y descomponer los alimentos. Si el intestino no realiza correctamente la actividad peristáltica, las heces se acumulan y se da un reclamo de líquidos por parte de este órgano: se absorbe la parte líquida presente en la masa no digerible y se produce la diarrea. Si, por el contrario, se absorbe demasiada agua, las heces se endurecen y se produce estreñimiento.

Los alimentos procedentes del intestino delgado contienen un 90 % de agua, que en el intestino grueso se reduce al 80 %. El intestino grueso debe reducir el agua para darle a las heces la consistencia adecuada, que no debe ser ni demasiado blanda ni demasiado dura. Lo ideal es que las heces se expulsen por la mañana, todas a la vez. Revelan la función intestinal: el vaciado diario regular es crucial para la salud de la persona.

Los alimentos muy yang (carnes y alimentos salados) combinados con los muy yin (alimentos grasos y dulces) crean disfunciones en el intestino grueso, que pueden causar colitis, calambres, gases intestinales, hinchazón, contracciones con dolor, diarrea, estreñimiento y en casos extremos también convulsiones.

Los trastornos intestinales se informan en el labio inferior y en el dedo índice.

Una dieta predominantemente vegetariana, que consiste en alimentos más digeribles, como cereales integrales y verduras, ricos en fibra, fortalece el intestino grueso y ayuda a solucionar cualquier problema.

Los riñones

Los riñones son uno de los órganos más yang y compactos. Tienen forma de frijol, sus dimensiones corresponden aproximadamente a las de las orejas y se ubican en la parte posterior del abdomen, a los lados de la columna vertebral. Los riñones son los órganos más importantes para la expulsión de toxinas del cuerpo. Su tarea es filtrar la sangre de los productos de desecho y eliminarlos en forma líquida de la orina, que se acumula en la vejiga; los componentes todavía útiles (sales minerales, enzimas y hormonas), por otro lado, se reintegran al torrente sanguíneo. Los riñones son responsables de regular el contenido de agua del cuerpo; además, segregan hormonas y enzimas que son esenciales para numerosas funciones vitales. Las principales funciones de los riñones son, por tanto, el mantenimiento de la composición química de la sangre, la regulación del equilibrio de los fluidos corporales, la regulación de la presión arterial y la coordinación del metabolismo óseo.

Los riñones están formados por miles de glomérulos, una bola de vasos porosos que filtran continuamente cientos de litros de líquidos cada día, de los cuales sólo unos pocos (alrededor de 1,5 litros) se eliminan en la orina.

Las disfunciones renales implican una alteración de las características químicas de la sangre, con efectos en todo el organismo. En particular, un problema renal puede afectar de manera negativa y directa a la actividad del corazón, y viceversa: un corazón fatigado afecta negativamente al trabajo de los riñones. Si se consume una cantidad excesiva de alimentos de origen animal, se crean demasiados productos de desecho que los riñones no pueden filtrar eficazmente y luego regresan a la sangre (por ejemplo, el ácido úrico). Esto, junto con los riñones demasiado tensos debido a una dieta a base de carne y alimentos muy yang, puede afectar al corazón, que tiene que latir con más fuerza para enviar más sangre a los riñones para que puedan excretar las toxinas. Hoy en día, los riñones son uno de los órganos más propensos a sufrir enfermedades.

La medicina oriental tradicional considera que los riñones, sobre los cuales se encuentran las glándulas suprarrenales, son los controladores de los órganos sexuales. Su condición y los trastornos relacionados con el sexo dependen del estado de salud de los riñones. Dada la importancia fundamental y esencial de la reproducción para la existencia y continuidad de la especie, los riñones se denominan «sede de la vida».

Los huesos también revelan su condición: si los riñones son eficientes, se forman huesos fuertes, sólidos y flexibles; cuando no funcionan bien, por ejemplo, debido a una dieta rica en carne, los huesos pueden adquirir un color más oscuro.

Los riñones están íntimamente conectados con la piel. Excretan productos de desecho a través de la orina, mientras que la piel realiza la misma función a través del sudor. El sudor y la orina tienen sustancias en común en su composición. Cuando los riñones están débiles o sobrecargados de desechos, el cuerpo los dirige hacia la piel, facilitando la aparición de problemas cutáneos.

Las orejas bien desarrolladas con lóbulos grandes y cerca de la cabeza son un signo de riñones fuertes. Cualquier malestar en los oídos (infecciones de oído, dolores, etc.) indica problemas renales.

Para este órgano, una dieta vegetariana o en todo caso baja en productos de origen animal y alimentos demasiado salados es especialmente adecuada, porque lo contraen demasiado y retienen líquidos en el cuerpo, pero también la mayor necesidad de agua en el cuerpo podría debilitarlo ulteriormente. Con un exceso de sal, la orina se vuelve demasiado oscura.

Un consumo exagerado de azúcar y otros alimentos que contienen sustancias artificiales también sobrecarga e inhibe la acción de los riñones, que, con el tiempo, se enferman y ya no son capaces de realizar sus funciones de manera eficaz. Los problemas renales se manifiestan principalmente en las extremidades inferiores (por ejemplo, pies y piernas hinchados) y debajo de los ojos (ojeras o bolsas).

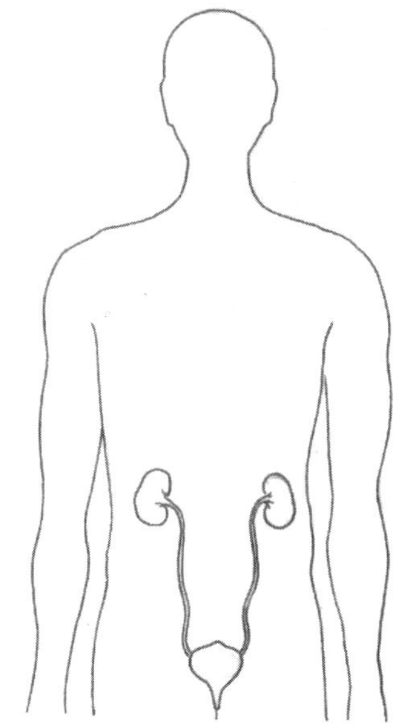

La vejiga

La vejiga es el órgano complementario de los riñones y se localiza en la pelvis, en correspondencia con el perineo. Tiene forma de saco, en el que se acumula la orina de los riñones y que, idealmente, no se debe expulsar hasta que la vejiga esté llena.

Normalmente, un hombre debe orinar 4 o 5 veces al día, una mujer sólo 3 o 4 veces. Los trastornos de la vejiga pueden consistir en micción excesivamente frecuente, acompañada de dolor y ardor, incluso en los órganos genitales, o micción reducida provocada por obstrucciones, cálculos, etc. El dolor también se siente a menudo a lo largo del meridiano de la vejiga, que baja por la pantorrilla y llega al centro de la planta del pie.

Las personas yang son propensas a tener problemas con este órgano.

LA ENFERMEDAD

Oriente y Occidente tienen dos visiones filosóficas sustancialmente opuestas que se refieren a los principales aspectos de la vida de los seres vivos (nacimiento, vida, muerte, etc.).

El antiguo patrimonio de conocimientos teóricos y prácticos tan diferentes ha marcado y distinguido la historia de los pueblos orientales y occidentales.

La filosofía oriental tradicional enseña una visión más global, un pensamiento más intuitivo y más respetuoso hacia los demás y el medioambiente. La ciencia y la filosofía se consideran una forma única de conocimiento.

La forma oriental de ver las cosas no es parcial ni analítica, considera los eventos no sólo por un lado, ya que se educa para referirse a los componentes yin y yang, puntos de vista opuestos y complementarios desde los cuales todo fenómeno debe ser observado.

La visión oriental unificada y completa tiene en cuenta que el cuerpo, como todo lo que nos rodea, es una combinación de yin y yang. Para comprender la enfermedad, la medicina oriental tradicional examina a la persona como un todo.

Siempre se ha considerado el cuerpo como parte integrante de la naturaleza, que recibe continuamente la energía del universo (ki), al que está conectado. Esta energía fluye a través del cuerpo y lo anima, funcionando como energía motriz de todo el organismo.

El ki es el poder trascendente que impregna todo el universo y todos los seres que hay en él. El ki se manifiesta a través del yin y el yang: cuando se estanca o bloquea, hay desarmonía del yin y el yang y se produce la enfermedad.

La palabra japonesa para «enfermedad» es *byoki*, que significa «ki enfermo» o «ki herido».

El trastorno puede manifestarse como resultado de un exceso de ki en una parte del cuerpo o, al contrario, de su deficiencia. A veces, la enfermedad no se manifiesta a través de exámenes clínicos, pero la persona puede sentir dolor y dolencias: esto sucede porque el ki no fluye armoniosamente en todas las partes del cuerpo; de la misma forma, y por la misma razón, en ocasiones el trastorno se manifiesta sintomatológicamente en áreas aparentemente no relacionadas con el órgano enfermo.

La ciencia occidental, en su visión dualista, atribuye la causa de la enfermedad principalmente a agentes externos: bacterias, virus, microbios, venenos químicos e incluso al clima y a la naturaleza, a la herencia. Al hacerlo, no considera la totalidad de la cuestión.

La medicina oriental tradicional busca el motivo de la enfermedad en el interior del cuerpo: el trastorno se produce porque el cuerpo no está en equilibrio, el ki no fluye libremente, la sangre es de mala calidad, los órganos funcionan mal y se debilitan y el cuerpo revela su debilidad con síntomas (dolores, secreciones, etc.).

Los agentes externos, ya sean virus, bacterias, etc., pueden multiplicarse en el interior de un organismo y producir efectos nocivos debido a esta debilidad, pero la causa fundamental de este desequilibrio debe identificarse en una dieta y estilo de vida incorrectos, junto con otros factores.

Hoy en día se presta poca atención a la nutrición, que en cambio es fundamental para la salud, combinada con un estilo de vida sencillo, sin excesivo esfuerzo físico ni tensiones, sin ritmos agitados, más cercano a la naturaleza: cambiando los hábitos alimentarios y el estilo de vida diario, la persona tiene la oportunidad de curarse la enfermedad sin intervenciones drásticas.

Tratar los síntomas con terapias tecnológicamente avanzadas, administrar fármacos, extirpar o reemplazar partes del cuerpo con la intención de hacer desaparecer la enfermedad no elimina su origen, no elimina el desequilibrio, sino que, por el contrario, podría acentuarlo, y este desequilibrio puede ocurrir con los mismos trastornos, o incluso diferentes y a veces más graves, en otro momento. El síntoma no es más que una reacción del organismo ante alguna dificultad o disfunción. Sofocarlo significa suprimir una señal de alarma del estado físico.

Lamentablemente, la medicina occidental moderna ha primado sobre la medicina oriental tradicional, pero estas dos formas de conocimiento, aunque basadas en fundamentos diferentes, deben encontrar una vía común y eficaz para el diagnóstico y tratamiento de la enfermedad, en la que ambas puedan ofrecer su propia experiencia.

Ya hemos visto cómo la medicina oriental, con su enseñanza, brinda todas las posibilidades para adquirir la capacidad de hacer el diagnóstico y comprender la verdadera causa de la enfermedad.

Para diagnosticar la enfermedad, la referencia es la teoría del yin y el yang, que G. Ohsawa llamó las «lentes mágicas». Confirma que el hombre necesita alimentos yin y alimentos yang en el equilibrio adecuado para crecer y vivir. Cualquier exceso de uno u otro provoca una descompensación y un probable problema en el organismo, que con el tiempo puede derivar en enfermedades.

Los síntomas deben observarse cuidadosamente y debe considerarse la conexión que existe con la constitución y el estado del paciente.

Por ejemplo, la tuberculosis se manifiesta con problemas respiratorios, tos, fiebre baja, generalmente en personas delgadas y muy pálidas, que tienen una condición yin, provocada por un consumo abundante y prolongado de alimentos y sustancias, de hecho, muy yin (azúcar, dulces, alimentos refinados, lácteos, alimentos grasos, alcohol, drogas).

Un consumo exagerado de demasiados alimentos yang (carne, embutidos, salchichas y alimentos salados) conduce a una condición de yang en la persona, con síntomas fuertes, fiebre alta, dolor severo, estancamiento de sangre. Por lo general, estas personas tienen una tez más roja, son activas y demuestran una gran fuerza para resistir enfermedades y, a menudo, pueden curarse más fácilmente que las personas yin, que tienen menos energía, menos fuerza y menos reservas de nutrientes y que, además, sufren un proceso de curación que es más lento.

Es difícil clasificar correctamente las causas de las enfermedades en yin y yang, porque a menudo los dos excesos están presentes y todos los síntomas relacionados se mezclan. Teniendo en cuenta todos estos aspectos, puede resultar útil aplicar la teoría de los cinco elementos.

Cada enfermedad, de hecho, puede identificarse como una disfunción de uno o más pares de órganos. Al examinar los síntomas con detenimiento, se puede identificar el órgano afectado y puede ser más fácil comprender si la enfermedad es causada por el consumo excesivo de alimentos yin o yang.

Por ejemplo, la bronquitis es una enfermedad evidente de los pulmones. Es causada principalmente por alimentos muy yin que debilitan este órgano.

La cistitis, por otro lado, es un trastorno de los riñones y de la vejiga, que se contrae debido a un exceso de alimentos yang.

La enfermedad puede ser aguda o crónica.

La aguda comienza rápidamente con síntomas fuertes. Es fácil de diagnosticar y el tratamiento y la recuperación suelen ser rápidos. Por otro lado, la crónica se produce tras la aparición de diversos síntomas, que aparecen con el tiempo de forma leve y que anteriormente no han sido tratados adecuadamente. Los síntomas generalmente son menos obvios, pero el tratamiento es más prolongado y la curación ocurre más lentamente, porque la enfermedad es más rápida.

Los antiguos chinos observaron que la enfermedad cambia constantemente. Hace aproximadamente 1800 años, Chang Chung Ching, autor de *Shang Han Lun,* escribió que la enfermedad se puede distinguir en una fase yang y una fase yin, que a su vez se pueden dividir en otras etapas, hasta seis:

1. *Tai yang* — yang inicial
2. *Shao yang* — pequeño yang
3. *Yang Min* — yang claro

4. *Tai yin* — yin inicial
5. *Shao yin* — pequeño yin
6. *Ketsu yin* — yin final

1. La enfermedad en la etapa de *Tai yang* (yang inicial) se siente en la superficie del cuerpo con fiebre alta, dolor de cabeza, rigidez en el cuello y síntomas similares. Si el tratamiento no es correcto, la enfermedad empeora y puede pasar repentinamente a la siguiente etapa.
2. *Shao yang* (pequeño yang). Esta etapa se caracteriza por un sabor amargo en la boca, sequedad de garganta y mareos.

3. A medida que la enfermedad se agrava, se traslada al estómago y a los intestinos. Ésta es la etapa de *yang Min* (yang claro), donde la perturbación ya no se encuentra en la superficie, sino dentro del cuerpo.

   Estas tres etapas son parte de la fase yang, donde la enfermedad en sí es muy activa y puede cambiar rápidamente. Si no se transmuta en la fase yin, no es peligrosa, porque el paciente tiene suficiente energía y fuerzas para reaccionar. Si en esta fase la persona no recibe tratamiento durante mucho tiempo, perderá energía y la enfermedad entrará en la fase yin.
4. Al principio, en la etapa de *Tai yin* (yin inicial), la enfermedad está presente en el estómago y en los intestinos y ha llegado al interior de sus paredes. A partir de esta etapa, la enfermedad se encuentra dentro del cuerpo. La persona siente el estómago lleno y pesado, siente dolores, no puede digerir, tiene diarrea.
5. Cuando la enfermedad se desarrolla en la etapa de *Shao yin* (pequeño yin) llega al corazón. Esto no significa que sea una enfermedad cardíaca en particular, como la llama la medicina moderna, sino que todo el corazón, las arterias y el sistema circulatorio se debilitan. El paciente no tiene energía, quiere acostarse, vomita, tiene diarrea, micción excesiva, etc.
6. La enfermedad en la fase yin no está activa y cambia lentamente. Si el tratamiento es correcto todavía es curable, pero si empeora ataca, en la última etapa terminal *Ketsu yin* (yin final), a todos los demás órganos: riñones, hígado, bazo y páncreas, pulmones, etc. El paciente desea comer, pero vomita una vez que ha comido.

Muchos pacientes siguen estas seis etapas, otros se saltan algunas o pasan rápidamente de una etapa a otra. Algunos pueden regresar de la fase yin a la yang. A veces, la enfermedad cambia rápidamente, por lo que no siempre se puede ver todo el proceso.

A veces, el paciente parece comenzar desde la etapa de *Shao yang*. En este caso, el trastorno no comenzó en ese momento, sino muchos años antes. En las personas mayores, especialmente, la condición del cuerpo ya está entrando en una fase yin, porque ya ha pasado por una serie de etapas.

De la observación de estas fases de la enfermedad se puede deducir que es fundamental no descuidar nunca el cuerpo, tomar nota de sus avisos y reacciones e intervenir, porque las pequeñas molestias físicas pueden convertirse pronto en un problema más grave.

¿Dónde ha acabado el hombre?

G. Ohsawa dijo una vez, mitad en broma y mitad en serio: «La gente sana y feliz se está volviendo tan rara que debería haber un buen ejemplo de un hombre sano en un museo para recordar cómo era».

ELIMINAR TOXINAS: LAS DESCARGAS

Conocer las funciones fundamentales del propio cuerpo es esencial para entenderse mejor a uno mismo y distinguir la enfermedad de la salud.

Cada manifestación o síntoma de malestar físico y mental es siempre una señal de alarma que nos envía nuestro cuerpo para indicar una situación problemática.

El cuerpo humano tiene la gran capacidad de limpiarse continuamente, eliminando las sustancias de desecho a través de las heces, la orina y el sudor. Para ello, normalmente, no se debe sobrecargar con demasiados productos de desecho.

Señales similares, pero diferentes en sus características y significados, pueden aparecer si la persona cambia su dieta, y en particular si cambia de una dieta rica en carnes, lácteos, aceites y azúcares refinados a una más simple y natural, a base de cereales, legumbres y verduras. El organismo que a lo largo del tiempo, debido a la nutrición moderna, ha acumulado una cierta cantidad de toxinas, intenta eliminar estos excesos mediante lo que se denomina «descarga».

De manera similar a la enfermedad, la descarga generalmente se manifiesta con un trastorno físico, cuya naturaleza depende de la constitución del individuo y del tipo de toxinas que el cuerpo está eliminando: en este caso, sin embargo, el síntoma que se presenta es un signo positivo e indica que el cuerpo se está limpiando de sustancias de desecho. Una vez atravesada esta fase, la persona se siente sana y tiene un pensamiento más limpio y claro.

Para comprender mejor el significado de la descarga, basta pensar en las «crisis de abstinencia» que provocan dolores agudos y terribles a los drogadictos: de manera similar, aunque menos violenta y más diluida en el tiempo, la descarga debe interpretarse como una reacción positiva del organismo que se produce cuando se detiene la introducción de sustancias nocivas.

Al adoptar una dieta equilibrada, se debe esperar una reacción de este tipo, una descarga que aparentemente manifiesta los mismos síntomas que un trastorno o enfermedad.

Por tanto, es muy importante comprender, en primer lugar, que existe una profunda diferencia entre la descarga y la enfermedad y, en segundo lugar, que hay que distinguir entre estas manifestaciones.

También en este caso, la lectura del síntoma debe realizarse a través del yin y el yang para identificar la naturaleza profunda de las señales que nos indica nuestro cuerpo. En primer lugar, la descarga, como se mencionó, se produce en un tiempo bastante corto después de un cambio en la dieta, mientras que la enfermedad se debe a la persistencia en tiempos más largos de un desequilibrio alimentario y un estilo de vida no adecuado para la persona.

La descarga puede manifestarse de diferentes formas, dependiendo de si el cuerpo está descargando un exceso de yin o un exceso de yang: la descarga por exceso de alimentos y sustancias yin (azúcares, dulces, aceites, grasas, lácteos, alcohol, drogas, etc.) generalmente se manifiesta en forma de resfriados, tos, hipersecreción de mocos, dolores de cabeza, etc. En cambio, la descarga por exceso de alimentos yang (productos de origen animal, embutidos, ahumados, etc.) se presenta con mayor facilidad con dolor en los ovarios, útero, piernas hinchadas, calambres, etc. La descarga puede ser causada por ambos excesos. Las descargas de toxinas pueden ocurrir a través de vómitos, diarrea, fiebre, sudoración excesiva y micción, manchas en la boca o lengua, úlceras bucales, forúnculos, diversas erupciones en la piel y cambios en las uñas, pérdida de cabello, picazón, dolor de cabeza.

Algunas personas pueden tener una reacción incluso después de una comida macrobiótica.

Algunas veces excretan heces antiguas, que llevaban mucho tiempo acumuladas en el intestino, debido a una dieta de mala calidad que ha debilitado este órgano y que son la causa de muchos trastornos.

La liberación de toxinas también puede ir acompañada de un mal olor que emana del cuerpo.

Son principalmente las descargas de alimentos de origen animal las que producen un olor más fuerte. En algunos casos, toda la piel puede desprenderse, dando paso a una nueva capa epidérmica mejor.

El proceso de limpieza puede ir acompañado de un dolor severo que comienza en la región del cuello y desciende hasta los extremos de las manos y los pies y hasta la parte superior de la cabeza. Las descargas también pueden producir estados de ánimo particulares.

Algunas personas que han comido excesivamente alimentos yin pueden tener visiones de sueños o fantasmas como un fenómeno de descarga. Una persona sana con buena sangre no ve fantasmas. Curiosamente, aquéllos a quienes les gusta poseer y mantener la capacidad de tener visiones comen mucha fruta.

En general, la descarga tiende a tener un curso bastante rápido, aunque la duración, intensidad y modalidad de liberación de las toxinas dependen de la constitución básica de la persona, la condición momentánea, la concentración y el tipo de sustancias tóxicas acumuladas.

Si la descarga se presenta con síntomas leves y no dura mucho, significa que es una descompensación leve; si por el contrario los síntomas son fuertes y dolorosos y duran más, significa que los órganos han retenido muchas toxinas.

El clima y el estilo de vida también determinan la forma de descarga.

Una persona activa puede deshacerse más fácilmente, mediante el movimiento, de los excesos acumulados. Un estilo de vida sedentario y la falta de movimiento no facilitan la expulsión de las toxinas. Será fácil entender que los estilos de vida modernos, en los que el hombre pasa la mayor parte de su tiempo encerrado entre paredes, a menudo sentado, no ayudan.

Muchas personas están perdiendo la capacidad de caminar, actividad fundamental del ser humano. Coches, trenes, autobuses, escaleras mecánicas, ascensores, aviones…, hay tantos vehículos que hoy la gente ya no usa las piernas, hoy la gente se olvida de caminar. Es importante recuperar esta capacidad entrenándose para realizar muchas caminatas.

La teoría macrobiótica enseña a darle al cuerpo la capacidad de eliminar toxinas y así aceptar los síntomas de la descarga.

Por ejemplo, cuando se tiene un dolor de cabeza común, no es recomendable tomar ningún medicamento para aliviar el malestar. Si el dolor es muy agudo, la persona en un momento de pánico puede actuar por impulso tomando medicamentos, pero en este caso no hace más que suprimir y disfrazar una acción reequilibradora, insertando sustancias nocivas adicionales en el cuerpo.

El efecto, a corto plazo, es la atenuación o incluso la desaparición de los síntomas, pero, en el interior del organismo, la situación sólo se agrava, preparando el terreno para otras consecuencias peores en períodos de tiempo más prolongados. Es mejor esperar, por lo tanto, a que el dolor siga su curso, dejando que el cuerpo elimine la causa del dolor de cabeza.

El método más recomendable y eficaz para afrontar esta fase de eliminación de desechos y recuperar la salud es una dieta adecuada, compuesta por alimentos sencillos y naturales.

Algunas personas pueden adoptar una dieta más estricta, por ejemplo, sólo arroz integral, durante unos días y resistir las descargas. Otros deberían aumentar la cantidad de verduras, y a los que están demasiado débiles para masticar bien y caminar se les aconseja tomar leche de arroz, crema de arroz y de otros cereales y sopa de miso.

En algunos casos, cuando se sigue una dieta más estricta y parece que no hay mejoría en el trastorno, esto puede deberse a que no se mastica lo suficiente o a que se come de manera desequilibrada (por ejemplo, se consume demasiado líquido, sal o aceite). En estas situaciones, reducir la cantidad de comida resultará de gran ayuda. Masticar bien es esencial para crear una buena sangre (*véanse* los apartados «La sangre» y «La importancia de masticar»).

Cuando las toxinas abandonan el cuerpo durante este proceso, se pueden sentir «antojos» particulares, dependiendo de las toxinas que se eliminen. Si hay una descarga de comida yin, se tiene un fuerte deseo de dulces, frutas, helados, productos lácteos, alcohol, etc., y en cambio, durante una descarga de comida yang, se tienen antojos de carne, salchichas, jamón y alimentos salados.

Ciertos alimentos extremos como el azúcar, el café, el vinagre, el alcohol, los medicamentos, las drogas u otros químicos son los más difíciles de eliminar y sus efectos permanecen más tiempo en el cuerpo, incluso después de un largo período de desintoxicación y abstinencia, porque han creado malos «recuerdos» en el cuerpo.

El alcohólico suele retener alcohol en su organismo durante 24 horas, y justo cuando esta sustancia sale de sus órganos, quiere beber más. El azúcar refinado produce los mismos efectos, despertando un deseo muy fuerte en quienes tienen que liberarse de él. La satisfacción de estas necesidades fugaces traerá casi con seguridad un alivio temporal, ya que la descarga se detiene momentáneamente, pero el significado profundo de este bienestar efímero es que se han retenido sustancias nocivas dentro del organismo y, de hecho, se han agregado otras. Cuando se satisface el deseo de tal o cual alimento, la persona a menudo se pierde de nuevo en hábitos alimentarios antiguos y poco saludables. Especialmente para rechazar los antojos de azúcar, es esencial una gran fuerza de voluntad.

Es muy importante abordar esta fase crítica siguiendo una dieta equilibrada, natural y sabrosa, porque incluso una sola y pequeña manifestación de indulgencia puede influir negativamente en la mejora progresiva del estado de salud, a menudo obtenida con dificultad.

Un caso de curación

Una vez conocí a una mujer baja y gorda que se quejaba de que aún no había concebido un hijo tres años después de su matrimonio. En el examen, encontré que sus pies estaban helados y sus órganos sexuales en malas condiciones. Normalmente, en estos casos, el problema radica en la acumulación de exceso de proteínas. Sin embargo, de acuerdo con lo que había observado, la mujer, a pesar de haber perdido su exceso de proteínas siguiendo una dieta vegetariana durante dos años, seguía gorda. Me di cuenta de que su dolencia se debía a la retención de agua, azúcar y medicamentos que había tomado en el pasado. Luego le aconsejé que viniera con su esposo por unos días al campamento de verano, donde di una conferencia sobre medicina oriental. Le aconsejé que adelgazara, que comiera lo que más le gustara de lo que le servían en la mesa y que no bebiera ningún líquido. Después de dos días en el campamento me dijo que había logrado no beber y que no había dormido porque había visto un fantasma. Hablando con su esposo, me di cuenta de que el origen de la visión no era su miedo, sino los efectos de la descarga. Entonces le dije a ella: «Tu fantasma es una ilusión. Sin embargo, dormir menos te hará bien, porque te ayudará a adelgazar, ya que el estado de vigilia es más activo que el sueño. Continúa con la dieta sin líquidos». Pude observar que la descarga estaba casi terminando, también porque la mujer me había dicho que su fantasma era de color naranja. La descarga ocurre generalmente en el orden de yin a yang. El color rojo está colocado al final del espectro, ¡la parte más yang!

Me confesó que tenía un fuerte deseo de comer helado. Es importante saber lo que quiere el paciente, porque es una indicación útil para asesorarlo. De hecho, los antojos ocurren por la comida que se elimina de los órganos. La señora demostró que estaba pasando por una descarga de azúcar, ya que había comido grandes cantidades de helado en el pasado. Por tanto, no se trataba de las necesidades de su cuerpo, expresadas a través del deseo, sino de los recuerdos de su cerebro, como si fuera «adicta» al azúcar.

Al mantenerse alejada de los líquidos y comer principalmente sopas de verduras y arroz integral, perdió siete kilos en una semana. Así que regresó a casa y poco tiempo después expulsó un gran coágulo de sangre negro de su vagina. Era un tumor uterino y el color negro indicaba que la sangre era muy antigua. Volvió a bajar de peso y le predije que concebiría al cabo de un año. En efecto, en marzo me llamó por teléfono para decirme que estaba embarazada. Desafortunadamente, sin embargo, perdió a su bebé en abril. Su útero todavía estaba débil por los efectos del tumor. Esto no es inusual. En tales casos, los primeros hijos son los más difíciles de concebir. Pero al menos ahora puede concebir. Todo saldrá bien la próxima vez.

EL CUIDADO NATURAL

Cada persona debería ser responsable de su propio cuidado. Después de todo, ella misma, por negligencia o ignorancia, permitió que la enfermedad se propagara por su cuerpo. Todo el mundo tiene la oportunidad de conocer el funcionamiento del organismo y conocer su estado de salud.

El nombre de la enfermedad no es importante. Si un cierto remedio logra controlar los síntomas, entonces se pueden curar todos los tipos de dolencias. Aunque diferentes personas padezcan la misma enfermedad, que puede parecer la misma en todas, hay tantas afecciones y síntomas diferentes en las personas que no todas pueden ser tratadas de manera idéntica. A veces, se produce un gran cambio en su condición o un ligero cambio en los síntomas.

Por eso, el tratamiento de la enfermedad es diferente para cada persona y hay que encontrar el más adecuado. No sólo se deben considerar los síntomas, sino la persona en su conjunto.

Según la medicina oriental tradicional, debe ser tratada la persona y no la enfermedad física, que, además, está relacionada con el estado mental.

En la curación es importante que los aspectos físicos trabajen junto con los mentales, como el pensamiento y la voluntad, porque la curación física por sí sola no es suficiente.

Un tratamiento puede ser apropiado en un momento, pero no en otro. Si hemos tratado una dolencia en el pasado con cierto remedio, no significa que siempre trataremos esa enfermedad de la misma manera. Mientras tanto, nuestras condiciones habrán cambiado y nos encontraremos en una nueva situación. Por ejemplo, si hemos obtenido un resultado positivo con un tipo de tratamiento en un lugar del norte, deberemos tener cuidado de utilizar el mismo tratamiento en el sur y en otra situación climática, especialmente en lo que respecta a la alimentación, porque puede no funcionar. Probablemente, lo que comamos en el sur tendrá que ser diferente de lo que comemos en el norte.

La naturaleza siempre nos ofrece el mejor tratamiento.

Es nuestro trabajo tratar de comprender sus reglas y armonizar nuestra vida con ellas. Esto sólo es posible mejorando nuestra capacidad de juicio.

El cuidado más eficaz para restablecer el equilibrio en el organismo es una dieta sana y correcta, fundamental si se quiere recuperar la verdadera salud.

En ocasiones, puede resultar útil combinar el uso de preparaciones a base de hierbas y tratamientos externos con una alimentación sana y equilibrada, teniendo en cuenta que éstos por sí solos no pueden constituir una terapia completa y eficaz, sino únicamente sintomática.

Nunca debemos depender de una sola técnica específica, aunque haya demostrado su eficacia en muchos casos, o depender exclusivamente de hierbas o exóticos ejercicios espirituales, porque la medicina no debe convertirse en un sistema rígido.

Si no se comprende y se descuida el aspecto fundamental de la nutrición, se terminan aceptando tratamientos sintomáticos. Cuando éstos fallan, cegados por el miedo a empeorar, se recurre al cirujano o alguna otra solución radical para eliminar el malestar, ya que en este punto ya no se puede decidir por la propia recuperación.

Las personas impacientes ya han decidido que no tienen tiempo para abordar la verdadera causa de su enfermedad.

El sabio, que en cambio posee una verdadera capacidad de juicio, no se deja dominar por las solicitudes de sus deseos momentáneos.

El experto en medicina oriental puede brindarle a la persona la ayuda suficiente para que comprenda que la curación está al alcance de la mano y puede ofrecerle consejos para mantener la salud. Pero, aun así, todo ser humano debería conocer su cuerpo mejor que nadie y, por lo tanto, poder ayudarse a sí mismo para convertirse en ¡MÉDICO DE SÍ MISMO!

La dieta macrobiótica, sencilla y natural, incluye tanto alimentos yin como yang, en la dosis justa y equilibrada entre ellos. Permite que el cuerpo recupere la salud de una manera más duradera y profunda. Es el tratamiento más simple y eficaz, su efecto se produce más lentamente, pero es más completo, perdura en el tiempo y previene la aparición de más enfermedades.

Para comprenderlo completamente, todo lo que queda es estudiar la comida. La buena comida, bien preparada y consumida correctamente, nos da la capacidad de prevenir enfermedades. Si buscamos una forma de vida que sea compatible con nuestra condición, seremos capaces de lograr comprensión y juicio.

La medicina oriental también ofrece remedios a base de hierbas, que pueden utilizarse como complemento de una dieta natural y en ocasiones favorecer el tratamiento, aunque sea sintomático, a personas que no pueden seguir una dieta adecuada (tisanas, infusiones, decocciones de hierbas, etc.).

Los tratamientos externos, como emplastos, cataplasmas, compresas, baños, masajes, acupuntura, moxa, shiatsu y do-in, también pueden constituir una valiosa ayuda.

¡LA COMIDA ES LA MEJOR MEDICINA!

El hombre puede encontrar fácilmente todo lo que necesita en la naturaleza.

Siguiendo las leyes del orden del universo, comer lo que la naturaleza nos ofrece conduce a una condición de salud; a la inversa, alejarse de las reglas naturales tiene un precio en términos de enfermedad y reducción de la calidad de vida.

Los alimentos forman el cuerpo: si comes alimentos de buena calidad, se produce buena sangre, lo que forma un cuerpo sano; si, por otro lado, se ingieren alimentos refinados producidos industrialmente, el cuerpo se debilita y es más propenso a las enfermedades.

¡Elegir la comida adecuada todos los días es fundamental para la salud!

Con el tiempo, la calidad de los alimentos ha ido empeorando cada vez más: durante mucho tiempo, especialmente en Occidente, nos hemos ido alejando progresivamente de los alimentos naturales y más apropiados para el ser humano y, desde hace algunas décadas, se ha ido añadiendo a los alimentos cada vez más un mayor número de productos químicos sintéticos (colorantes, estabilizantes, conservantes, aromatizantes) y en ocasiones incluso es difícil, si no imposible, identificar algún origen natural en los alimentos.

Las industrias alimentarias producen continuamente alimentos preparados artificialmente con el único propósito de obtener ingresos. Los productores de carne siempre están dispuestos a utilizar cualquier método para engordar a sus animales (como el uso de hormonas y antibióticos) y hay muy poca preocupación por las nefastas consecuencias que esto tiene para la salud humana.

Por otro lado, todo el mundo puede ver el hecho de que en la sociedad contemporánea hay un aumento de enfermedades degenerativas y otras enfermedades que, si bien ya existían, eran muy raras hasta hace no más de un siglo: cáncer, esclerosis múltiple, diabetes, enfermedades cardíacas, alergias, enfermedades autoinmunes, etc.

Ésta es la consecuencia de la falta de importancia que se le da a la nutrición, que inevitablemente conduce a la aparición de la enfermedad. Los alimentos deben ser naturales (no cultivados con tratamientos químicos), frescos de temporada y producidos en el territorio en el que se consumen, para evitar largos desplazamientos y, en consecuencia, largos períodos de almacenamiento.

Hoy en día existen en el mercado cada vez más dietas de todo tipo: la dieta de verduras crudas, la dieta del pomelo, la dieta de control de peso, la dieta de la miel, del agua, de los bistecs y las ensaladas, etc., que pueden parecer teóricamente perfectas, pero esto no garantiza que ésas sean las dietas ideales para nosotros ni que podamos ponerlas en práctica.

Todos somos diferentes, física y mentalmente, unos de otros. Así que todo el mundo necesita una dieta diferente tanto cualitativa como cuantitativamente.

El principio del yin y el yang nos ayuda a juzgar qué alimentos debemos comer; en lugar de probar una de las muchas dietas al azar, ahora esto, ahora aquello, debemos elegir la comida considerando los factores relacionados con la constitución y condición individual, nuestro entorno, clima, nuestras necesidades, nuestras actividades.

Si nuestro deseo es volvernos personas saludables, debemos elegir nuestra comida de manera constante.

Por ejemplo, el hombre, que tiene un físico yin, necesita más alimentos yang, mientras que la mujer, que se caracteriza por una constitución yang, necesita más alimentos yin.

La alimentación también debe diversificarse según la edad, según sea para niños, para jóvenes, para personas mayores. La persona que vive en una condición yin debe comer más alimentos yang y evitar los alimentos yin para mantener el equilibrio, y viceversa, la persona en una condición yang debe comer más alimentos yin y evitar los alimentos yang.

Cada estación requiere una elección diferente de alimentos: en estaciones frías es mejor comer alimentos yang (carne, pescado, alforfón, mijo y platos más cocidos y sabrosos), mientras que en períodos cálidos es correcto preferir alimentos yin (frutas, bebidas y jugos, verduras crudas y dulces). Los esquimales, que viven en un ambiente muy frío, es decir, yin, se alimentan principalmente de productos de origen animal, y las poblaciones que viven en países cálidos, por lo tanto, en un ambiente yang, comen más verduras y frutas.

En la clasificación de los alimentos en yin y yang se consideran diferentes aspectos: tamaño, forma, color, textura, sabor, clima, lugar donde crece la planta o animal, duración del período de maduración, método de cultivo y composición química.

Por ejemplo, en un clima yang, como en los países cálidos, crecen verduras que son más yin en comparación a las verduras que crecen en un clima frío y yin. La planta que necesita más tiempo para madurar es más yang que una que crece en pocos días. Las zanahorias necesitan semanas, mientras que los champiñones y los espárragos necesitan unos días.

Generalmente, los alimentos del mundo vegetal son yin, en comparación con los del mundo animal, que son yang. Los alimentos yin son aquellos que expanden el cuerpo, como frutas, verduras, grasas y proteínas vegetales, legumbres, frutos secos, aceites, dulces, lácteos, etc., y los alimentos yang, en cambio, lo contraen, como las proteínas animales, las carnes y los pescados, los alimentos salados, etc.

Se debe tener mucho cuidado al comprender el efecto de los alimentos; por ejemplo, cuando comes sal, inicialmente tienes una sensación de frío, pero luego, cuando se activa la circulación, el cuerpo se calienta. El azúcar produce todo lo contrario: debido a que proporciona muchas calorías, parece calentar el cuerpo al principio, pero finalmente lo enfría.

La dieta macrobiótica incluye alimentos yin y yang. Lo importante es tener en cuenta que siempre hay que encontrar un equilibrio. Por esta razón, no incluye alimentos y sustancias excesivamente yin como azúcar refinada y edulcorantes artificiales, chocolate, grasas animales, bebidas carbonatadas, productos lácteos, café, alcohol, drogas, estimulantes del sistema nervioso, medicamentos, ni considera alimentos excesivamente yang, como la sal refinada, las carnes rojas, los ahumados, los embutidos etc.

La dieta macrobiótica ofrece alimentos sencillos pero sabrosos y de sabor no excesivamente fuerte, que son más fáciles de equilibrar:

- Cereales integrales, que los humanos consumimos desde la antigüedad y que contienen todos los nutrientes, por ejemplo, los carbohidratos que aportan energía básica y aportan calorías al organismo.

- Legumbres, que, al igual que los cereales, fueron cultivadas y consumidas por nuestros antepasados, y que contienen grasas, proteínas y carbohidratos.
- Verduras, hierbas silvestres y algas, que aportan al organismo los minerales, las enzimas y las vitaminas necesarias.
- Pescados y carnes (no de piscifactoría), que aportan otras proteínas y grasas.
- Frutas frescas, secas y semillas oleaginosas, que enriquecen la dieta.

Si la dieta tiende demasiado a los alimentos yin o yang, o si sólo se prefieren algunos sabores, no existe una nutrición equilibrada para los cinco pares de órganos: así es como comienzan las alteraciones en el organismo.

La cantidad puede destruir la calidad: un alimento consumido en dosis excesivas crea un desequilibrio en el organismo, incluso si el producto tiene todas las características de buena calidad.

Por ejemplo, cuando comes carne tienes que equilibrarla con verduras y frutas, de lo contrario te encontrarás con un desequilibrio. Hay otro factor muy importante que podemos tener en cuenta para influir en la calidad de un alimento: el fuego.

En general, las personas delicadas o enfermas deben comer verduras cocidas en lugar de crudas.

Una verdura puede transformarse al cocinarla en un alimento con características opuestas.

El efecto contrario se puede lograr agregando agua o condimentos, o simplemente dejando que los alimentos se enfríen después de cocinarlos.

La parte de la planta que hemos elegido utilizar también tiene su significado. Las hojas, los tallos y las raíces (en orden de yin a yang) tienen una composición diferente entre sí.

La mejor forma de ingerir cualquier alimento es consumirlo en su estado integral, pues de esta forma se obtiene la máxima cantidad de nutrientes de cada producto de la tierra en el equilibrio que aporta la naturaleza. Algunas personas están acostumbradas a pelar zanahorias en lugar de simplemente lavarlas bien con agua natural. Otras prefieren comer sólo una parte de una verdura y tirar el resto, sin darse cuenta de que lo que tiran es complementario al resto y que ambas partes son necesarias para lograr el equilibrio y la nutrición completa.

Otras, en cambio, prefieren sólo una o dos especies de hortalizas durante todo el año, olvidando el valor alimenticio adicional que podrían derivar de todas las demás plantas.

Es importante comer los cinco sabores en la cantidad adecuada para cada órgano correspondiente. Si bien una pequeña cantidad de sabor es beneficiosa, una cantidad exagerada siempre es perjudicial para el mismo órgano al que se debe ayudar y también para el opuesto.

Los cinco sabores, en el orden del yin al yang, son: picante, ácido, dulce, salado y amargo.

El sabor amargo fortalece el hígado y caracteriza los siguientes alimentos: trigo, muchas variedades de vegetales que tienen este sabor como puerros y espinacas, frutas ácidas, vinagre, alcohol, grasas animales, aceites, etc.

El sabor amargo fortalece el corazón y se encuentra en: el maíz, el café de cebada, las verduras y las hierbas silvestres amargas como la bardana, el diente de león, la achicoria, el cardo, etc.

El sabor dulce está relacionado con el bazo y el páncreas y se encuentra en: el mijo, la zanahoria, la calabaza, la cebolla cocida, la malva, la fruta dulce, etc.

El sabor picante es el sabor de los pulmones y está presente en: arroz, rábanos, daikon, especias, cebolla cruda, etc.

Los riñones están conectados al sabor salado, típico de legumbres como los frijoles azuki y los frijoles negros, las algas, la col, los condimentos japoneses como el miso y el tamari, etc.

La lengua está estructurada de tal manera que cada parte percibe un sabor particular.

Mientras que los sabores yin se sienten inmediatamente en la boca y se desvanecen con la misma rapidez, los sabores yang tardan en percibirse, pero persisten durante más tiempo.

En la medicina oriental también hay otros dos sabores, que se unen a los otros cinco, con el nombre de *egui* y *shibui*. En la clasificación de yin a yang, el egui precede a los cinco sabores, mientras que el shibui los sigue. Egui es un picante más extremo y shibui un amargor más fuerte.

Se encuentran principalmente en los vegetales. Se pueden considerar alimentos con un sabor egui las patatas, los brotes de bambú, los espárragos, las alcaparras y algunas frutas exóticas y, aunque raro, algunas raíces yang (como, por ejemplo, el jinenjo) tienen algo de este sabor. El egui depende en gran medida del contenido de potasio de la planta. El sabor shibui se encuentra generalmente en el té verde, en ciertas raíces y hierbas de las infusiones orientales, en la cáscara de los caquis inmaduros y otras frutas inmaduras, en la piel de las nueces, que poseen este sabor amargo y astringente. Teniendo en cuenta la importancia del equilibrio ácido/básico en el organismo (consultar el apartado «La sangre»), la elección de los alimentos también debe tener en cuenta su efecto acidificante o alcalinizante.

Una consideración química basada en el contenido de minerales sugiere que los alimentos que acidifican contienen más azufre, fósforo, cloro y nitrógeno, mientras que los alimentos que contienen principalmente sodio, potasio, calcio, magnesio y hierro producen alcalinidad.

Desde este punto de vista, la carne contiene mucho sodio, pero produce acidez en la sangre. De hecho, las proteínas animales contienen un alto porcentaje de azufre y fósforo y producen, una vez metabolizadas, ácido sulfúrico y fosfórico, lo que hace que la sangre sea ácida. Junto a las proteínas animales, otros responsables de la acidificación de la sangre son el azúcar y los alimentos manipulados por la industria alimentaria, ricos en aditivos químicos, que también contienen mucho fósforo y poco sodio, o casi nada. Las verduras, en general, tienen un poder alcalinizante, porque contienen potasio, calcio y hierro, y un bajo porcentaje de fósforo y azufre.

Las ciruelas tamari y umeboshi preparadas con sal marina integral, muy rica en sodio, son alcalinizantes.

Los cereales, con la adición de una pizca de sal y sobre todo con una cuidadosa masticación, obtenida a través de la acción de la saliva, tienen un efecto alcalinizante.

Un alimento sano, preparado y masticado mucho, fortalece, revitaliza y hace resistente a las enfermedades, así como una mala alimentación es la causa del debilitamiento del cuerpo y de la aparición de la enfermedad: ¡la comida es la mejor medicina!

Pero el medioambiente también es parte de la comida: el cuerpo necesita el calor del sol, el aire fresco, el oxígeno.

La ciencia no puede cuantificar la necesidad exacta de nutrientes simplemente porque no es algo fijo. Los fluidos del cuerpo tienen un equilibrio complejo que varía continuamente. Volviendo a los alimentos naturales y cultivados naturalmente y al aire puro y limpio, no tenemos nada que temer. Estamos de vuelta en manos de la naturaleza que nos da vida.

LA IMPORTANCIA DE MASTICAR

Masticar es un acto sagrado, mediante el cual se pueden prevenir y tratar la mayoría de las enfermedades y es el factor más importante para una buena digestión y asimilación.

La digestión comienza en la boca: a través de una masticación cuidadosa, la comida se mezcla con la saliva y los dientes la rompen, haciéndola lo más fina posible.

De esta manera, el alimento llega al estómago en su composición correcta y aquí la papilla predigerida se descompone en componentes más pequeños, con el resultado de que la asimilación de todos los nutrientes será más fácil. La comida bien masticada no sólo facilita el trabajo del estómago, sino que también aligera todos los conductos digestivos.

El resultado beneficioso de una buena masticación es inmediato y se siente en todo el cuerpo.

Cada vez que se coma, debe tenerse en cuenta que los alimentos que se ingieren se convertirán en la sangre y, por lo tanto, en el propio cuerpo. Una buena masticación indica una mayor atención a la comida que se está comiendo y con ella se muestra la gratitud y el cuidado tanto por la comida como por el propio cuerpo. Masticar realza el sabor de la comida y facilita la curación. Esta práctica educativa constante y diaria fortalece la sangre, la hace alcalina y es indispensable en caso de enfermedad.

G. Ohsawa recomendaba que las personas enfermas aceptaran una dieta macrobiótica preferiblemente vegetariana, pero sobre todo enfatizaba la importancia de masticar los alimentos.

La práctica de masticar, ampliamente tratada en *Natural Immunity,*[1] mejora la condición de la persona y previene enfermedades.

---

1. N. Muramoto, *Natural Immunity: Insights on Diet and Aids*, GOMF, Oroville (California), 1988.

Además, la comida debe ser ordenada. Algunos comienzan con lo que sea que tengan delante. Pero este comportamiento no es sabio. En cambio, debemos disciplinarnos para seguir un cierto orden. Es bueno comenzar con una sopa o un caldo. Luego conviene comer un plato de arroz u otros cereales, seguido de legumbres, carne o pescado, verduras y finalmente fruta o un dulce. Cualquier tipo de bebida o dulce inhibe el sistema digestivo; por lo tanto, se recomienda tomarlo sólo al final de la comida.

Comenzar con un alimento tibio y masticar bien reactiva la secreción de jugos gástricos a través del sistema nervioso parasimpático, y el alimento se asimila bien, sin provocar indigestión ni pirosis.

LOS PRINCIPALES ALIMENTOS

Los cereales

Los cereales son el alimento más adecuado para el ser humano. El hombre primitivo, así como, posteriormente, cualquier gran civilización del pasado, basaba su dieta en uno o más cereales, considerados como la principal fuente nutricional. Pertenecen a la familia de las gramíneas y se han desarrollado a lo largo de los siglos desde las variedades silvestres hasta las cultivadas. Si observamos los dientes, vemos que el hombre tiene unas muelas muy desarrolladas, hasta 20, que se utilizan para moler cereales, 8 incisivos para comer verduras y frutas y 4 caninos para cortar carne. De esto se puede deducir que aún hoy el cereal debe constituir la parte principal de la dieta. Se hace referencia a los cereales integrales porque permiten una nutrición completa. Los cereales integrales son cereales a los que sólo se les ha eliminado el tegumento exterior, por lo que contienen todo el valor nutricional del grano. Son ricos en todos los elementos nutricionales (carbohidratos, proteínas –en particular todos los aminoácidos más importantes–, vitaminas, enzimas, minerales y grasas vegetales, etc.), además de contener altos niveles de fibra alimentaria.

Los cereales refinados, en cambio, han sido sometidos a procesos que eliminan la parte externa (salvado) y el germen. Con este proceso, el grano pierde gran parte de sus sustancias, y en particular de las fibras, manteniendo esencialmente sólo el contenido de carbohidratos. De ahí que su valor alimenticio se reduzca considerablemente. Además, en ocasiones, el proceso de refinación incluye transformaciones adicionales (por ejemplo, deshidratación) o el uso de aditivos, que introducen elementos nocivos en el organismo. Lamentablemente, en especial en los países industrializados, el consumo de cereales integrales ha disminuido significativamente en las últimas décadas a favor de los subproductos y las harinas refinadas.

Los cereales son: arroz integral, mijo, trigo, cebada, centeno, avena y maíz. En general, se clasifican básicamente como alimentos yang. El cereal más yang es el mijo, el más yin es el maíz. El arroz y el mijo se cosechan en el otoño, el maíz en el verano, mientras que el trigo y la cebada en algunas partes del mundo se cosechan a finales de la primavera y del otoño. La cebada, el trigo y la avena se llaman *mugi* en Oriente. Un refrán chino resume bien los efectos de estas variedades de cereales: «Los *mugi* refrescan». Estos granos se consideran más yin que el arroz y el mijo y son más adecuados en verano. El arroz y el mijo producen más calor que los *mugi*. El otoño es más yin que la primavera, por lo que la cebada y el trigo, que maduran en otoño, son más yang que los que maduran en primavera. Para digerir y asimilar completamente los cereales es muy importante cocinarlos bien y masticarlos durante mucho tiempo, favoreciendo así la partición de sus componentes para una mejor absorción por parte del organismo. De esta forma tienen un efecto alcalino y forman una buena sangre. El arroz integral, el mijo y el alforfón tienen una piel más suave que otros cereales que necesitan cocinarse durante más tiempo.

Ácido y alcalino

La clasificación según la «producción de acidez» o el «efecto acidificante» incluye todos los tipos de alimentos. El atributo de efecto ácido o de efecto alcalino está directamente relacionado con el residuo mineral orgánico que se produce y permanece después de la oxidación. Por ahora no consideramos los cambios que se producen en la naturaleza bioquímica de los alimentos como consecuencia de los diferentes tipos de cocción utilizados y del proceso digestivo.

Elementos que producen acidez	***Elementos que producen alcalinidad***
Azufre	Sodio
Fósforo	Potasio
Cloro	Calcio
Magnesio	Hierro

Tanto la carne como los cereales son ricos en sodio, pero producen acidez, ya que contienen otros elementos acidificantes. De hecho, las proteínas cárnicas tienen generalmente un alto porcentaje de azufre, un elemento extremadamente acidificante que, entre otras cosas, es eliminado con dificultad por los riñones. Por otro lado, los cereales contienen mucho fósforo, que es un nutriente importante para el cerebro, pero tiene un efecto acidificante. Hay otros alimentos ricos en fósforo, pero en su composición son mucho más desequilibrados que los cereales; por ejemplo, el azúcar y los alimentos manipulados por la industria alimentaria, ricos en aditivos químicos, contienen mucho fósforo, pero poco o nada de sodio. La sal contiene mucho sodio y es claramente un alcalinizante, ya que tiene muy poco fósforo y azufre. Las frutas y verduras, que contienen potasio, calcio y hierro, con un bajo porcentaje de azufre y fósforo, también son básicamente alcalinizantes. Agregar una pizca de sal (extremadamente alcalinizante) en la cocción de los cereales hará que los cereales así cocidos tengan un efecto alcalinizante.

El arroz

El arroz *(Oryza sativa L.)* es el cereal más tradicional de Oriente, donde se dice que tiene una mayor cantidad de energía electromagnética condensada (ki) que otros cereales. Quizá esto se deba a que el arroz crece en los campos y recibe energía y alimento directamente del aire, el agua y la tierra, así como del sol. El arroz integral es un alimento muy delicado y agradable y debe ser la base de cualquier dieta. Es el mejor cereal para comer todos los días, porque se digiere más fácilmente, gracias a la particular composición de los almidones que contiene y que son absorbidos lentamente por el organismo, constituyendo una reserva natural de energía.

Es el cereal con mayor contenido de vitaminas, en particular del grupo B. Su germen contiene ácido fítico, que ayuda al organismo a expulsar los venenos.

El arroz blanco, pelado o semiintegral, como ya se mencionó, no tiene todos los componentes nutricionales.

El arroz es beneficioso para los pulmones y para el intestino grueso, para el sistema nervioso y para el cerebro. Este cereal tiene propiedades curativas en caso de enfermedades y es excelente para quienes padecen problemas digestivos y alergias. El arroz integral cocido en olla a presión es muy adecuado para personas de constitución débil; de hecho, es suave, ligeramente pegajoso y delicioso. Aquellos que tienen una constitución fuerte pueden dar preferencia al arroz cocido en una olla normal. A las personas con una condición muy yang se les aconseja cocinar el arroz sin sal. El arroz se puede cocinar de varias formas, por ejemplo, incluso en una olla de piedra o de hierro fundido. Dependiendo del tiempo de cocción y de la relación entre la cantidad de agua y el arroz, éste adquirirá un sabor y una textura diferentes y se puede utilizar para muchas preparaciones. En Oriente se preparan muchos platos con arroz y pasta de arroz y otras recetas típicas se elaboran con su almidón. En Japón se utiliza para producir miso, un condimento vegetal utilizado para dar sabor a sopas y otros platos, sake (vino de arroz), arroz agrio, mochi (arroz precocido en panecillos) o malta de arroz.

El mijo

El mijo *(Panicum miliaceum L.)* es originario de Asia, continente donde se ha utilizado como alimento durante miles de años y del que también se importó a Occidente. El mijo tiene una buena composición en hidratos de carbono y un alto contenido en grasas y proteínas, estando libre de gluten y de minerales como el hierro, el magnesio, el fósforo y el silicio. Es excelente en sopas y para hacer albondiguillas y es muy adecuado en crema, para las papillas. El mijo tiene las características del cereal yang: calienta y fortalece el cuerpo y alcaliniza la sangre. Es beneficioso para el bazo y el páncreas y para el estómago. Es adecuado para personas que padecen acidosis y mal aliento.

La cebada

La cebada *(Hordeum vulgare L.)* ha sido el cereal más común en los países occidentales, pero no sólo en éstos, durante miles de años. Bien cocido, es muy digerible. Se caracteriza por un buen aporte proteico, mientras que contiene gluten en cantidades significativamente menores que el trigo y un buen contenido en vitaminas. En el mercado es posible encontrar diferentes tipos: cebada descascarada o cebada entera, que es sustancialmente el grano de cebada dura integral, es decir, completa con todos sus componentes; cebada perlada, que ha sido sometida a un proceso de refinado mecánico similar al adoptado para el arroz. La cebada es excelente en sopas o cocida y servida con verduras. También se puede obtener una muy buena crema con harina de cebada. La cebada tarda más en cocinarse que el arroz y el mijo. En Japón, este cereal se utiliza para elaborar condimentos tradicionales, como el miso y el tamari. También se puede utilizar para hacer infusiones de hierbas. La cebada, como ya se mencionó, tiene un efecto refrescante y por este motivo es apta para ser consumida en épocas cálidas. Tiene una acción emoliente ampliamente reconocida y es útil para inflamaciones intestinales y pulmonares.

El alforfón

El alforfón *(Fagopyrum aesculentum Moench.)*, aunque convencionalmente se clasifica como cereal por sus valores nutricionales, en realidad, desde el punto de vista botánico no es una gramínea, y, de hecho, pertenece a la familia de las poligonáceas. Esta planta sólo crece en climas más fríos. Como otros cereales, contiene vitamina B y es particularmente rico en vitamina E, además de ser una excelente fuente de minerales. La semilla de alforfón es muy yang, produce calor rápidamente y, por lo tanto, se come en climas y estaciones frías. El alforfón se puede comer en granos, en crema o en forma de pasta, como la soba, muy popular en Japón. Se puede utilizar como relleno para hacer los envoltorios de hojas de col y para panecillos. El alforfón es un fortificante de la sangre, beneficioso para limpiar los riñones de los desechos producidos por el consumo abundante de alimentos de origen animal.

El trigo

El trigo *(Triticum sativum L.)*, también graminácea de origen oriental, es uno de los cereales más cultivados y consumidos en Europa en los últimos siglos.

Entre los cereales, es el más rico en proteínas y gluten, aunque carece de algunos aminoácidos esenciales. Desde el punto de vista del uso alimentario, existen dos tipos principales: trigo blando y trigo duro. El trigo blando se utiliza como harina, para la elaboración de pan, pizzas, focaccia, dulces y productos fermentados en general, mientras que el trigo duro se utiliza sobre todo para la preparación de pastas, y también de bulgur y cuscús, etc. Lamentablemente, en esta época estamos asistiendo a un consumo muy elevado de harinas refinadas y productos derivados de ellas, que empobrecen enormemente el aporte de minerales, vitaminas y fibras. Es mejor comer el grano entero, sin refinar y sin moler. En cualquier caso, la harina para hacer pan debe estar recién molida, ya que, si se rompe su piel exterior, el grano comienza a perder sus cualidades nutricionales al entrar en contacto con el oxígeno del aire. La pasta de trigo es una de las farináceas y tiene la característica de ser muy digerible, ligera y sabrosa, para ser consumida ocasionalmente en verano. El seitán se produce con gluten de trigo, que se puede comer en lugar de carne u otras proteínas.

El trigo está asociado al hígado, por lo que puede ser útil para fortalecer los músculos durante el crecimiento, y ya en el pasado se le atribuían propiedades energéticas.

El centeno

El centeno *(Secale cereale L.)* se ha extendido principalmente a los países nórdicos y es un cereal similar al trigo, pero con un contenido de proteínas menor. Es un ingrediente adecuado para la elaboración de pan, para la elaboración de copos, sopas y cremas. Como el trigo, el centeno es excelente para dar energía y resistencia a los músculos.

La avena

La avena *(Avena sativa)* crece principalmente en las zonas frías.

Al igual que la cebada, está disponible con o sin cáscara, por lo que, en este último caso, no se necesita descascarar para ser consumida. La avena se puede encontrar en forma de copos (que se obtienen triturando el grano), harina y, más raramente, en granos.

Es el cereal con mayor contenido en grasas y, después del trigo, en proteínas.

Con la avena en grano (cocida durante muchísimo tiempo) o con su harina se puede conseguir una muy buena crema para el desayuno. Los copos también son excelentes en sopas o para hacer galletas.

La avena es muy nutritiva y energética y es buena para las personas con tiroides hipoactiva.

El maíz

El maíz *(Zea mays L.)* es un cereal típico originario de los países muy cálidos de Centroamérica. Madura en verano y, por lo tanto, es adecuado para refrescarse durante el período caluroso. Es el cereal más yin y contiene una buena combinación de carbohidratos, lo que proporciona un aporte calórico y energético válido. Tiene un efecto beneficioso sobre el corazón. Las mazorcas enteras se pueden comer hervidas o asadas y con la harina de maíz se hacen polenta, tortillas y focaccia. Hoy es el cereal más tratado químicamente y sujeto a experimentos y cultivos modificados genéticamente.

Los vegetales

La mayoría de la gente piensa que es molesto comprar verduras frescas, porque las verduras congeladas ocupan menos espacio en el refrigerador y no necesitan lavarse. La gente siempre intenta «ganar tiempo» en lugar de considerar el verdadero valor del tiempo.

Al preparar las verduras de manera natural y, por tanto, normal, volvemos a tener una relación humana con la tierra.

Seguro que lleva tiempo prepararlas, pero ¡qué recompensa se obtiene de las verduras!

Son sabrosas por su sabor y valiosas por su valor nutricional.

Los vegetales verdes son una fuente indispensable de clorofila, que es necesaria para los glóbulos rojos que transportan oxígeno por todo el cuerpo. Como ya hemos dicho en el capítulo dedicado a la sangre, lo que en realidad sucede es que, al ingerir alimentos que contienen clorofila, la sangre mediante una transmutación biológica, aumenta su propio contenido de hierro en los glóbulos rojos, que atrae el oxígeno, para nutrir todas las células. Por eso, si comes muchas verduras, no sufres de anemia, tu cerebro funciona mejor y tu pensamiento es más claro.

Las hojas verdes también son importantes para la vesícula biliar, el cerebro y la producción de bacterias intestinales. Los vegetales dulces, como la zanahoria, la cebolla, la calabaza, son buenas para el bazo y el páncreas y el estómago. No se debe quitar la piel o la cáscara de las verduras, ya que contienen nutrientes muy importantes. Al seleccionar y domesticar las hierbas silvestres, el hombre comenzó a cultivar diferentes variedades de vegetales que son más tiernos y ricos en líquidos, pero más pobres en sales minerales. Las partes comestibles de las verduras son las raíces, los bulbos y las hojas. De algunas verduras también se come el tallo (por ejemplo, el apio), la flor (brócoli, coliflor, alcachofas, flores de calabacín y calabaza, etc.) o la fruta (calabaza, calabacín, pepinos).

En términos generales, y en principio, se puede decir que las hojas de los vegetales contienen más vitaminas y minerales; el bulbo también es rico en carbohidratos, mientras que en las raíces abundan las sales minerales y los carbohidratos. Las raíces son más yang que las otras partes de las verduras, porque crecen bajo tierra y no tienen clorofila. Las raíces de muchas hierbas silvestres también son comestibles, pero son más duras y fibrosas que las cultivadas. Ejemplos de raíces cultivadas son: zanahorias, rábanos rojos y blancos, rábano blanco largo (daikon), nabos blancos y negros, etc. Se pueden consumir cocinados en sopas, guisos o ensaladas.

El bulbo es la parte de la planta que crece entre la raíz y la hoja, entre la tierra y el aire, y está presente sólo en unos pocos vegetales. Generalmente es de consistencia tierna y tiene un color blanco amarillento; entre los bulbos podemos mencionar: cebolla, chalota, puerro, hinojo.

Los bulbos se pueden consumir tanto cocidos como crudos en ensaladas.

Las hojas son la parte aérea de la planta; entre éstas recordamos la achicoria, los grelos, la col, las hojas de rábano y de col, las espinacas, las remolachas y diferentes tipos de lechugas (escarola, loyo, etc.).

Desde el principio, el hombre se ha alimentado de hierbas silvestres, recolectando de la tierra lo que la naturaleza le ofrecía de manera espontánea, y en miles de años se ha desarrollado un conocimiento en todas partes del mundo que le ha permitido beneficiarse de las propiedades curativas de las hierbas espontáneas.

Recientemente se ha perdido la tradición de utilizar hierbas silvestres en la cocina, al mismo tiempo que se ha dado el progresivo distanciamiento de la naturaleza. El diente de león y la artemisa son excelentes para el corazón y para purificar la sangre y todo el organismo, pero hay muchas otras hierbas silvestres: ortiga, astillero, achicoria, bardana, malva, llantén, mostaza silvestre, cola de caballo, etc. En la cocina se pueden utilizar en diversas preparaciones: para sopas, junto con cereales y otras verduras escaldadas.

La artemisa también es un ingrediente de un tipo de mochi que es muy adecuado para personas con anemia.

Cabe recordar que las hierbas silvestres son altamente concentradas, por lo que tienen características y propiedades yin o yang más marcadas y fuertes que las hortalizas cultivadas.

Es mejor consumir verduras cocidas, especialmente en climas templados.

Se pueden elegir varias maneras de cocinarlas y cada uno puede descubrir la que mejor se adapte a sus necesidades: hervir, dorar, saltear, cocer, cocer al horno, al vapor, etc.

En caso de rigidez corporal y órganos excesivamente contraídos (yang), las verduras cocidas y crudas consumidas en abundancia serán muy beneficiosas.

Para deshacerse de los depósitos de residuos que producen los alimentos de origen animal, es eficaz comer nabo, rábano, lechuga, cebolla y chalota. No se recomiendan los frutos de la familia de las solanáceas, a saber, tomates, patatas, berenjenas, pimientos y chiles. Estas plantas, de hecho, deben su nombre a la presencia de solanina, un alcaloide tóxico, y en general tienen cualidades nutricionales poco saludables: contienen una cantidad de potasio no proporcional a las otras sales y ácidos oxálicos, responsables de los trastornos renales (cálculos), de huesos e hígado y son acidificantes de la sangre.

Las principales fuentes de proteína

Los productos de origen animal

Los productos de origen animal actúan de forma diferente en el organismo que los vegetales. Comer carne proporciona un aporte energético muy fuerte e inmediato, la sangre se enriquece con nutrientes disponibles inmediatamente y la persona tiene una sensación de gran energía y vitalidad.

Esta sensación, sin embargo, es de corta duración y tiene efectos secundarios nada despreciables.

Es más natural construir nuestro cuerpo con cereales, legumbres y verduras que con productos animales. Al consumir alimentos vegetarianos, la formación de sangre, células, tejidos y órganos se produce mediante un proceso lento y complejo (plantas → sangre → carne), que activa todo el organismo y lo hace funcionar de manera equilibrada.

Se produce mejor sangre que forma tejidos y músculos más saludables. La energía es menos «explosiva», menos evidente, pero más estable y duradera.

Sin embargo, al comer carne, el proceso natural se invierte: la carne se convierte en sangre, que luego forma tejidos y músculos (carne → sangre → carne). Por un lado, esto produce una rápida asimilación y un rápido enriquecimiento de sustancias en la sangre y, en consecuencia, en el organismo, lo que conlleva, como se ha dicho, una sensación de fuerza, mientras que por otro lado no produce sangre de buena calidad.

De hecho, el necesario proceso de descomposición de la carne en el interior del organismo genera una serie de residuos que permanecen demasiado tiempo en el organismo y son muy dañinos para el ser humano, como el ácido sulfúrico, el ácido fosfórico y el ácido úrico, que conducen a una condición ácida de la sangre. Si la sangre es ácida, el organismo es más propenso a sufrir los ataques de bacterias y virus, que se reproducen más fácilmente en un ambiente ácido. El proceso es demasiado rápido, la necesidad de eliminar las toxinas es demasiado urgente. Lo que no sigue el procedimiento natural es continuamente rechazado por el organismo: es el intento del cuerpo de «quemar» la materia «muerta». Por esta razón, quienes comen mucha carne suelen sufrir episodios repentinos de fiebre. La fiebre surge del hecho de que las toxinas no se eliminan con la suficiente rapidez.

Si se sigue una dieta principalmente vegetariana, se notará que la fiebre es más rara. En las carnes de origen animal existen altas cantidades de ácidos grasos saturados y un contenido bajo o nulo de fibra dietética, lo que significa que una cantidad excesiva de carne acidifica el medio intestinal y produce desechos y residuos nocivos que, en ausencia de una adecuada peristalsis debido al bajo contenido de fibra, permanecen en el intestino durante mucho tiempo, aumentando su acción nociva. Las consecuencias son trastornos intestinales, estreñimiento y, con el tiempo, enfermedades más graves. Además, la absorción de estos residuos en la sangre provoca problemas en la piel.

El cuerpo, en un intento por reducir el impacto de las toxinas de la carne, las elimina por sus propios canales: heces, orina, sudor. Por este motivo, las heces de quienes comen mucha carne son generalmente más malolientes, la producción de sudor es mayor y también de un olor muy fuerte, así como todas las secreciones externas. En este caso, usar limpiadores o desodorantes perfumados no resuelve el problema: la única forma de hacerlo es reducir el consumo de carne.

La carne y el pescado son ricos en proteínas, grasas, minerales y enzimas. Entre los productos animales, el pescado es el preferido, porque sus proteínas son más fáciles de digerir que las de la carne, dejando menos sustancias de desecho en el organismo. El consumo de carne en las últimas décadas ha aumentado dramáticamente en todos los países más ricos. El hombre moderno come en promedio mucha carne (yang), por lo que también consume enormes cantidades de azúcar (yin). Preocuparse por las proteínas y comer más de lo que se necesita es un hábito poco saludable. Además, es bueno obtener proteínas de diferentes fuentes, en lugar de centrar la atención en un sólo tipo, de lo contrario, el cuerpo pierde la capacidad de asimilar y transmutar los alimentos.

En la actualidad, sería prudente que el hombre volviera a una dieta más sencilla y saludable. La carne tan difundida hoy en día constituye una gran amenaza para la humanidad. Un simple ejemplo puede ilustrarlo. Un joven estadounidense vino a consultarme sobre un problema que le preocupaba. No podía entender por qué tenía el pecho de una mujer. Cuando le pregunté si había tomado hormonas de algún tipo, respondió negativamente. Después de pensarlo un rato, le pregunté si había comido muchas aves de corral en los últimos años. No dudó en confirmar mis sospechas sobre la causa de ese crecimiento anormal. También me dijo que en Estados Unidos no es muy raro encontrar hombres con pecho femenino. Antes de irse me preguntó si podría tener hijos, porque llevaba algunos años casado y aún no los había tenido. Un médico al que había acudido le había dicho que no había esperanzas de que algún día se convirtiera en padre. Lo animé y le dije que sus condiciones sexuales volverían a la normalidad si lograba abstenerse de productos animales y adoptaba una dieta de cereales integrales y vegetales. Después de todo, nada es inmutable en esta tierra. Después de un año supe que su esposa estaba embarazada.

Las legumbres

En una dieta vegetariana, las legumbres son una fuente indispensable para la aportación de proteínas y grasas, y combinadas con los cereales aportan todas las cadenas de aminoácidos necesarias para el crecimiento y el mantenimiento del organismo. Aportan cantidades sustanciales de fibra.

Las legumbres son las semillas de las plantas de la familia de las leguminosas que se encuentran en la vaina.

Como los cereales, se han cultivado desde los albores de la agricultura sedentaria y se difundieron tanto en climas cálidos como en zonas templadas.

Las legumbres más conocidas y extendidas son: frijoles azuki, frijoles borlotti, frijoles cannellini, garbanzos blancos y negros, lentejas, frijoles negros y rojos, frijoles cariblancos, frijoles españoles, frijoles Lima, guisantes, etc.

En general, todas las legumbres se pueden clasificar como alimentos con prevalencia yin.

La soja, a pesar de su alto contenido en proteínas, no es recomendable, porque contiene sustancias fuertemente yin y algunos ácidos nocivos para el organismo, que sólo pueden reducirse mediante procesos culinarios bastante elaborados. De hecho, en Oriente desde hace miles de años se utiliza para preparar miso, tamari, salsa de soja, en los que el largo proceso de fermentación con sal hace que el producto sea alcalinizante.

No se recomienda el tofu, una especie de queso de soja. Los ojos saltones a menudo indican un consumo excesivo de soja, especialmente entre los orientales.

Según la filosofía oriental, las legumbres, en general, nutren y cuidan los riñones, la vejiga y los órganos sexuales. A veces también se utilizan como medicina, tanto para uso interno como externo. Por ejemplo, los frijoles azuki son eficaces para los problemas renales y los órganos sexuales masculinos y los frijoles negros para las dolencias femeninas. Las legumbres se deben remojar antes de cocer y cocinar durante mucho tiempo con algas. Unas pocas cucharadas son suficientes para cada comida.

Ética y nutrición

En la elección de alimentos, también se debe considerar el aspecto ético y social.

Hoy tenemos alrededor del 10 % de la humanidad que consume el 90 % de los recursos, dejando sólo el 10 % a ese 90 % de la población mundial que sufre hambre y muchas veces muere de inanición.

Podemos hacer mucho para combatir esta injusticia, comenzando por nuestro estilo de vida diario y también por las decisiones que tomamos en la mesa.

De hecho, es útil señalar que el cultivo de cereales y hortalizas puede alimentar a una población ocho veces mayor que la que en los países occidentales sigue una dieta moderna, con predominio de productos de origen animal. Por ejemplo, el ganado necesita grandes extensiones de tierra que, si se utilizan correctamente, podrían proporcionar una cantidad de alimento significativamente mayor y, sobre todo, mucho mejor que la carne.

Además, el problema que debemos plantearnos no es sólo alimentar a la población actual, sino salvar las tierras que, por la deforestación, el aumento de los pastos y la agricultura química, están perdiendo toda su fuerza vital y productividad. Es hora de que todos exijan que los campos cultivados vuelvan a ser más naturales y la mejor manera de darle fuerza a esta demanda es consumir alimentos vegetales cultivados sin químicos.

Quienes gestionan las políticas económicas agrícolas y alimentarias tienen una visión miope, no pueden ver más allá de sus propias narices y, por lo tanto, hoy casi 1 000 millones de personas padecen hambre y los medios de vida y la salud de las generaciones futuras están en peligro.

La nutrición macrobiótica, además de ser un tratamiento eficaz, nos ofrece un instrumento concreto de lucha, encaminado a hacer posible y más saludable la nutrición para todos los pueblos del mundo.

La sal

La sal marina integral es un producto del mar, obtenido de manera tradicional en las salinas que se encuentran a lo largo de las costas de diferentes partes del mundo mediante la evaporación del agua salada del mar por exposición al sol.

Al final de la evaporación, la sal se recoge, se deja secar sobre losas de terracota, luego se tritura y se empaqueta. La sal marina integral natural se compone principalmente de cloruro de sodio (92 %), agua (5 %) y muchas otras sales minerales y oligoelementos importantes, como potasio, magnesio, azufre, calcio, yodo, etc. (3 %). Actualmente, la sal marina entera ha sido sustituida casi por completo en el mercado por la sal blanca refinada, compuesta casi en su totalidad por cloruro de sodio (99,99 %), y por las tratadas químicamente con aditivos (yodada, sal especiada, etc.) que son dañinas para el cuerpo.

La sangre y otros líquidos presentes en el organismo deben contener una concentración adecuada de componentes de sodio para que puedan realizar su función correctamente, por ello es de fundamental importancia utilizar sal marina integral.

Es imposible decir cuánta sal se debe consumir per cápita: la cantidad varía para cada persona y puede cambiar día a día, dependiendo del clima, la actividad que se realice y otros factores.

El consumo excesivo de sal, más aún de la refinada, provoca diversos problemas si no se equilibra bien (con aceite, con ejercicio físico u otros).

Cuando se ingiere demasiada sal, el intestino grueso extrae una gran cantidad de líquidos del cuerpo, lo que lleva a una pérdida de agua en las heces y causa estreñimiento. La sal también puede provocar trastornos del sistema cardiovascular y disfunciones de los riñones, así como de otros órganos (úlceras gástricas, etc.). Es un alimento muy astringente y su consumo excesivo puede provocar retención de agua o requerir drenaje. Los grandes consumidores de sal refinada a menudo experimentan insomnio y fatiga, a veces incluso comportamientos violentos y locura. Entre los diversos síntomas de un exceso de sal, el más evidente, y que se puede controlar todos los días, es el color de la orina: si la orina es oscura significa que se está consumiendo demasiada sal. El exceso de sal provoca la necesidad de introducir agua y líquidos en el organismo y por ello la medicina occidental recomienda beber grandes cantidades de agua en caso de disfunción renal. Este método puede ser eficaz al principio, pero es probable que resulte peligroso, ya que afecta a los riñones sobrecargándolos de trabajo. Es mucho más simple consumir menos sal.

Quienes han acumulado mucha sal en sus órganos, especialmente la derivada de productos animales, y quienes consumen carne deben consumir muchas verduras crudas; si la persona está sana y come pescado o carne, a veces se puede recomendar incluso una pequeña cantidad de vino o de cerveza.

El exceso de azúcar, drogas o medicamentos y otras cosas elimina la sal del cuerpo y, por lo tanto, crea un nuevo deseo de sal. Sin embargo, también una dieta sin sal crea desequilibrios a largo plazo. La correcta dosis de sal en la cocina es fundamental para resaltar los sabores de los alimentos sin cambiarlos, y también contribuye a la formación de una sangre alcalina, fundamental para la salud de la persona. En Oriente, en lugar de usar sal pura, las sopas, los cereales, las legumbres y las verduras se sazonan con productos fermentados, que facilitan la absorción de la sal, y no suponen afectación demasiado fuerte a nuestro sistema: por ejemplo, el tamari y el shoyu, que contienen alrededor del 12 % de sal; o el miso que contiene alrededor del 10%; los encurtidos, que tienen de un 3 a un 10%, y las ciruelas umeboshi, con alrededor del 16%. La sal sola no penetra en las células, pero la combinación de sal y aceite hace que se retenga fácilmente. Ésta es la razón por la que se prefiere la salsa de soja: las grasas contenidas en las semillas de soja se combinan con la sal. Pero hay que tener mucho cuidado de no sobrepasarse en el consumo de estos condimentos, que son muy sabrosos y, por lo tanto, conducen muy fácilmente a su uso excesivo.

En conclusión, el mejor consejo es el siguiente: es necesario aprender a utilizar la sal marina integral con moderación y a equilibrarla en la nutrición y con la actividad física.

Las algas

En el pasado, el hombre ha sabido elegir hierbas silvestres para su dieta, así como vegetales marinos: las algas. En Oriente existe la costumbre de utilizarlos en la cocina. Según la medicina oriental, a la hora de comer pescado se debe equilibrar con algas, ya que existe una relación armoniosa entre la vida marina animal y vegetal, tal como la hay entre animales y plantas en la tierra.

Los principales exportadores de algas son los países de Extremo Oriente, aunque están presentes en prácticamente todos los mares del mundo. De hecho, el uso culinario de las algas siempre ha estado muy extendido en todos los países que tienen salida al mar, aunque, especialmente en los países occidentales, casi se ha perdido el conocimiento de éstas. Las algas representan las primeras formas de vida vegetal y son una importante fuente natural de sales minerales, oligoelementos y proteínas. Como todos los vegetales verdes, son organismos fotosintéticos y por lo tanto contienen clorofila. Son ricas en vitaminas, especialmente vitaminas E y A, y vitaminas B1 y B12.

Éstas son algunas de las algas pardas más utilizadas en la cocina:

- El alga kombu *(Laminaria japonica)* es parte de la familia Laminaria, tiene una consistencia dura y espesa, es de color verde oscuro y contiene muchas sales minerales, en particular sodio y calcio, y más carbohidratos que las demás. En la cocina macrobiótica se utiliza principalmente

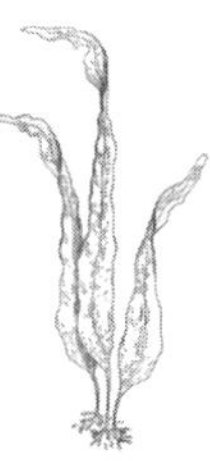

en la cocción de legumbres y para otras preparaciones. Los orientales la utilizan para hacer sopas, guisos y diversos condimentos. El extracto natural de kombu se utilizaba tradicionalmente para sazonar y hacer ensaladas de salvado de arroz. Otra variedad de la misma familia es el kelp *(Macrocystis pyrifera),* que normalmente se encuentra en forma de polvo verde.

- El alga wakame *(Undaria pinnatifida)* pertenece a la familia Alariacee. Tiene un color verde oscuro y se asemeja a una hoja compuesta, porque tiene un tallo central del que parten las hojas, y es más tierna para cocinar. Se usa para hacer sopa de miso y otras recetas. Contiene sales minerales, especialmente calcio, y luego fósforo, hierro y sodio; el alga hijiki *(Sargassum fusiforme)* pertenece a la familia Sargassaceae y tiene un aspecto filiforme. Se utiliza con otras verduras salteadas o guisadas y tiene un sabor más fuerte y penetrante que otras algas. Es el alga más rica en calcio y también contiene hierro, fósforo, carbohidratos y proteínas.

- El alga arame *(Eisenia bicyclis),* perteneciente a la familia Alariacee, es también un alga filiforme cuyas hojas son tiras estrechas. Tiene un sabor y un olor menos fuertes que el hijiki. Es rica en hierro y calcio.

También destacamos algunas algas rojas:

- El alga nori *(Porphyra tenera)* es parte de la familia Vangiacee. Las algas nori se encuentran en el mercado en diferentes formas, la más extendida de las cuales es la obtenida por prensado y secado de las algas, con el fin de obtener láminas.

La característica del alga nori es su friabilidad, por lo que no requiere cocción. Antes de consumirla, se tuesta rápidamente a fuego medio, hasta que se ponga verde. Las preparaciones que se obtienen con estas algas son el sushi de diferentes tipos (con pescado o verduras), arroces o sopas. Esta alga es rica en proteínas y vitaminas B y C, además de contener fósforo, calcio y hierro.

- El agar-agar *(Gelidium robustum)* es un alga muy mucilaginosa, cuyo polisacárido se comercializa en forma de extracto en barras semitransparentes o en polvo. Después de la cocción, cuando se enfría, se convierte en una gelatina, transparente e inodora. Se utiliza para sopas, dulces, jaleas de frutas y para espesar mermeladas. Esta alga tiene propiedades diuréticas, adelgazantes, disuelve la grasa y contiene calcio y yodo.
- El alga dulse *(Palmaria palmata)* pertenece a la familia Palmariacee y es más mucilaginosa que las demás, frente a las que también contiene más hierro.

Las algas, con su mucílago, ayudan a las funciones intestinales y a la eliminación de desechos radiactivos del organismo. Especialmente las algas pardas o marrones también contienen ácido algínico, que favorece la eliminación y desintoxicación de los metales pesados. Antes de cocinar las algas, se sugiere ablandarlas (excepto el alga nori) sumergiéndolas en agua fría.

Las semillas oleaginosas

Las semillas oleaginosas, como las de sésamo, de girasol y de calabaza, las avellanas, las almendras y las nueces se caracterizan por su alto contenido en grasas. Estos alimentos también son muy ricos en proteínas y vitaminas, especialmente vitamina E. Es útil señalar, en particular, que algunas semillas, como las semillas de sésamo, son ricas en calcio y magnesio, lo que las convierte en un alimento útil para fortalecer los huesos.

Las semillas son un alimento muy energético. Constituyen la parte más pequeña, compacta y concentrada de la planta, que consigue superar el frío invernal manteniendo intacta su fuerza vital, para luego dar a luz una nueva planta en la tierra. Son adecuadas para la alimentación de mujeres embarazadas y niños. Pero como cualquier alimento, deben consumirse con moderación y masticarse muy bien, especialmente las nueces y las almendras, ya que su piel provoca acidez. Es mejor que todas las semillas se tuesten ligeramente en una sartén gruesa antes de ingerirlas, también para reducir su contenido de grasa.

Los aceites

El aceite es una grasa vegetal que se extrae de las semillas oleaginosas mediante un proceso mecánico.

No debe obtenerse mediante tratamiento con disolventes químicos, un método muy utilizado en la actualidad y que produce un aceite de mala calidad, que contiene ácidos grasos nocivos. Es muy importante que la extracción se haga «en frío», de manera natural, para conservar todas las cualidades nutricionales. Los aceites vegetales más importantes son de sésamo, maíz, girasol y oliva, que son ideales para su uso en la cocina, por ejemplo, para dorar y aromatizar verduras.

Las grasas vegetales compuestas por altos porcentajes de ácidos grasos saturados elevan fuertemente los niveles de colesterol en sangre (incluso más de lo que aumentarían al comer colesterol directamente). Estos ácidos grasos están presentes en altos valores en productos de origen animal, y en particular en la leche y los productos lácteos, pero también en el aceite de palma y en el aceite de coco. Las grasas compuestas por altos porcentajes de ácidos grasos insaturados no elevan el nivel de colesterol en sangre; por el contrario, en algunos casos lo reducen. Están contenidas en los aceites vegetales de oliva, sésamo, girasol, en el germen de trigo, el arroz, el maíz, las avellanas, las nueces, etc.

El consumo de aceite de cacahuete y de aceite de soja es mucho menos recomendable por diversas razones y en particular porque son difíciles de digerir. Debido al mayor consumo de aceite, especialmente de aceite refinado y de baja calidad, en la dieta moderna, muchas personas padecen diversos trastornos hepáticos. Por lo tanto, no debe excederse en el uso de aceite.

Los líquidos

Además de la comida, los líquidos también son importantes en la nutrición, pero las opiniones sobre la cantidad a tomar son diferentes.

Oficialmente, la ciencia de la nutrición recomienda beber mucho.

Esta teoría nació porque quienes comen mucha carne y sal refinada (la mayoría de la población actual) necesitan absorber más agua para eliminar a través de la diuresis y las secreciones corporales las toxinas creadas en el cuerpo. Pero la persona que come mucha carne, al tener que beber mucho más, sobrecarga los riñones por el trabajo excesivo al que los obliga. Hoy en día la dieta desequilibrada deja al hombre de todo menos libertad, porque debe satisfacer continuamente los deseos «patológicos» y enfrentarse a las reacciones que siguen.

Para las personas que siguen una dieta principalmente vegetariana, suelen ser suficiente pequeñas cantidades de líquidos, tanto porque a través del consumo de verduras hay una absorción de agua como porque una dieta equilibrada y sobria, caracterizada por sabores ligeros, no introduce demasiados líquidos en el cuerpo.

La ingesta de líquidos debe realizarse después o entre comidas para evitar que interfieran con el proceso digestivo diluyendo las secreciones del sistema digestivo, entre otras cosas.

Se debe tener cuidado de beber líquidos que no estén ni demasiado fríos ni demasiado calientes. Las bebidas heladas, por ejemplo, inhiben la digestión, alteran el estómago y los intestinos, lo que puede ser suficiente para provocar diarrea, reumatismo, dolor de garganta.

La bebida más equilibrada es el té bancha (kukicha o hojicha), que es un té verde ligeramente tostado y no tratado con productos químicos. Es muy agradable, aromático y no contiene sustancias estimulantes del sistema nervioso. En particular, no contiene teína, por lo que también se puede tomar por la noche. Este té es el preferido por su efecto alcalinizante.

La dieta macrobiótica también recomienda el té mu9 y el té mu16, adecuados como una bebida por la mañana.

Otras buenas bebidas pueden ser el café de cebada, el té de arroz o de cebada (estos últimos obtenidos de la ebullición de granos de cereales tostados).

También hay hierbas que son buenas para hacer infusiones y, en algunos casos, tisanas depurativas que ayudan al organismo a deshacerse de las toxinas debidas al consumo excesivo de alimentos de origen animal.

Durante la comida, un exceso de líquidos daña las funciones digestivas e interfiere en una adecuada masticación. Es importante destacar que siempre se debe beber a pequeños sorbos. Siguiendo sólo este último consejo podrás evitar muchas dolencias.

A propósito de la leche

La leche es el líquido secretado por los senos de las hembras de los mamíferos, incluidas las humanas.

El propósito de la administración de la leche es proporcionar nutrientes extremadamente energéticos que generan un rápido crecimiento en el recién nacido, y se produce específicamente para satisfacer las necesidades de las crías de cada especie individual.

Parece que durante mucho tiempo, el hombre ha utilizado la leche de otros animales para su propia dieta, pero, seguramente, la leche que se vende hoy tiene muy poco en común con la leche fresca que pudieron haber bebido nuestros antepasados.

La oxidación, la pasteurización (procedimiento estudiado por L. Pasteur para el vino) y la adición de conservantes químicos provocan la destrucción de lactobacilos, vitaminas y muchos otros elementos nutricionales de la leche. Además, como acabamos de decir, es un alimento muy específico: la leche materna es el primer alimento natural, perfecto e indispensable para los recién nacidos. Pero una vez que sus dientes están en su lugar, los bebés pueden ser destetados y ya no la necesitan. Para los adultos, la leche se convierte en un alimento superfluo e incluso dañino.

Además, hay que tener en cuenta que cuando hoy hablamos comúnmente de leche, nos referimos a la leche de otras especies, compuestas de forma natural para construir células, tejidos y órganos de algunos animales.

Por esta razón, los bebés y los niños nunca deben ser alimentados con leche de vaca.

De hecho, el uso de la leche de vaca es bastante reciente: en el pasado nunca se ha utilizado para niños; la primera vez que esto sucedió se remonta a 1793, con la consecuencia de que, en el último siglo, el tamaño del cuerpo humano también ha aumentado debido a su consumo excesivo.

Según el doctor K. Morishita, quien también profundiza en el tema de la nutrición de la leche en su texto *Hidden Truth of Cancer,*[1] la leche de vaca y la leche materna son sumamente diferentes, siendo el primer producto para el crecimiento de los terneros y el segundo para el de los seres humanos, que tienen estructuras y necesidades opuestas: por lo que dar leche de vaca a un niño es un gran error y una desviación del orden

---

1. K. Morishita, *Hidden Truth of Cancer*, GOMF, Chico (California), 1976.

natural. La leche de vaca contiene más proteínas que la humana, pero es caseína, insoluble y difícil de digerir para los bebés. Se desperdicia más o menos la mitad del contenido de proteínas de la leche de vaca que se les da a los bebés. La proteína de la leche materna es la lactoalbúmina, una sustancia soluble que es completamente asimilada por el bebé.

Las grasas están presentes en cantidades comparables, pero su composición es claramente a favor de los ácidos grasos saturados de la leche de vaca y de los insaturados de la leche materna, que son más emulsionables. La leche humana tiene una mayor cantidad de carbohidratos que la leche de vaca: especialmente lactosa, que es el azúcar más fácilmente digerible y que también favorece el aprovechamiento de proteínas y la absorción de calcio. La leche de vaca se compone principalmente de galactosa y glucosa, además de otros componentes.

Es importante saber, entre otras cosas, que los diferentes tipos de leche también tienen un efecto diferente en cuanto al equilibrio ácido-base de la sangre: la leche materna tiene un efecto alcalino, mientras que la leche de vaca es acidificante.

Finalmente, la leche materna contiene varias vitaminas, como las del grupo B y C, y enzimas que son importantes para los humanos. La buena leche materna hace que el bebé sea inmune a muchas enfermedades infecciosas y de la infancia, porque proporciona defensas inmunitarias esenciales como los anticuerpos (presentes en una cantidad dos veces superior a los de la leche de vaca), que aumentan la defensa contra microbios y bacterias.

Favorece el desarrollo de la flora bacteriana intestinal, que constituirá la reserva de defensas inmunes necesaria para la vida. Además, el niño estará dotado de mayor resistencia, flexibilidad y elasticidad corporal. (Las madres que tienen problemas de lactancia deben consultar el apartado «Embarazo y lactancia» y el apartado «Las bebidas», «Leche de arroz»).

Así que la leche no es «el alimento perfecto para el hombre» que «satisface la mayoría de las necesidades alimentarias diarias». Es evidente que un gran consumo de leche y productos lácteos puede resultar bastante peligroso para la salud.

Junto al azúcar, es una de las principales causas de la aparición de nuevas enfermedades y alergias.

Los azúcares

En el pasado, el azúcar blanco (refinado) se usaba en pequeñas dosis como medicamento y sólo las personas ricas podían pagarlo.

Desafortunadamente, el hombre moderno hace un uso excesivo de él para fines que no son medicinales, sino para la pura y simple satisfacción sensorial.

Hoy en día se ha convertido en una droga que se toma para levantar un cuerpo exhausto que necesita energía instantánea, como la que aporta el azúcar. Y al igual que las drogas, crea un ciclo infernal en el que te vuelves adicto a esta sustancia más que a cualquier otro alimento. En muchas situaciones se asume con la ilusión de reemplazar la voluntad, que ya no existe para ese tipo de personas, para tener el empujón momentáneo y efímero necesario para llevar a cabo las actividades que deben emprenderse en ese momento, ya sea un deporte o el trabajo diario.

Cuando se trata de azúcares, en primer lugar, se debe hacer una distinción entre dos categorías amplias de esta clase de moléculas: azúcares simples y complejos.

Los azúcares simples están representados por los monosacáridos (moléculas individuales de azúcar, como glucosa, fructosa y galactosa). El más dulce de los azúcares simples es la fructosa. Cuando la glucosa y la fructosa se unen entre sí forman sacarosa, un disacárido o azúcar doble. La sacarosa se obtiene del jugo (melaza) de la caña de azúcar y, más recientemente, de la remolacha azucarera.

Mientras que el azúcar de caña en bruto contiene otras sustancias (como minerales, vitaminas, fibras, etc.), el azúcar blanco, común en las mesas occidentales, es un alimento extremadamente refinado, compuesto casi exclusivamente de sacarosa. En el último siglo, el consumo excesivo de azúcar blanca ha provocado la degeneración de la salud humana, tanto es así que G. Ohsawa lo ha llamado el asesino del siglo XX. Es un alimento extremadamente yin, que acidifica la sangre, que provoca trastornos mentales, empeoramiento de la capacidad intestinal, dolores de cabeza, nerviosismo e incluso hiperexcitabilidad y violencia.

Los azúcares complejos, por otro lado, están representados por los polisacáridos, que están compuestos por cientos de moléculas de azúcar, como el almidón, el glucógeno, las pectinas, la celulosa, etc.

El único azúcar que el organismo puede asimilar es la glucosa y, por tanto, cualquier tipo de azúcar que se ingiera debe transformarse en glucosa para poder ser utilizado. Éste es el proceso natural de asimilación de los azúcares.

El cuerpo humano, de hecho, tiene una serie muy compleja de sistemas digestivos de azúcares, que comienza en la boca, a través de las enzimas contenidas en la saliva, y continúa hasta el estómago y el intestino delgado.

Los azúcares más simples pasan al torrente sanguíneo ya desde la boca misma, sin pasar por el esófago, el estómago ni los intestinos. Lo que sigue, como efecto inmediatamente perceptible, es que la ingesta de azúcar refinada sin fibra ni minerales conduce a una rápida elevación de los niveles de glucosa en sangre, pero provocando una reacción repentina en el estómago, en el páncreas y en otros órganos. Por eso la mejor manera de absorber el azúcar es tomarlo en su forma natural, como se encuentra en los cereales integrales, en las verduras y en las frutas, porque la energía que se obtiene al descomponer y asimilar los azúcares complejos es un tipo de energía más constante y resistente que es producida por todo el sistema digestivo y que proporciona un correcto aporte de glucosa.

La miel es un edulcorante producido por las abejas para su nutrición al transformar el néctar de las flores. La miel también es una combinación de fructosa y glucosa, pero también contiene enzimas y minerales. Utilizada durante muchos siglos sólo con fines medicinales y curativos, la miel era muy cara. Ahora se puede encontrar a un precio tan bajo que todo el mundo consume grandes cantidades, pura y sin mezclarla con otros ingredientes. Pero es desaconsejable usarla de esta manera, porque su efecto es demasiado violento. De hecho, en Oriente, cuando la miel se usa con fines medicinales, se diluye en agua hirviendo y se toma en pequeñas dosis para reducir las reacciones demasiado fuertes. Es un buen remedio que se puede utilizar en caso de menstruaciones difíciles.

La malta es un edulcorante extraído de los cereales, por ejemplo, el arroz y la cebada, de color marrón más o menos oscuro y consistencia pegajosa, similar a la miel.

La elaboración de la malta se produce mediante la cocción de los cereales y su fermentación, catalizada por las enzimas contenidas en los brotes de los cereales (especialmente la cebada), con posterior filtración y espesamiento por evaporación.

El resultado es un edulcorante natural compuesto principalmente por maltosa, otro disacárido, que también contiene enzimas, vitaminas (especialmente del grupo B), proteínas y minerales.

Que tenga un origen del cereal, la composición y el efecto sobre el organismo permiten clasificar la malta como un alimento menos yin que otros edulcorantes, y es preferible para la preparación de dulces y en general cuando es necesario endulzar.

ALGUNAS RECETAS: LA COMIDA

Si queremos evitar dolencias, debemos incluir en nuestra dieta diaria cereales integrales, legumbres y verduras, que fueron los alimentos que dieron fuerza vital a nuestros antepasados.

Cuanto más sencilla sea nuestra comida, más robusta y equilibrada será nuestra salud. Los hábitos alimentarios no tienen por qué ser un sistema rígido. La teoría del yin y el yang y la teoría de los cinco cambios pueden ser de gran ayuda en esto. Las cantidades de los distintos alimentos pueden variar para cada persona. A veces puede que se necesiten más verduras, sopas y líquidos; en otras ocasiones, se pueden comer más cereales y sopas calientes, especialmente en invierno. Sin embargo, cuando hace calor, hay que comer más alimentos crudos. Aquí está la ejemplificación de una comida macrobiótica ordinaria:

10 % de sopas y caldos
50 % de cereales integrales (arroz, mijo, cebada, trigo, alforfón, avena, centeno, maíz, etc.)
30 % de verduras de temporada (cocidas y crudas) y algas
10 % de legumbres

Otra combinación puede ser:

5 % de sopas
35 % de cereales, copos o cereales con almidón (pasta, pan, focaccia)
40 % de verduras cocidas y crudas, algas
15 % de pescado, carne o seitán
5 % de fruta, dulces

Algunos ejemplos de comidas

Sopa con algas wakame
arroz integral con rábanos
frijoles azuki
coliflor al vapor con ume-zu y perejil
tempura de verduras
ensalada mixta

Sopa de miso
bolas de arroz y alforfón
conejo salteado con verduras
repollo braseado
calabaza horneada
daikon rallado

Sopa de avena
ensalada de arroz con zanahorias y hierbas silvestres
pasta con puerros
lenguado guisado con aceite y miso
calabacín gratinado
ensalada de frutas

Sopa de cebada y lentejas
mijo con brócoli
soba con tamari y jengibre
nitsukè de cebollas, zanahorias y algas arame
escarola con ensalada de salvado de arroz

Algunas preparaciones

La sopa de miso

El hábito de comer sopas y caldos con las comidas es una tradición común a todos los países del mundo.

La sopa de miso forma parte de la tradición culinaria japonesa, y es un tipo particular de sopa con propiedades terapéuticas específicas. Alcaliniza la sangre y favorece la digestión y la asimilación de los alimentos gracias a las enzimas y sales minerales que contienen las verduras y el miso.

Se pueden utilizar varias combinaciones de verduras, incluidas las raíces, los bulbos, las hojas y las algas.

Un ejemplo de sopa de miso puede ser el siguiente:

Ingredientes:

1 l de agua natural
2 arote (u otras raíces como daikon, rábano, nabo, etc.)
1 cebolla
3 hojas verdes (col rizada, col, hojas de daikon, rábano, nabo, coliflor, etc.)

2 cm de alga wakame
2 cucharaditas de miso de arroz o de cebada

Preparación:
Enjuagar rápidamente un trozo de alga wakame y remojarlo en un poco de agua fría, luego lavar y cortar las verduras elegidas. Cortar el alga wakame en trozos pequeños, que se habrá ablandado e hinchado. Poner el agua y las verduras picadas en una olla de acero inoxidable. Dejar cocer la sopa durante 15 minutos (el tiempo puede variar según el tipo y tamaño de las verduras). Al final de la cocción añadir el miso, que no se debe cocinar para que no pierda sus propiedades.

Los cereales

Arroz integral
El arroz se puede cocinar de muchas formas, pero lo mejor es cocido a fuego lento. Esto retiene una mayor cantidad de vitaminas y da como resultado un sabor más rico y dulce.

Ingredientes:
2 o 3 tazas de agua natural
1 taza de arroz integral
1 pizca de sal marina integral

Preparación:
Retirar las impurezas del arroz (granos negros, otras semillas, sustancias inorgánicas) y enjuagarlo con agua fría hasta que el agua se aclare. Agregar el arroz al agua y la sal marina integral. Dejar hervir y continuar cociendo a fuego lento durante al menos una hora (la cocción en una olla a

presión es más corta). No destapar el arroz durante la cocción. Cuando esté cocido dejarlo reposar. Si el fondo está quemado, puede ser que la llama fuera demasiado alta o que el agua no fuera suficiente. La próxima vez, mantener el fuego un poco más bajo o aumentar la cantidad de agua. Si, por el contrario, el arroz está demasiado aguado o sin consistencia, significa que se ha usado una llama demasiado baja o demasiada agua.

Con la experiencia se adquiere la capacidad de dosificar los ingredientes y la llama y controlar los tiempos de cocción.

Crema de harina de arroz

Es un plato muy bueno para desayunar, sobre todo en invierno. Hay que asegurarse de que la harina esté fresca; de lo contrario, es mejor molerla uno mismo justo antes de la preparación.

Ingredientes:

4 tazas de agua natural
1 taza de harina de arroz integral
1 pizca de sal marina integral

Preparación:

Limpiar y lavar el arroz como en la preparación anterior y dejar secar. Luego, tostar los granos durante 5-10 minutos a fuego lento en una sartén, removiendo constantemente. Luego moler el arroz no muy finamente. Disolver bien la harina en agua fría y llevar todo a ebullición, removiendo constantemente, hasta que espese. Terminar de cocinar a fuego lento durante al menos una hora, asegurándose de que el fondo no se queme.

Crema de arroz integral

Este tipo de crema de arroz es apta para todos los problemas digestivos y muy adecuada para los niños.

Ingredientes:

4 tazas de agua natural
1 taza de arroz integral
1 pizca de sal marina integral

Preparación:

Limpiar y lavar el arroz y verter todos los ingredientes en una olla a presión, luego llevar a ebullición y seguir cociendo a fuego lento durante al menos una hora y media. Cuando esté cocido, dejarlo reposar un rato, luego pasar el arroz por un molinillo de verduras de textura fina. El resultado es una crema con una consistencia suave y pegajosa. La crema de arroz para los niños, en cambio, se prepara con una mayor cantidad de agua (por ejemplo, una taza extra) para que quede más suave.

Mijo

Ingredientes:

3 tazas de agua natural
1 taza de mijo
1 pizca de sal marina integral

Preparación:

Limpiar y lavar el mijo y ponerlo en una olla con el agua y una pizca de sal marina integral. Cocinar a fuego medio durante 5 minutos y continuar cociendo a fuego lento durante unos 30 minutos. Para el desayuno y para los niños, se recomienda cocinarlo con más agua, para que quede más suave. El mijo se puede comer con verduras, y en verano (cocido con menos agua) es un excelente ingrediente para preparar ensaladas.

Cebada descascarada

Ingredientes:

3 tazas y media de agua natural
1 taza de cebada descascarada
1 pizca de sal marina integral

Preparación:

Retirar las impurezas de la cebada, lavarla bien y cocinarla en 3 tazas y media de agua con una pizca de sal durante aproximadamente 2 horas.

La cebada es muy buena en sopas o servida con aderezos de verduras.

Alforfón

Ingredientes:

2 tazas de agua natural
1 taza de alforfón descascarado
1 pizca de sal marina integral

Preparación:

Lavar bien los granos de alforfón y cocerlos durante unos 20 minutos con agua y una pizca de sal. Se puede utilizar como cereal (para hacer pan, focaccia, etc.) o en sopas, incluso mezclado con otros cereales.

Crema de harina de alforfón

Con esta receta se consigue una crema muy energética y sabrosa, que calienta mucho en invierno.

Ingredientes:

3 tazas de agua natural
1 taza de harina de alforfón fresca
1 cucharada de aceite
1 pizca de sal marina integral

Preparación:

En una sartén rociada con un poco de aceite, tostar la harina (recién molida) a fuego lento, removiendo constantemente y con cuidado de no quemarla, durante unos 5 minutos. Dejar enfriar la harina y luego disolverla bien en el agua con una pizca de sal marina integral, removiendo hasta obtener una mezcla homogénea. Una vez que haya arrancado a hervir, bajar el fuego y cocer durante unos 30 minutos, asegurándose de que el fondo no se queme. Esta crema también se puede hacer sin antes tostar la harina.

Las legumbres

Las legumbres, especialmente las secas, requieren una cocción más prolongada y por ello es recomendable ponerlas en remojo antes de cocinarlas. La mejor cocción se consigue con la olla a presión o en pesadas cazuelas de barro.

Para facilitar la digestión de las legumbres e integrar sus propiedades, se agrega alga kombu antes de cocerlas.

Las legumbres cocidas se comen preferentemente solas y se pueden utilizar en diferentes recetas: en sopas, en el condimento de cereales o con alimentos con almidón (pasta, raviolis, etc.), combinados con verduras cocidas y crudas y en ensaladas.

Los azuki

Ingredientes:

4 tazas de agua natural
1 taza de azuki
2 cm de alga kombu
Media cucharadita de sal marina

Preparación:

Retirar las impurezas de las legumbres y lavarlas. Remojarlas en agua fría con 2 cm de alga kombu durante 6-8 horas, luego cocinarlas en una olla a presión en la misma agua durante al menos una hora y media. Cuando estén cocidas, destapar y agregar la sal, dejándolo hervir unos minutos más y removiendo.

Las verduras

Las verduras se pueden cocinar de muchas maneras.

Las verduras bien cocidas conservan sus colores a la vez que se reblandecen. Un buen método para cocinar las hojas verdes (por ejemplo, rábanos o nabos, repollo, col, achicoria y hierbas silvestres, etc.) es hervirlas, sumergiéndolas en agua hirviendo, durante un tiempo de cocción variable. De 3 a 10 minutos, según el tipo de verdura. Muchas variedades de verduras, como las cebollas, los puerros, el apio, los nabos, los rábanos, las zanahorias, etc., pueden saltearse con un poco de aceite y una pizca de sal hasta que estén blandas. Esta preparación es adecuada para aliñar cereales, pastas, pizzas o guarniciones. Las verduras también pueden enriquecerse cocinadas con algas.

Los guisos más sabrosos son los que se obtienen a partir de bulbos y raíces, que requieren un tiempo de cocción un poco más largo.

En ocasiones se puede optar por cocinar al vapor las verduras (por ejemplo, coliflores): las verduras se cuecen en una cesta gracias a la evaporación de la poca agua que hierve en la olla de debajo. Las verduras también se pueden cocinar en el horno, ya sea directamente (en el caso del hinojo, el calabacín, la col, la cebolla, la calabaza, etc.) o después de hervidas (como las zanahorias, las coliflores, el brócoli, los nabos, etc.). La calabaza al horno es muy buena. Consumida junto con frijoles azuki es beneficiosa para los trastornos del bazo y el páncreas.

Freír verduras, previamente bañadas en pasta hecha con harina, agua y una pizca de sal, que en japonés se llama «tempura», hace deliciosas las cebollas, las zanahorias, los calabacines, las coliflores, los nabos, y las algas (estas últimas remojadas previamente).

Se pueden preparar sabrosas ensaladas de verduras cocidas y crudas cortadas al gusto: lechuga, zanahoria, cebolla o chalota, perejil, rábano, apio, alga hijiki o arame, etc. Los aderezos para ensaladas se pueden variar; por ejemplo, aceite, shoyu, umezu, vinagre de arroz, hojas de shiso, semillas oleaginosas, etc.

El nitsukè (ejemplo de verduras doradas)

El nitsukè es un tipo de plato tradicional introducido por Georges Ohsawa, con la macrobiótica, en la cocina occidental.

Para su elaboración se utilizan principalmente raíces y bulbos, que se cuecen con aceite y sal a fuego lento, sin añadir agua, hasta que se vuelven sabrosos, dulces y secos. Se pueden enriquecer con puerros, daikon, rábanos o nabos y se les puede añadir algas hijiki o arame como alternativa. El nitsukè es un plato muy bueno y saludable.

Ingredientes:

2 cebollas
3 zanahorias
1 cucharada de alga arame
1 cucharada de aceite de sésamo
Un cuarto de cucharadita de sal marina integral

Preparación:

Enjuagar el arame y dejarlo en remojo durante 3 horas para ablandarlo. Mientras tanto, cortar las cebollas en medias lunas y las zanahorias en palitos.

Calentar el aceite en una sartén, primero poner las cebollas picadas, dejándolas dorar durante 5 minutos, y sólo luego agregar la sal, mezclando bien con una cuchara de madera. Agregar las zanahorias escurridas y el alga arame y luego cocinar todo a fuego lento durante al menos 30 minutos.

Las algas

Hijiki

Esta alga se puede servir de muchas formas diferentes: dorada en nitsukè con otras verduras o sola, fría en ensaladas o tibia como guarnición de otras comidas. A continuación, se muestra un ejemplo de una receta.

Ingredientes:

10 g de hijiki
1 cucharada de aceite de sésamo
1 cucharadita de tamari
150 ml de agua

Preparación:
Enjuagar las algas hijiki en un colador con agua fría y dejarlas en remojo durante al menos 3 horas. A continuación, coger las algas, que se habrán hinchado, sin tirar el agua, que se usará más tarde, y cortarlas en trozos de 2-3 cm. Calentar el aceite en una sartén grande y gruesa y cocinar las algas a fuego medio durante unos 10 minutos. Agregar el agua en la que se remojaron previamente.

Llevar todo a ebullición agregando el tamari y cocer entre 45-60 minutos, hasta que casi todo el líquido se haya evaporado. Se puede hacer la misma receta con raíces de loto.

Caldo de kombu

El caldo de kombu se puede utilizar para dar sabor a sopas o caldos. Las algas se pueden servir calientes, solas o con otros alimentos.

Ingredientes:
- 10 cm de kombu
- 2 litros de agua natural
- 1 pizca de sal
- 2 cucharadas de tamari

Preparación:
Remojar la hoja de kombu durante 4 horas para ablandarla. Luego cortarla en trozos de 2-3 cm. Llevar a ebullición el agua en la que se remojó, agregar el kombu, el tamari y cocinar durante al menos una hora.

Dulce con agar-agar

Éste es un postre muy sabroso para el verano y beneficioso para las personas que intentan perder peso.

Ingredientes:
- 1 barra de agar-agar blanca
- 3 tazas de agua o de zumo de manzana
- Ralladura de limón

Preparación:
Dejar la barra de agar-agar en remojo durante unos 30 minutos en agua o zumo de manzana. Luego hervir hasta que las algas se disuelvan. Agregar la ralladura de limón. Verter todo en un molde y dejar enfriar. Servir a temperatura ambiente. En esta receta se puede incluir fruta fresca.

El pan natural

Hoy en día, el pan que se puede comprar comúnmente es muy diferente del que preparaban y comían nuestros antepasados.

Tradicionalmente, a lo largo de los siglos, el pan se elaboraba con levadura natural, compuesta únicamente de agua mineral y harina, también conocida como «masa madre» o «masa ácida», que se conservaba para la próxima vez. La masa se trabajaba manualmente y durante mucho tiempo para que el pan fuera suave y digerible.

El pan que se encuentra en el mercado ya no tiene las características del tradicional: los ingredientes son casi siempre de cultivos en los que se hace un uso extensivo de productos químicos sintéticos, de cereales genéticamente modificados o, en todo caso, de harinas a las que se añaden aditivos químicos para la conservación. La levadura industrial y la levadura química se han introducido en las últimas décadas y la panificación manual ha sido reemplazada por máquinas.

El producto resultante, además de ser menos apetecible y más gomoso, es poco digerible y debilita y daña el sistema digestivo.

Para hacer un buen pan natural es importante elegir ingredientes de buena calidad: harina sin refinar, procedente de cereales inocuos y sin tratar durante el cultivo y de molienda fresca, que por tanto contiene todos los nutrientes, y la masa madre, con la que se obtiene un pan tierno caracterizado por un sabor intenso.

Finalmente, un horno de leña es ideal para cocerlo.

La masa madre es una masa simple en la que sólo se mezclan dos ingredientes: harina y agua, en una proporción de aproximadamente 1:2. Esta masa se deja fermentar unos días, hasta que tenga burbujas y protuberancias producidas por las bacterias y las enzimas. En este punto, la masa madre se puede usar para leudar la masa y debe renovarse regularmente si se desea mantener «viva» y que no se agríe demasiado.

Cuando se prepare el pan, hay que reservar una cucharada de masa madre, agregar un poco de agua y harina y guardarla en un lugar fresco para la próxima vez. Un método muy popular consiste en dejar a un lado un trozo de masa que ya ha subido y utilizarlo para que suba la de la próxima vez o la del día siguiente.

Como ejemplo de receta proponemos un pan de trigo blando.

Ingredientes:

500 g de harina tipo 2 o integral
250 ml de agua natural
100 g de masa madre
Media cucharadita de sal marina

Preparación:
Mezclar bien todos los ingredientes. Amasar hasta obtener una mezcla suave. Cuanto más se amase la masa, mejor quedará el pan. Ponerlo en un molde previamente enharinado, y luego dejarlo reposar (de 4 a 8 horas, el tiempo de subida depende del clima, del tipo de harina, de la humedad ambiental, etc.) antes de meterlo en el horno.

Cubrir el molde con un paño húmedo para evitar que la masa se seque demasiado. En este tiempo, el volumen de la masa debería casi duplicarse. Hornear a una temperatura de unos 180-200 °C y dejar cocer durante una hora aproximadamente. También se pueden combinar harinas de diferentes cereales con harina de trigo. También se puede sustituir la masa madre con un pequeño porcentaje de miso, o de arroz cocido y fermentado, o de agua de cocción de legumbres, por ejemplo, garbanzos.

No se debe comer el pan hasta que se haya enfriado.

¡Hay que masticar bien!

Las bebidas

Té bancha

Entre todos los tipos de té, el bancha se caracteriza por el uso de las hojas más grandes de la planta del té *(Camellia sinensis)*. Las hojas, después de haber sido dejadas secar durante tres años sobre las ramitas cortadas, se recogen y luego se tuestan. Gracias a este proceso ancestral, el té bancha es una bebida que tiene cantidades muy pequeñas de teína al tiempo que retiene muchas sustancias valiosas con propiedades beneficiosas (antioxidantes, etc.).

Ingredientes:

1 l de agua natural
Media cucharadita de hojas de hojicha (té bancha)

Preparación:

Llevar a ebullición 1 litro de agua en un recipiente de material natural: una olla de acero inoxidable, una cazuela de cerámica o de vidrio sin tratar. Verter las hojas de té y dejarlas hervir durante unos 2-3 minutos. Apagar el fuego y filtrar. Las hojas se pueden reutilizar una segunda vez y luego sirven para otras preparaciones (por ejemplo, para la sopa de carpa). Es recomendable tomar el té después de las comidas o entre las comidas.

Indicaciones:

Por sus características, el té bancha se puede utilizar como bebida diaria para niños, adultos y ancianos.

Té mu

El té mu es una decocción oriental tradicional compuesta por una mezcla de varios tipos de plantas y partes de plantas en proporciones adecuadas entre sí (ginseng, peonía, jengibre, regaliz, clavel, cardo sagrado, canela, semillas de albaricoque, etc.).

El mu puede tener 9 componentes (mu9) o 16 (mu16).

Ingredientes:

1 l de agua natural
1 bolsita de té mu

Preparación:

Llevar el agua a ebullición y sumergir la bolsita. Dejar hervir durante unos 2-3 minutos a fuego lento y luego retirar la bolsita.

Indicaciones:

El té mu estimula y activa todas las funciones del cuerpo. Se puede tomar, sin abusar de él, en caso de necesidad, cuando aparezcan debilidad, debilidad cardíaca, tos, trastornos respiratorios, presión arterial baja.

Los efectos positivos de esta bebida son más evidentes si se consume por la mañana.

Té de arroz o de cebada

En la rica tradición oriental también encontramos recetas de bebidas elaboradas con cereales. Un ejemplo de éstos es el té de arroz o de cebada.

Ingredientes:

1 l de agua natural
1 cucharada de arroz integral o de cebada

Preparación:

Limpiar, lavar y luego tostar el cereal en una sartén de fondo alto. Voltear el cereal con una cuchara de madera hasta que adquiera un color dorado o marrón claro. En 1 litro de agua hirviendo verter 1 cucharada colmada de granos. Dejar hervir unos 30 minutos (en el caso de la cebada un poco más), luego filtrar el líquido con un colador. Para el té de cebada se necesita más agua y un tiempo de cocción más largo.

Indicaciones:

El té de arroz o de cebada es una buena alternativa a otras bebidas. Es refrescante y apaga la sed. El sabor es ligeramente agridulce. Es una bebida energética y, por tanto, también muy adecuada para niños o personas débiles.

Leche de arroz

La mejor leche de cereales se obtiene de los integrales, especialmente del arroz, y es muy fácil de hacer.

Ingredientes:

10 tazas de agua natural
1 taza de arroz integral
1 pizca de sal marina integral

Preparación:

Cocer el arroz, previamente lavado, durante unas 2 horas en 10 tazas de agua con una pizca de sal. Si se usa la olla a presión, el tiempo de cocción puede ser más corto.

Una vez cocido, filtrar todo con un colador en el que se habrá colocado una gasa de algodón. Luego exprimir la gasa para extraer todo el líquido que contiene el arroz cocido hasta que sólo quede la pulpa (no se tira, porque puede usarse para hacer crema con un molinillo de verduras o para hacer pan). La leche también se puede filtrar sin gasa. Además de la leche de arroz, es posible preparar tipos de leche obtenidos de otros cereales solos o mezclados con arroz integral. La proporción de agua y arroz puede cambiar según el resultado deseado.

Indicaciones:

La leche de arroz es un excelente remedio para los trastornos gastrointestinales. Es una bebida energética en caso de debilidad o enfermedad de la persona.

Se puede utilizar para lactantes durante el destete en lugar de la leche de vaca y también para lactantes cuando la madre no tiene suficiente leche (consultar las secciones «A propósito de la leche» y «Embarazo y lactancia»).

Para los niños y las personas muy débiles, la leche de arroz debe ser bastante líquida.

ALIMENTOS TRADICIONALES DE LA COCINA MACROBIÓTICA

El goma-shio (o gomasio)

Es un condimento tradicional japonés, cuyo nombre consta de dos palabras: *goma,* que significa «sésamo», y *shio,* «sal». Por ello, el gomasio se prepara con estos dos sencillos ingredientes y constituye un sabroso aderezo para combinar con cereales o verduras. También se puede utilizar eficazmente como remedio terapéutico.

Ingredientes:

20 cucharaditas de semillas de sésamo *(Sesamum indicum L.)*
1 cucharadita de sal marina integral

Preparación:

Desechar las impurezas de las semillas de sésamo y enjuagarlas. Mientras se escurren las semillas en un colador, secar una cucharadita de sal (durante unos minutos) en una sartén de hierro fundido u otro material natural. Luego echar la sal al *suribachi,* un mortero cerámico japonés especial estriado en la pared interior. Tostar las semillas de sésamo en la sartén a fuego lento y remover suavemente de manera continua con una cuchara de madera. Las semillas se secarán, comenzarán a cambiar de color y de olor. Cuando las semillas empiezan a crujir y se pueden aplastar entre el pulgar y el anular, significa que están bastante tostadas: el color correcto de

las semillas tostadas varía según el tipo de sésamo, en general es ligeramente dorado.

Para evitar un sabor amargo desagradable, hay que tener mucho cuidado de no dejar que se quemen las semillas. Retirar la sartén del fuego y verter el sésamo en el *suribachi*, donde ya está la sal. Mientras se sostiene el *suribachi* en el regazo, aplastar con el mortero de madera *(surikogi)*, girando en círculos. El gomasio está listo cuando la mayoría de las semillas, pero no todas, están trituradas. La mezcla obtenida debe ser semifina, seca, de sabor y olor muy intensos. Después de dejarlo enfriar, guardar el gomasio en un frasco de vidrio o en otro recipiente hermético, donde pueda conservar sus propiedades durante al menos ocho días.

Indicaciones:
El gomasio, además de ser un muy buen condimento, es un remedio curativo para diversas enfermedades, como ha demostrado G. Ohsawa. La proporción entre las semillas de sésamo y la sal puede variar según la persona y las necesidades; por ejemplo, una cucharadita de gomasio puede ser útil para aliviar el dolor de cabeza o la acidez de estómago.

En esta combinación de sésamo y sal, el aceite presente en las semillas de sésamo ayuda a que la sal penetre en las células cuando sea necesario.

El miso

El miso es el aderezo oriental tradicional. Es un producto fermentado elaborado a partir de cereales, soja, sal marina integral y un hongo (del género Aspergillus). Tradicionalmente se distinguen tres tipos de miso: hacho, mugi y kome. El hacho miso se hace con soja, el mugi con cebada y soja, el kome con arroz y soja.

En Japón, el miso más utilizado y extendido es el kome, porque es más ligero, mientras que el hacho miso se considera demasiado fuerte para el uso diario.

La producción artesanal de miso se originó en China hace cuatro mil años y se ha extendido con pequeñas variaciones por todo Oriente. En Japón, en el pasado, cada familia era experta en hacer miso, así como tamari y shoyu. Luego, con el tiempo, esta tradición se perdió y, lamentablemente, la calidad de estos productos ya no refleja las características originales.

A menudo se utilizan, en lugar de la soja, los desechos derivados de la producción del aceite de soja, así como muchos productos químicos sintéticos para acelerar el proceso de fermentación, dar sabor y para la conservación.

La preparación del miso requiere mucha experiencia y precisión, así como mucha pasión y dinamismo. El miso es una pasta de color marrón oscuro, muy salada, y su sabor intenso y aromático realza el sabor de sopas y otros platos. Las recetas de miso de arroz y de cebada son muy similares y varían sólo en la cocción de los cereales y en los fermentos.

Ingredientes de miso de cebada:

35 l de agua natural
5 kg de cebada descascarada o perlada
5 kg de soja amarilla
2 kg de sal marina integral
100 g de harina de cebada fresca
1 g de esporas de *Aspergillus hordeum vulgare*

Ingredientes de miso de arroz:

35 l de agua natural
5 kg de arroz integral o semiintegral
5 kg de soja amarilla
2 kg de sal marina integral fina
100 g de harina de arroz fresca
1 g de esporas de *Aspergillus oryzae sativa*

Preparación:

Cocinar al vapor el arroz integral (o la cebada pelada o perlada) durante al menos 2 horas (la cebada necesita un tiempo de cocción de 3 horas). Tostar la harina fina de arroz (o de cebada) en una cacerola y, una vez enfriada, mezclar las esporas del hongo *(Aspergillus hordeum* o *Aspergillus oryzae)* y agregarlo todo al cereal cocido y calentado. Dejar fermentar en unas cajitas de madera en ambiente cerrado, donde la primera fase del proceso de fermentación puede tener lugar a través de un determinado porcentaje de humedad (85 %) y calor externo e interno (producido por el cereal, máximo 35 °C). En cinco días, crecerá un hongo en el cereal, que primero es blanco y luego se vuelve amarillo verdoso. Esto se llama koji. Mezclar el koji de arroz o de cebada con las habas de soja cocidas en cinco partes de agua durante al menos 5 horas. Al final añadir toda la sal marina, previamente disuelta en un poco de agua. La cantidad de sal debe corresponder aproximadamente al 10 % del peso del koji mezclado con los granos.

Moler la mezcla con una picadora de carne y dejarla fermentar más en un barril de madera o en una tina sin esmaltar, con una tapa en la parte superior y piedras que pesen tres veces el peso del contenido. Los diferentes tipos de miso deben envejecer en barricas de madera durante un mínimo de 18 meses a unos 3 años, en un lugar oscuro, fresco, bien ventilado y seco. Una larga maceración enriquece sus cualidades y lo conserva mejor.

La calidad del koji es crucial para una buena fermentación y, por tanto, para una excelente preparación del miso. La producción en pequeñas cantidades permite una mejor calidad. Es importante realizar estas preparaciones en las estaciones frías, especialmente en otoño.

Ingredientes del hacho miso:

45 litros de agua natural
15 kg de soja
2,5 kg de sal marina integral
100 g de harina de trigo duro fresco
1 g de esporas de *Aspergillus sojae hispida*

Preparación:

Lavar y remojar las semillas de soja durante la noche. Al día siguiente, hervir la soja durante al menos 3 horas a fuego medio en una vaporera. Luego mezclar las esporas de *Aspergillus sojae* con la harina tostada y agregar todo a la soja cocida y templada, mezclando bien. En unos tres días se forma el koji. Agregar la sal (aproximadamente el 12 % del peso del koji) previamente disuelta en un poco de agua, mezclarlo todo y molerlo con una picadora de carne. Llenar la tina de madera con la mezcla molida, cubrirla con una tapa y piedras de la misma manera que se describe en la preparación del miso de arroz y dejarla fermentar durante al menos 3 años.

El hacho miso es el más sabroso y fuerte, por lo que no es adecuado para el uso diario. Se consume principalmente en invierno, ya que su maduración es más larga (yang).

Indicaciones:
El miso es un ingrediente clave en la sopa tradicional japonesa y otros procesados y también se utiliza como condimento en lugar de la sal. Contiene importantes aminoácidos y enzimas, por lo que es indispensable en cualquier dieta vegetariana. Es apto para personas anémicas, ya que mejora la calidad de la sangre, enriqueciéndola con vitaminas del grupo B. Es excelente para la flora bacteriana intestinal, favorece la digestión y asimilación de los alimentos, aumenta el sistema inmunológico, limpia el organismo de sustancias producidas por la contaminación y protege contra las radiaciones.

Es importante, como con todo, tener cuidado de no exagerar; lo mismo ocurre con los demás condimentos fermentados, el tamari y el shoyu.

El tamari

Tradicionalmente, el tamari era el residuo líquido que se formaba en los recipientes de fermentación del miso, especialmente del hacho miso, durante su maduración, que emergía de la superficie del miso bajo presión. Actualmente, sin embargo, es difícil, si no imposible, encontrar en el mercado el tamari obtenido por el proceso tradicional, porque su rendimiento es mínimo y no puede satisfacer la creciente demanda. Hoy en día, el tamari se elabora con un proceso similar al del shoyu (salsa de soja): es más concentrado y sabroso, pero con menos propiedades nutricionales. Ambos son ricos en proteínas, minerales, vitaminas y enzimas.

El tamari se utiliza generalmente como sustituto de la sal. Es de color marrón oscuro y les da a todos los platos un sabor muy característico. Se puede utilizar para dar sabor a cereales, ensaladas, verduras cocidas y legumbres. Las salsas de tamari y de soja en general deben ser productos completamente naturales, sin aditivos ni nada más: hay que tener mucho cuidado con las salsas que se utilizan especialmente en los restaurantes, que pueden contener glutamato monosódico, colorantes, conservantes, etc.

La salsa de soja (shoyu)

El shoyu es una salsa de soja largamente fermentada obtenida de soja, trigo tostado, agua, sal y esporas.

La receta es oriental y de origen muy antiguo. Todas las familias del pasado eran expertas en la elaboración de esta salsa, que se utilizaba como condimento para ensaladas, cereales, verduras y platos fríos. Comparada con el miso y el tamari, es quizá la que tiene el sabor más delicado.

Ingredientes:

60 l de agua natural
5 kg de soja amarilla
5 kg de trigo blando
5 kg de sal marina integral
1 g de esporas de *Aspergillus sojae*

Preparación:

Tostar bien el trigo, molerlo y tamizarlo para obtener tres granos diferentes (fino, medio, grueso). Agregar las esporas de *Aspergillus sojae,* mezcladas con la harina fina, a las habas de soja al vapor y tibias. A medida que se mezcla, agregar la harina de trigo media y gruesa. La fermentación se completa después de unos 3 días, cuando la masa (koji) adquiere un color verdoso. En este punto, meter el koji en un recipiente natural grande (un barril de madera, por ejemplo). Disolver bien toda la sal marina en una cantidad de agua igual a 3 veces el volumen del koji. El porcentaje de sal es aproximadamente el 12 % del peso total del koji y el agua. Agregar y mezclar bien la solución salina de koji con un cucharón de madera especial de mango largo. Cubrir la tina con un paño. El shoyu debe removerse todos los días para dar oxígeno a las bacterias y evitar la formación de moho.

El shoyu debe tener entre 1 y 3 años.

El mejor lugar para fermentar esta salsa es un lugar oscuro, fresco, bien ventilado y no húmedo.

Las verduras encurtidas

A lo largo de los siglos, el hombre ha aprendido y descubierto numerosos métodos de conservación de sus alimentos y, entre ellos, el uso de la sal siempre ha sido de fundamental importancia. El uso de la sal para la conservación de las verduras permite disfrutar de los alimentos vegetales incluso cuando, en estaciones adversas o en invierno, estos productos no están disponibles. Un ejemplo es el chucrut de repollo y nabos, típico de los países del norte.

Las verduras saladas, que se dejan fermentar bajo presión, se denominan generalmente «encurtidos».

Durante el condimento de las verduras se forman diversas bacterias y enzimas que favorecen la formación y fortalecimiento de la flora bacteriana intestinal y la asimilación de los alimentos.

Los encurtidos tienen un agradable sabor agrio-salado: conviene consumirlos con moderación.

Se pueden utilizar muchos tipos de verduras para hacer encurtidos. También podemos elegir entre varios tiempos de fermentación. Para los encurtidos de fermentación larga, que puede durar más de un mes, se pueden utilizar zanahorias, col capuchina, nabos, daikon, coliflor y apio. Por otro lado, cebollas, rábanos, pepinos y calabacines requieren menos tiempo, porque fermentan y se ablandan antes. Pueden estar listos después de un período de tiempo que va desde unas pocas horas hasta 3-5 días.

Para los encurtidos que se dejan madurar durante mucho tiempo, el porcentaje de sal puede ser incluso mayor.

Ejemplo de receta de encurtido

Ingredientes:

1 kg de verduras (cebolla, zanahoria, col, rábanos)
40 g de sal marina integral

Preparación:

Lavar las verduras (de uno o más tipos) y retirar las partes duras. Cortarlas a trozos finos y colocarlas en capas en un recipiente de vidrio o de otro material natural, alternándolas con la sal previamente triturada. Colocar una tapa de madera sobre las verduras con un peso encima. Debe ser al menos tres veces el peso de las verduras.

Después de unos días, cuando el agua comienza a salir de las verduras, se pueden remover. También se puede utilizar un dispositivo especial llamado «prensa de verduras».

Estos encurtidos están listos para comer después de unas dos semanas, cuando las verduras tienen un sabor agrio-salado. Si se desea conservarlas durante mucho tiempo en un recipiente hermético, se pueden envasar ya después de que se haya filtrado el líquido. Para estos encurtidos, la cantidad de sal debe ser mayor. La fermentación de las verduras debe realizarse preferiblemente en estaciones frías y en un lugar fresco y oscuro.

Los encurtidos se sirven en ensaladas de cereales y de verduras.

Encurtidos con salvado de arroz (nukazuke)

Son un tipo de encurtidos tradicionales japoneses. Se preparan dejando fermentar las verduras con sal y salvado de arroz (en japonés, *nuka*). En Japón existen muchos métodos, entre los cuales es muy común el de secar verduras enteras antes de ponerlas bajo el salvado y dejarlas madurar mucho tiempo bajo el peso de las piedras.

El takuan, por ejemplo, se prepara con daikon mediante este procedimiento.

Las verduras que se pueden utilizar son daikon, rábanos blancos y rojos, nabos, repollo, zanahorias, coliflor, cebollas, pepinos, etc.

Ingredientes:

1 kg de verduras

1 kg de salvado de arroz

90 g de sal marina integral

750 ml de caldo de algas kombu

Preparación:

Lavar las verduras a fondo. Retirar las partes duras y leñosas y utilizarlas enteras o en piezas grandes y largas.

Remojar, durante unos 10 minutos, unos 5 cm de alga kombu en medio litro de agua natural y luego cocinar en la misma agua durante al menos 30 minutos.

Al final de la cocción, retirar las algas (que ya no serán necesarias, pero que se pueden reutilizar para cocinar con legumbres o en otras preparaciones).

Tostar la mitad del salvado de arroz en una sartén hasta que huela dulce y agradablemente a arroz y luego mezclarlo con la sal y el caldo de kombu en un bol.

Agregar el salvado de arroz sin tostar restante a esta mezcla. La masa debe quedar espesa y húmeda (si está demasiado seca, agregar un poco de agua).

En el fondo de un recipiente adecuado (de madera o de cerámica sin esmaltar), esparcir parte de la mezcla preparada (una capa de aproximadamente 1 cm). Coger las verduras y cubrirlas con la masa, colocándolas ordenadamente dentro del recipiente: cada trozo de verdura debe estar envuelto por la masa. Hay que tener cuidado de no agregar demasiadas verduras porque, para que la receta tenga éxito, éstas no deben estar en contacto entre sí. Presionar y cubrir con una tapa sobre la que se coloca un peso igual al del contenido y cubrir todo con un paño de algodón. Dejarlo reposar en un lugar fresco y oscuro.

El tiempo de maceración depende del tipo y del corte de la verdura, la presión y la temperatura externa: puede variar de 4 a 8 días. Después de este período, se puede quitar el peso y la tapa y se vierte el contenido en un recipiente grande. Las verduras que están listas se retiran y se pueden agregar frescas en su lugar.

En este punto se repite la operación inicial para reordenar las verduras y el salvado (removiendo todo con cuidado) en el recipiente ya usado. Si la masa se vuelve demasiado húmeda y ácida con el tiempo, es recomendable agregar más salvado fresco tostado

con sal. Antes de consumir verduras fermentadas es bueno lavarlas bien para limpiarlas por completo del salvado y cortarlas en trozos pequeños.

Por lo general, estos encurtidos se consumen crudos, como guarnición, en ensaladas, con cereales, con sushi o como ingrediente para cocinar en sopas. Todos los encurtidos, en general, son más adecuados para lugares y períodos de tiempo fríos. Tienen un sabor intenso y delicioso y son un excelente condimento para consumir en pequeñas cantidades. Las verduras preparadas como encurtidos con salvado de arroz contienen lactobacilos, gracias a los cuales prospera la flora intestinal que aporta al organismo la cantidad necesaria de vitamina B. Con el salvado de arroz también se pueden preparar manzanas encurtidas, que son un buen remedio para los resfriados y las fiebres infantiles. Sin embargo, es importante utilizar manzanas enteras y sin pelar.

Las ciruelas umeboshi

Las ciruelas umeboshi se elaboran con pequeñas ciruelas japonesas (ume), que pertenecen a la familia botánica de las Rosacee (al igual que los albaricoques, que pueden sustituir a las ume en los países europeos).

Ingredientes:

10 kg de ume poco maduras (o albaricoques poco maduros)
1 kg de hojas frescas de shiso
1,6 kg de sal marina integral fina

Preparación:

Cosechar las ciruelas (o albaricoques) antes de que estén completamente maduras, cuando todavía tengan un color verde claro y amarillento. Lavarlas bien y colocarlas en capas con sal (en una proporción de aproximadamente el 16 %) en un barril de madera o en un recipiente de cerámica o de acero, con un peso encima. La presión ejercida sobre las ciruelas y la sal produce un líquido, que se llama «ume-zu» y que contiene fermentos lácticos similares a los de los encurtidos. Retirar las ciruelas del líquido y dejarlas secar al sol durante al menos 5 días, luego volver a meterlas en el líquido. Lavar las hojas de shiso en un bol con un poco de agua y sal, hasta que salga un color azul. Desechar este líquido, exprimir con cuidado las hojas con las manos y ponerlas en un recipiente adecuado con un poco del líquido de las ciruelas (ume-zu). En este punto, las hojas de shiso se aclararán, adquiriendo un hermoso color rojo. Añadir al barril y mezclar todo bien. Tapar la barrica (sin poner peso) y dejar madurar de 2 a 3 años. Las ciruelas fermentadas, umeboshi, el ume-zu y las hojas de shiso adquirirán un fuerte sabor ácido y salado. Después de macerarse, las umeboshi se pueden almacenar en frascos de vidrio con un poco de ume-zu y algunas hojas de shiso.

Indicaciones:
Estos tres productos derivados de la misma fermentación son condimentos muy concentrados, por lo que es recomendable utilizarlos con moderación o diluidos.

Las ciruelas umeboshi se pueden utilizar para dar sabor a cereales y verduras. En Japón es común ponerlas en el sushi, en las bolitas de arroz o en los platos típicos para llevar (o-bento) para mantenerlos durante un viaje o una excursión. Por su poder alcalinizante, bacteriostático y antiséptico han sido muy utilizados por la antigua farmacopea japonesa. Son eficaces en caso de acidez o dolor de estómago severo, debilidad, dolor de garganta y ciertos dolores de cabeza, etc.

Las hojas de shiso

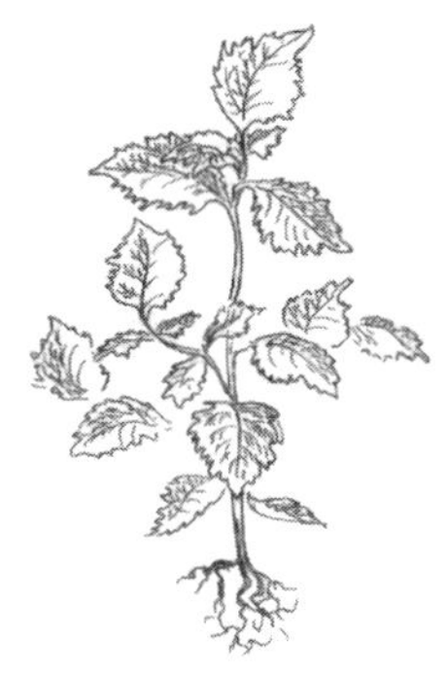

El shiso *(Perilla frutescens)* es una planta originaria de Japón, similar a nuestro lamio blanco *(Lamium album),* y tiene unas características hojas de color rojo oscuro.

De las hojas de shiso, fermentadas y maceradas en la preparación de las ciruelas umeboshi, es posible obtener el llamado «polvo de shiso». Una vez filtrado el ume-zu, las hojas de shiso se pueden secar y pulverizar. Este polvo se utiliza como condimento en diversas preparaciones culinarias: en las verduras cocidas, en las ensaladas de verduras y cereales, etc.

El shiso tiene propiedades antialérgicas y antianémicas. Es muy rico en calcio. Puede usarse para detener la tos, provocar sudoración y micción, para el malestar estomacal, para la neurosis, y es eficaz en caso de intoxicación por alimentos en mal estado, especialmente pescado.

El ume-zu

Ume es el nombre de la ciruela japonesa, *zu* significa «agrio». El ume-zu es el líquido obtenido de las ciruelas que fermentan a presión con sal. Se filtra y se almacena durante más tiempo en recipientes de vidrio oscuro, en un lugar oscuro y fresco.

El ume-zu tiene un sabor muy concentrado, ácido y salado, por lo que se diluye, si es necesario, con un poco de agua en el momento de su uso. Puede usarse solo o combinado con aceite.

Es un aderezo excelente para ensaladas de verduras cocidas y crudas y para ensaladas de cereales.

El seitán

El seitán es gluten cocido elaborado a partir de cualquier tipo de trigo, aunque se utiliza con mayor frecuencia el trigo duro, que generalmente tiene un mayor contenido de gluten.

Ingredientes para la masa:

1 kg de harina de trigo duro o tierno
350 ml de agua natural

Ingredientes para cocinar:

1,5 l de agua natural
1 cucharadita de sal marina integral
2 cucharadas de tamari

Preparación:
Mezclar la harina con la cantidad de agua recomendada. Amasar todo hasta obtener una masa suave y tersa al tacto y de una consistencia más dura que la obtenida para hacer pan. Cuanto más amases la masa, más fácil será la extracción del gluten. Luego colócala en un bol cubriéndola con abundante agua fría. Pasada una hora, enjuaga bien la masa (moviéndola entre las manos) con agua natural, tratando de eliminar todo el almidón. Cuando el agua que fluye sobre ella ya no adquiere un color blanquecino, sino que permanece transparente, el almidón debería haberse eliminado casi por completo. En este punto sólo queda una parte pequeña, ligeramente pegajosa y blanda de la masa inicial, que es el gluten (la parte proteica del trigo). Ahora pon la masa en una cacerola que contenga un litro y medio de agua a la que le hayas añadido la sal y el tamari y cocínala a fuego lento durante al menos una hora. El gluten, cuando se cocina, aumenta su volumen aproximadamente tres veces y, por lo tanto, debe estar blando.

El seitán es una excelente alternativa para quienes exceden en el consumo de carne y en general en el consumo de proteínas animales. Es mucho más digerible que la carne y no deja residuos en el organismo. Se puede consumir en diferentes preparaciones: salsas, guisos, estofados con o sin verduras, al horno, salteados o fritos, cocidos en olla a presión o de otras maneras.

El mochi

Mochi en japonés significa literalmente «arroz dulce triturado». Se prepara con arroz dulce, una variedad de arroz más rica en gluten.

Ingredientes:

2 kg de arroz integral dulce
1 cucharadita de sal marina integral

Preparación:
Lavar el arroz hasta que el agua quede clara y dejarlo en remojo durante 12 horas. Luego cocerlo al vapor durante aproximadamente 2 horas.

Agregar la sal al arroz aún hirviendo, luego machacar todo en un mortero cerámico (suribachi) o molerlo con una picadora de carne hasta obtener una crema homogénea.

Esta crema, que resulta espesa y suave, es lo que los japoneses llaman mochi. Se puede comer inmediatamente, tibio, en forma de bolas o pastillas, o después de dejarlo enfriar sobre una superficie de mármol (o acero). Después de 12 horas se habrá endurecido y se puede cortar en trozos pequeños y luego volver a cocinar, incluso en una segunda ocasión, en el horno o de otras maneras.

Para tener más variedades de mochi, se pueden agregar otros ingredientes al arroz cocido: artemisa en polvo, semillas de sésamo u otras semillas oleaginosas tostadas y trituradas, frutos secos (pasas, albaricoques, manzanas), algas arame, etc.

El mochi disponible en el mercado es sólido y duro, envasado al vacío y se puede utilizar de varias formas:

En la sopa: Cortar el mochi en cubos pequeños y ponerlos en la sopa o guiso en los últimos 10 minutos de cocción.

A la sartén: Engrasar la sartén con un poco de aceite de sésamo y esperar a que se caliente, luego poner unos trozos de mochi y cocer unos 10 minutos a fuego medio con la tapa, dándoles la vuelta a la mitad de la cocción. El mochi está listo cuando se hincha y se ablanda. Se puede aromatizar al gusto, con condimentos salados o dulces. El mochi también se puede cocinar sin engrasar la sartén.

Al horno: Colocar trozos de mochi que no sean demasiado grandes en una sartén ligeramente engrasada y caliente, tapar y hornear a temperatura alta, alrededor de 220 °C, durante unos 10 minutos. El mochi preparado de esta manera se puede comer solo, con tamari o acompañado de crema de avellanas, crema de nueces, malta o cremas de legumbres.

A la plancha: Cuando esté caliente poner los trozos de mochi y cocinarlos por ambos lados, hasta que se hinchen y ablanden (unos 10-15 minutos). Sazonar al gusto.

Fritos: Para este plato se debe utilizar un aceite prensado en frío (de sésamo, de girasol o de maíz). Calentar el aceite en una sartén con una pizca de sal, mientras tanto, cortar unos palitos finos de mochi, que al freírse se hinchan y quedan crujientes.

En gofre: Cortar el mochi a finas capas y colocarlas en una gofrera previamente engrasada y calentada de hierro fundido u otro material natural.

A la brasa o al fuego de leña: El mochi adquiere un delicioso sabor. Se puede consumir en lugar de cereales, como postre o como merienda.

Un buen mochi, bien cocido, tiene la característica de volverse muy suave y voluminoso, pero se endurece rápidamente cuando se enfría y por eso lo mejor es comerlo en cuanto esté listo. Los orientales suelen comer mochi con alga nori, salsa de soja, crema azuki o algún edulcorante. El mochi es adecuado para las madres lactantes porque proporciona energía física y aumenta la leche.

El mochi de artemisia

Este alimento es muy eficaz para personas que padecen anemia, leucemia, en caso de hemorragia interna y para mujeres embarazadas. Recoger las puntas de la artemisa en primavera y hervirlas en agua con una pizca de sal. Luego secar las hojas colocándolas sobre una superficie y esparcirlas bien. Dejándolas secar lentamente se mantendrán durante uno o dos años.

Para preparar el mochi de artemisa, agregar las hojas secas al arroz cocido y después machacarlo todo en el suribachi.

La malta de arroz

La malta se puede extraer de todos los cereales y se puede utilizar como edulcorante para dulces, bebidas, para preparar mermeladas, compotas, etc.

Ingredientes:

8 tazas de agua natural
4 tazas de arroz semiintegral (o integral)
1 taza y media de cebada descascarada para hacer germinar
Un cuarto de cucharadita de sal marina

Preparación:

Germinar la cebada descascarada, que previamente se ha limpiado y lavado; tardará unos tres días. Cocinar el arroz con el agua y la sal durante aproximadamente una hora (el arroz integral necesita más agua y una cocción más prolongada).

Picar los brotes de cebada y mezclarlos con cuidado con el arroz caliente (a una temperatura de unos 40 °C). Los brotes desencadenan un proceso de fermentación, que debe continuar durante al menos un día, asegurando que la temperatura del arroz se mantenga constantemente en torno a los 60 °C.

Después de un día, el arroz cocido se ablanda y debe adquirir un sabor agridulce. En este punto, todo se vuelve a poner al fuego, durante unas 12 horas, a fuego lento. Durante la cocción, removiendo de vez en cuando, el arroz se vuelve semilíquido.

Al final de la cocción, poner todo en un colador o en un paño de algodón bien tejido y exprimir y filtrar bien para obtener una crema bastante líquida, transparente, de color marrón claro. Eso es la malta. El éxito depende de la calidad de los brotes, de la cocción lenta del arroz y del filtrado cuidadoso.

PREPARADOS MACROBIÓTICOS CURATIVOS

Las siguientes preparaciones son parte de la antigua tradición oriental y fueron redescubiertas y difundidas por G. Ohsawa. Se encuentran entre los remedios macrobióticos curativos que ha traído a Occidente.

La tekka

Ingredientes:

50 g de raíz de bardana fresca *(Arctium lappa L.)*
50 g de zanahoria *(Daucus carota)*
50 g de rizoma de loto fresco *(Nelumbo nucifera Gaertn)*
10 g de rizoma de jengibre fresco y seco *(Zingiber officinalis)*
100 g de hacho miso condimentado
80 ml de aceite de sésamo *(Sesamum indicum)*

Preparación:

Picar todas las raíces lo más finamente posible, excepto el jengibre. Meter las raíces picadas en una cacerola de acero con la mitad de la cantidad de aceite indicada en la receta. Cocinarlas a fuego muy lento y durante mucho tiempo, hasta que se ablanden y se sequen. La raíz de bardana silvestre es muy fibrosa y tarda bastante tiempo en estar bien cocida. A mitad de cocción, añadir el resto del aceite y el hacho miso, previamente ablandado con un poco de agua. Continuar cocinando a fuego lento durante aproximadamente 4 horas, removiendo de vez en cuando para cocinar los diversos ingredientes de manera uniforme. Al final de la cocción, el aceite debe estar completamente absorbido, sin dejar rastro de grasa.

Sólo en este punto añadir el jengibre rallado finamente y apagar el fuego. La preparación puede considerarse lista para su uso cuando todos los ingredientes estén blandos, secos y bien mezclados. El sabor debe ser mixto: salado, dulce y amargo.

La tekka, guardada en frascos herméticos, se puede conservar durante mucho tiempo en un lugar seco, oscuro y fresco.

Indicaciones:
La tekka es un remedio específico para los problemas cardíacos.

La sopa de carpa (koi-koku)

Ingredientes:

500 g de raíces frescas de bardana
200 g de carpa fresca, recién capturada, no de piscifactoría
60 g de miso condimentado
30 g de aceite de sésamo
10 g de hojas de té bancha ya utilizado
3 l aproximadamente de agua natural

Preparación:
En una bolsa de algodón sin tratar, meter las hojas secas de té bancha usadas y coser el extremo abierto para que no se salgan las hojas. Cortar la bardana en tiras y dorarla durante unos 30 minutos a fuego lento con aceite en una olla de acero inoxidable de fondo grueso.

Lavar la carpa (sin quitarle las escamas) y tratar de quitar sólo la vesícula biliar del interior, que le daría un sabor amargo a toda la preparación. Cortar la carpa en rodajas de unos 1-2 cm, sin tirar nada, ni la cabeza, ni las escamas ni las aletas. Ponerla en la olla sobre la raíz de bardana y dejarla cocer durante otros 5 minutos. Ahora poner la bolsa cosida con las hojas de té en la olla. Cubrir todo bien con agua y cocinar a fuego lento con la tapa puesta durante al menos 4-6 horas. Si el agua se evapora durante la cocción, agregar más. La carpa debe estar blanda (incluidas las espinas) casi derretida y la raíz de bardana debe estar tierna. En este punto retirar la bolsita con las hojas de té y sazonar con el miso previamente diluido con un poco de líquido caliente del caldo. Mezclar suavemente y dejar que todos los ingredientes se empapen bien del sabor, hirviéndolos durante una hora más. El producto final es una sopa concentrada con un sabor muy fuerte. Los tiempos de cocción varían en función de la consistencia de la raíz de bardana, el corte de la carpa, etc., y el rendimiento es menos de la mitad del volumen inicial. Con una olla a presión se acortan los tiempos. La sopa de carpa se puede almacenar en frascos que deben esterilizarse.

Indicaciones:
Es un plato específico que debe consumirse en pequeñas dosis y puede ser un buen remedio para tratar a personas con salud delicada, anemia severa, delgadez, problemas cardíacos, artritis, tuberculosis, debilidad en general y para madres que no tienen suficiente leche.

El dentie

La elaboración se realiza en verano o, en todo caso, cuando la materia prima, la berenjena *(Solanum melongena L.)*, está disponible de manera natural. El producto final se ve como un polvo negro y seco, ya que está carbonizado, y se comercializa en pequeños frascos o bolsas.

Ingredientes:

10 kg de berenjenas frescas no demasiado maduras
Alrededor de 500 g de sal marina fina e integral

Preparación:
En primer lugar, encender una estufa de leña o una chimenea para producir abundantes brasas.

Elegir berenjenas frescas, cosechadas no demasiado maduras. Lavarlas y separarlas del cáliz verde. Luego cortarlas en rodajas finas para exponerlas al sol hasta que se sequen.

Poner las berenjenas secas en una fuente y hornearlas a una temperatura de unos 200 °C. Tostarlas hasta que se pongan de color marrón oscuro. Es muy importante no quemar las berenjenas en esta etapa del procedimiento. Después de sacarlas del horno, triturarlas en un mortero, reduciéndolas a trozos pequeños. Llenar hasta el borde con este polvo un cuenco de cerámica natural sin esmaltar. Sellar el recipiente con arcilla (o papel de estaño) para que no entre nada de aire, apretar la tapa con un alambre de hierro, para que todo quede sellado herméticamente. Colocar el recipiente en el horno de leña (o en un tambor de acero colocado horizontalmente), sobre una capa alta de brasas; luego se coloca otra capa alrededor y sobre el recipiente. Todo debe estar cubierto de mucha ceniza para que el calor se pueda mantener el mayor tiempo posible. El recipiente nunca debe entrar en contacto con una llama viva. La carbonización adecuada ocurre sólo si se ha creado suficiente calor. Si hay muchas brasas y suficiente calor, las berenjenas tostadas se carbonizarán en 12-18 horas, de lo contrario pueden tardar más. Hay que tener cuidado de que el jarrón no se golpee, de lo contrario podría romperse. Se necesitan otras 5-8 horas para enfriar aún más el contenido y luego se necesita el mismo cuidado con el que cerró el recipiente para volver a abrirlo. Una vez enfriado, abrir el recipiente y sacar las berenjenas, que deberían estar negras, ya que ahora ya estarán completamente carbonizadas. En este punto pulverizar las berenjenas carbonizadas en un mortero o en un molinillo de café con la sal marina integral previamente bien triturada hasta que se convierta en polvo.

La dosis de sal se calcula teniendo en cuenta el peso neto de las berenjenas carbonizadas y no el peso de las berenjenas frescas. El porcentaje ronda el 25 % de su peso. Si las berenjenas se carbonizan muy bien, es posible que se necesite menos sal. El pH del dentie debe estar alrededor de 8. La berenjena es una verdura muy yin. Con el secado, tostado y carbonizado (yang) pierde aproximadamente el 80 % de su peso. Se conserva durante mucho tiempo si se almacena en un lugar fresco y seco.

Indicaciones:
El dentie es un remedio válido contra la inflamación de las encías y la enfermedad periodontal, además de ser un antihemorrágico para uso en exteriores y cicatrizante.

Un remedio específico: Polvos de cabellos carbonizados

El polvo de cabellos carbonizados es otro remedio japonés muy antiguo y se puede usar en lugar del dentie.

Ingredientes:

Un cuarto de cucharadita de polvo de cabellos carbonizados
Medio vaso de agua natural tibia

Preparación:

Llenar un cuenco pequeño y estrecho de arcilla o cerámica con mechones de cabello y sellarlo herméticamente con arcilla. Como se explica en la receta de dentie, colocar el recipiente debajo de las brasas y dejarlo carbonizar durante al menos 12 horas. Luego retirar el cabello carbonizado del recipiente y pulverizarlo en un molinillo de café o en una picadora eléctrica.

Disolver un cuarto de cucharadita de polvo de cabellos carbonizados en medio vaso de agua tibia y beberlo en ayunas y entre comidas.

Indicaciones:

Este polvo es eficaz en caso de menstruación o sangrado excesivo. La preparación funciona mejor si la persona usa su propio cabello.

Algunas bebidas específicas

Té bancha con shoyu

Ingredientes:

1 taza de té bancha
1 cucharadita de shoyu

Preparación:

Mezclar el té bancha caliente recién hecho con el shoyu. Beber caliente, pero no hirviendo.

Indicaciones:

Estados de malestar general, dolor agudo, cefalea, agotamiento. Es útil cuando es necesario alcalinizar la sangre.

Té bancha con ciruelas umeboshi

Ingredientes:

1 taza de té bancha
Media ciruela umeboshi

Preparación:

Preparar el té bancha, colarlo y volver a poner a hervir a fuego lento durante 3-5 minutos con la media ciruela. Beber el té caliente masticando con cuidado los trozos de ciruela. El hueso también se puede mantener en la boca durante mucho tiempo.

Indicaciones:

Es una bebida adecuada para la indigestión, la hinchazón y los gases intestinales, el dolor de estómago severo, el dolor de muelas, el dolor de garganta, la borrachera, las náuseas, la diarrea, la disentería.

Té bancha con umeboshi, shoyu y jengibre

Ingredientes:

1 taza de té bancha
Media ciruela umeboshi
1 cucharadita de shoyu
Media cucharadita de jugo de jengibre fresco *(Zingiber officinalis)*

Preparación:

Preparar el jugo de jengibre de la siguiente manera: rallar la raíz de jengibre con un rallador fino, luego exprimirla con una gasa de algodón, obteniendo el jugo deseado. Añadir al té bancha previamente preparado la ciruela umeboshi, el shoyu y dejar a fuego lento durante un minuto. Luego agregar el jugo de jengibre y apagar el fuego. Debe beberse caliente. También se puede utilizar jengibre en polvo seco, pero hay que reducir la cantidad.

Indicaciones:

Se utiliza en caso de mala circulación, trastornos estomacales e intestinales, pérdida de apetito, gripe y debilidad. Esta bebida tiene la función de eliminar la sal vieja del organismo, aportándole nuevas sales minerales. De esta manera, junto con el té bancha, el jengibre (yin) promueve la circulación sanguínea, y el umeboshi y el shoyu (yang) fortalecen el corazón.

Bebida de kudzu

El kudzu es un almidón muy pegajoso, extraído de la raíz de una planta trepadora de origen oriental *(Pueraria lobata)* que crece hasta un metro de profundidad.

En el mercado se puede encontrar en estado seco, en pequeños trozos de color blanco.

Ingredientes:

1 cucharada de kudzu
2 tazas de agua
1 cucharadita de shoyu

Preparación:

Diluir el kudzu en agua fría en una cacerola y ponerlo al fuego, removiendo constantemente. La mezcla cambiará de color y consistencia: de blanco opaco y líquido se volverá casi transparente y gelatinosa. Manteniendo el fuego lo más bajo posible, agregar el shoyu y continuar removiendo durante un minuto. Debe espesarse, pero aún permanecer un poco líquido.

Indicaciones:

El kudzu debe tomarse por la mañana con el estómago vacío o al menos una hora antes de las comidas. Esta bebida es beneficiosa para intestinos débiles, diarrea y disentería, y para neutralizar la acidez y los calambres estomacales.

Bebida de kudzu, umeboshi, shoyu, jengibre

Ingredientes:

2 tazas de té bancha
1 cucharada de kudzu
Media ciruela umeboshi
Media cucharadita de shoyu
Media cucharadita de jugo de jengibre (*Zingiber officinalis*)

Preparación:
Disolver bien el kudzu en el té bancha frío y cocer como se describe en las recetas anteriores. Luego agregar la media ciruela umeboshi y el shoyu y mezclar durante 2 o 3 minutos. Luego verter el jugo de jengibre (como en las recetas anteriores). Apagar y beber caliente.

Indicaciones:
Esta bebida está recomendada para resfriados, tos, dolores de garganta. Mejora el estado general de la persona en caso de debilidad.

Bebida de azuki

Ingredientes:

7 tazas de agua natural
1 taza de frijoles azuki
1 cm de alga kombu
Media cucharadita de sal

Preparación:
Lavar bien los azuki. Cocerlos con el alga kombu en 7 partes de agua durante al menos una hora en una olla a presión. Al final de la cocción condimentar con una pizca de sal y filtrar el líquido de los frijoles a través de un colador.

Indicaciones:
Es muy eficaz para fortalecer los riñones, el tracto urinario, la vejiga y los órganos sexuales.

Si es necesario, se puede beber durante varios días, fuera de las comidas.

Bebida de frijoles negros

Ingredientes:

7 tazas de agua natural
1 taza de frijoles negros
1 cm de alga kombu
Media cucharadita de sal

Preparación:
Lavar bien los frijoles negros. Cocerlos en una olla a presión durante al menos una hora a fuego medio con el agua y las algas kombu. Como con la bebida de azuki, sazonar con sal y colar el líquido de los frijoles.

Indicaciones:
Problemas menstruales y cualquier condición relacionada con la función de los riñones, la vejiga y los órganos sexuales femeninos. La bebida de frijoles negros se puede tomar una vez al día fuera de las comidas durante un cierto período, para regular la menstruación anormal.

Bebida de daikon

Ingredientes:

500 ml de té bancha
3 cucharadas de daikon rallado
Media cucharadita de jengibre rallado *(Zingiber officinalis)* fresco o seco
1 cucharadita de shoyu

Preparación:
Rallar el daikon fresco con un rallador fino y poner tanto la pulpa como el líquido en el té bancha. Condimentar con el shoyu y un poco de jengibre rallado como en la receta anterior. Beber caliente.

En lugar de daikon, se puede utilizar rábano blanco o rojo. El jengibre fresco se puede reemplazar por jengibre seco (un tercio de una cucharadita).

Indicaciones:
Activa la circulación y es eficaz para provocar la exudación y, por tanto, para detener la fiebre. Sin embargo, esta bebida no debe tomarse mientras aumenta la fiebre, sino sólo cuando ha alcanzado su punto máximo.

También puede beberse para tratar problemas hepáticos en climas cálidos.

Otra receta con daikon

Ingredientes:

1 taza de jugo de daikon
1 taza de agua o de té bancha

Preparación:
Extraer el jugo de la pulpa del daikon rallado y mézclarlo en una cacerola con el agua o el té bancha a fuego alto. Tan pronto como empiece a hervir, se apaga. No es necesario beber caliente.

Indicaciones:
Esta versión de la bebida de daikon se usa para inducir la micción. Es particularmente eficaz para los riñones demasiado tensos (yang) y también es bueno para eliminar la hinchazón en el cuerpo, por ejemplo, en los pies, y para activar la circulación sanguínea. Es beneficioso para disolver la tos seca.

Té de loto

El loto *(Nelumbo nucifera Gaertn)* es una planta acuática originaria de Asia. Se utiliza su rizoma, que se caracteriza por los canales que se extienden a lo largo de toda su longitud.

Ingredientes:
1 taza de té bancha
Un cuarto de cucharadita de polvo de loto

Preparación:
Disolver el polvo de loto en té bancha tibio o caliente. Beber lejos de las comidas.

Indicaciones:
El té de loto es eficaz para la tos, la bronquitis, la neumonía y todos los problemas respiratorios.

Jugo de bardana

Ingredientes:
100 g de raíz de bardana fresca *(Arctium lappa L.)*

Preparación:
Rallar la bardana con un rallador fino y exprimirla con una gasa de algodón sin tratar para que suelte el jugo.

Indicaciones:
Es beneficioso para la apendicitis, la sarna, fortalece el corazón y es útil en caso de intoxicación por carne. En estos casos, beber una cucharadita de jugo de bardana dos veces al día durante tres días.

Bebida de sandía

Ingredientes:

1 taza de agua natural
2 cucharadas de sirope de sandía

Preparación:
Exprimir la pulpa de una sandía para que suelte el jugo. Hervir hasta que se condense, casi formando un almíbar. Luego diluir dos cucharadas de este jarabe en una taza de agua y beberlo entre las comidas. El jarabe esterilizado se puede almacenar en botellas oscuras.

Indicaciones:
Puede beberse en caso de riñones demasiado tensos, calambres musculares y pies hinchados, o también puede utilizarse como edulcorante.

ALGUNAS ENFERMEDADES MÁS COMUNES

La medicina occidental clasifica miles de enfermedades, cada una con un nombre diferente, y busca continuamente nuevos tipos de tratamiento, porque se centra en los síntomas y en los signos externos del cuerpo, que pueden especificarse en miles de manifestaciones diferentes, más que en su origen real. La medicina oriental tradicional, por otro lado, reconoce sólo unos pocos cientos de enfermedades, porque estudia la naturaleza y la razón profunda de la enfermedad a través del principio fundamental del yin y el yang, que se utilizan tanto para el diagnóstico como para el tratamiento.

De esta manera, el síntoma no es más que un signo de un estado de desequilibrio de los órganos internos, y a éstos se dirigirá el tratamiento. La desaparición del síntoma no significa necesariamente que la enfermedad se haya curado.

Al tratar de restablecer el equilibrio del cuerpo, es más fácil reducir y eliminar el exceso de yin o yang, en lugar de agregar uno al otro: la experiencia ha demostrado que la administración de un fuerte elemento yin o yang puede causar a menudo daños, provocando un mayor desequilibrio. Precisamente por eso, el mejor tratamiento es una dieta macrobiótica natural y equilibrada. En este capítulo enumeramos, sólo a modo de ejemplo, algunas de las enfermedades más comunes, con algunas indicaciones dietéticas y remedios externos e internos.

Hay que recordar que estos últimos son sólo remedios sintomáticos y que para recuperar la salud se necesita enfocar la atención en la nutrición y en el estilo de vida.

Para la nutrición es aconsejable consultar siempre el apartado «¡La comida es la mejor medicina!».

Los diversos remedios internos se enumeran en el apartado «Las bebidas» y en la sección «Alimentos tradicionales de la cocina macrobiótica», y también en «Un remedio específico», «Algunas bebidas específicas» y «Algunas preparaciones de hierbas occidentales».

Para conocer los remedios externos, *véase* el apartado «Remedios y tratamientos externos».

Acidosis

La acidosis no es una enfermedad real, pero es la causa de casi todas las enfermedades que aquejan al hombre moderno (diabetes, hipertensión, artritis, etc.).

Muchas personas, debido a una dieta rica en alimentos acidificantes (huevos, azúcar, carne, etc.), se encuentran en esta condición y no se dan cuenta de que están sembrando una serie de enfermedades incluso graves. En cuanto a los síntomas, la acidosis puede ser revelada por unas pupilas agrandadas.

En general, se trata de una debilidad de todo el organismo.

El tratamiento consiste en eliminar todos los alimentos extremos y acidificantes, buscando el justo equilibrio entre alimentos acidificantes y alcalinizantes, que permitan obtener un pH sanguíneo óptimo (consultar el apartado «La sangre»).

Alergias

La alergia es una alteración de las defensas inmunitarias caracterizada por una reacción inmediata del organismo frente a sustancias que, para los no alérgicos, son inofensivas. Como otras enfermedades, la alergia puede considerarse una de las consecuencias de la sociedad moderna.

La reacción alérgica se debe a una categoría particular de anticuerpos y puede ocurrir por sustancias alimenticias o sustancias presentes en el aire y, más generalmente, en el ambiente; se presenta con una respuesta inflamatoria, provocando, según el tipo de reacción, hinchazón de las mucosas, enrojecimiento de la conjuntiva, ataques de asma, estornudos, eczema, urticaria, dermatitis: síntomas que conducen a un problema pulmonar más generalizado.

Las alergias ocurren en organismos debilitados por alimentos saturados con químicos sintéticos que se encuentran en el mercado hoy en día y especialmente por alimentos como huevos, leche y productos lácteos, tomates, azúcares refinados, grasas y proteínas animales.

En las últimas décadas se han organizado continuamente campañas de vacunación que producen de forma artificial anticuerpos en organismos humanos que suelen generar nuevas alergias.

El único tratamiento real, y además eficaz en un período de tiempo corto, es excluir los alimentos enumerados anteriormente por un lado y elegir una dieta más simple y natural por el otro.

El arroz integral se recomienda especialmente a las personas alérgicas.

Amigdalitis

La medicina oriental afirma que las amígdalas cumplen una función muy importante, que es la de destruir los microbios que pueden penetrar por la boca y resultar dañinos para el organismo. Cuando las amígdalas no pueden realizar su tarea, no significa que sea necesario extirparlas, sino que es necesario fortalecer los poderes de resistencia del cuerpo. Para lograr esto, es necesario comer de una manera más sencilla y tratar de evitar el azúcar, las grasas, los lácteos y la carne. La bebida de kudzu y la leche de arroz son beneficiosas.

Anemia

La anemia puede ser causada por falta de hierro, vitaminas (especialmente las del grupo B) o, más generalmente, por enfermedades que inhiben la producción de hemoglobina, por falta de proteínas o por la presencia de gusanos y parásitos en el intestino.

La enfermedad se manifiesta por una sensación de cansancio, debilidad, palidez, dificultad para respirar, náuseas, dolor de cabeza, zumbido en los oídos, pies y manos fríos, micción abundante, entumecimiento en los pies. En casos más graves, también pueden producirse desmayos y colapsos.

En la sección «El diagnóstico oriental» se puede encontrar un método sencillo para comprender si se padece anemia (se puede ver en los ojos y en las uñas).

El origen de la anemia suele identificarse en disfunciones del intestino delgado, provocadas por el gran consumo de productos refinados, azúcares, lácteos, grasas, etc., que carecen de fibra alimentaria y son capaces de eliminar del proceso digestivo sustancias útiles para la digestión en sí, la protección del intestino y, en última instancia, la formación de sangre. Muchas personas padecen anemia porque comen muy pocas verduras, especialmente hojas verdes, y por lo tanto su sangre no puede retener oxígeno.

La medicina occidental, en caso de anemia en la que existen deficiencias de ciertos elementos en la sangre, administra aditivos y preparados específicos para aumentar sus niveles. El caso más emblemático es el del hierro: estas intervenciones se llevan a cabo sin considerar que el organismo es incapaz de retener este elemento durante mucho tiempo, por lo que, aunque en ocasiones se produzca un efecto positivo momentáneo, al poco tiempo se produce la anemia nuevamente (*véanse* las secciones «La sangre» y «Las verduras»).

Un tratamiento con resultados más duraderos consiste en corregir la dieta, que debe ser rica en alimentos que contengan hierro orgánico y otros elementos que aumentan el hierro en la sangre: hojas verdes, en particular hojas de rábano y, en general, las de las verduras silvestres y los cereales integrales.

Las sopas de miso, el mochi de artemisa, las ensaladas, las hojas de shiso, las algas y el té de artemisa son excelentes. En caso de anemia grave, se debe comer sopa de carpa (koi-koku) una vez al mes. En caso de anemia por parásitos intestinales, puede ser útil beber una infusión de artemisa.

Apendicitis

Es la infección e inflamación del apéndice, que es un pequeño tubo que se extiende desde el intestino ciego, la parte inicial del colon ascendente, debida a un aumento de la flora bacteriana.

Los síntomas son dolores agudos en la parte inferior derecha del abdomen, pero también pueden aparecer dolores en otras áreas del abdomen, que no se pueden atribuir fácil e inmediatamente al apéndice. A veces también hay un aumento de la temperatura corporal.

Es interesante notar que la medicina occidental considera que el apéndice es una parte inútil del cuerpo y la acción más frecuente en caso de inflamación es la escisión quirúrgica.

La medicina oriental tradicional, por otro lado, cree que todos los componentes del cuerpo son indispensables. Específicamente, el apéndice es parte del sistema inmunitario y es el hogar de la reproducción de microorganismos útiles para la digestión. Su eliminación provoca trastornos en el intestino grueso, limitando los movimientos peristálticos y, en ocasiones, puede provocar deficiencia de vitamina B y disfunción del sistema nervioso autónomo.

La causa de la inflamación del apéndice es una dieta desequilibrada, principalmente por productos de origen animal y alimentos salados, que endurecen el tejido, y un exceso de alimentos refinados, azúcares simples, bebidas carbonatadas, etc., que alteran el pH de los intestinos y aumentan la presencia de bacterias dañinas.

Para fortalecer el intestino es necesario adoptar una dieta predominantemente vegetariana y más moderada en el uso de sal, con la introducción de cereales integrales, en particular arroz, y eliminación del azúcar. Cuando se siente dolor por primera vez, lo mejor es no comer hasta que haya desaparecido, o al menos comer alimentos ligeros como arroz blando y sopas de verduras. Los remedios sintomáticos, que deben implementarse en ayunas para una mayor efectividad, son la aplicación de apósitos de clorofila, manteniendo fresca la zona afectada del abdomen (nunca se debe aplicar una compresa caliente) y, en caso de dolor intenso, la ingesta de jugo de bardana obtenido de la raíz fresca.

Arteriosclerosis/aterosclerosis

La arterioesclerosis es un endurecimiento y pérdida de elasticidad de las paredes de las arterias, cuya forma particularmente sutil y extendida en los países occidentales es la aterosclerosis, que es la principal causa de muerte en todos los países industrializados.

En el caso de la aterosclerosis, la sangre no puede llegar a todas las partes del cuerpo correctamente. El sistema circulatorio no funciona lo suficiente y la sangre, a menudo demasiado espesa, no puede irrigar bien todas las partes del cuerpo. La causa fundamental de esta enfermedad se debe principalmente a un alto consumo de productos de origen animal, embutidos, grasas, quesos, alimentos salados, etc. y un bajo consumo de cereales integrales y verduras.

Una dieta sana y más vegetariana, con menos grasas y proteínas animales, acompañada de un estilo de vida más natural, previene y reduce el problema.

Artritis/osteoartritis

Es una inflamación de las articulaciones, que se manifiesta y se clasifica en cientos de tipologías.

La característica de todas las formas de artritis es el intenso dolor que provocan y la ausencia de tratamientos específicos en la medicina occidental, que interviene con antiinflamatorios y analgésicos para mitigar los síntomas, pero sin poder hacer nada para detener su curso.

La artritis se genera por una acidificación excesiva de la sangre, debido a un consumo prolongado de productos animales (huevos, carne, embutidos, leche y productos lácteos) y azúcar, que aumentan la inflamación y provocan dolor.

Para estas molestias, se recomienda una dieta predominantemente vegetariana con cereales y muchas verduras cocidas y crudas.

Como remedio paliativo sintomático, para aliviar el dolor, puede ser útil tomar miso envejecido diluido con un poco de agua tibia y hacer tratamientos externos: compresas de sal tibia, seguidas de compresas de jengibre o de baños de jengibre y cataplasmas de clorofila.

Cabello (problemas en el)

La caída del cabello se debe a un exceso de proteínas y grasas animales, azúcar, dulces, frutas, alcohol, vinagre, químicos, drogas, etc. (*véase* la sección «El diagnóstico oriental»).

La caspa y el cabello graso son signos de consumir demasiados alimentos grasos y proteicos y productos lácteos.

Para tener un cabello sano es importante comer algas, en particular wakame, hijiki y kombu, cereales y verduras y al mismo tiempo reducir la grasa, utilizar aceites vegetales y nueces y semillas oleaginosas tostadas para disminuir su contenido de grasa. Es muy eficaz, tanto para la caspa como para la caída, la fricción y el masaje con aceite de sésamo y jengibre.

Cáncer/tumor

Es una enfermedad muy extendida en las sociedades industrializadas y con tasas de crecimiento y cifras de mortalidad impresionantes, incluso entre niños y jóvenes.

Las causas de estos fenómenos aún son desconocidas para la medicina occidental, que plantea diversas hipótesis e identifica factores de riesgo, mientras que la terapia casi siempre implica la extirpación quirúrgica y el tratamiento con agentes químicos y radiactivos extremadamente agresivos, que destruyen todos los tejidos enfermos, con efectos secundarios devastadores, incluida la aparición de más cánceres. El cáncer se debe principalmente al consumo prolongado de la combinación de productos de origen animal, azúcar y químicos sintéticos que están presentes en medicamentos y alimentos producidos por las industrias alimentarias: sustancias que derivan de la agricultura moderna, como pesticidas, herbicidas y fertilizantes, y también conservantes, colorantes, aromatizantes, etc. Si sigues una dieta basada en estos alimentos, la sangre producida por el cuerpo ya no contiene todos los elementos esenciales para llevar la nutrición adecuada a cada parte del cuerpo. De esta manera, se altera el equilibrio y se puede desarrollar un cáncer. La célula cancerosa está en la condición de no poder absorber oxígeno; en cambio, las células sanas tienen la propiedad de atraer oxígeno y evitar el cáncer. Esta propiedad sólo se puede restaurar reanudando la alimentación de forma natural, para proporcionar a la sangre los elementos importantes que permiten que la célula cancerosa vuelva a su estado normal y evite que el cáncer vuelva a crecer y se desarrolle en otras partes del cuerpo.

La carne y el azúcar son alimentos de cualidades extremas que hacen que la sangre sea muy ácida y, por lo tanto, hacen que el cáncer se desarrolle muy rápidamente.

Para el tratamiento hay que eliminar esos alimentos junto con todos los que contengan químicos, aunque sea de forma paulatina, ya que esto no es fácil para el paciente. Es esencial respirar aire limpio, inspirar y espirar profundamente, consumir agua buena y alimentos saludables y cultivados de manera natural.

El examen clínico generalmente puede diagnosticar el cáncer cuando ya está avanzado. Nuevamente, hay que cambiar la dieta.

La nutrición macrobiótica tiene la capacidad de hacer que las células y los órganos recuperen todas sus funciones y dejen de alimentar a las células cancerosas.

Los alimentos para pacientes con cáncer deben cocinarse con mucho cuidado. Si se sigue una dieta terapéutica estrictamente vegetariana, incluso un trozo de pescado o dulce pueden hacer que el cáncer avance. Es fundamental cuidar la masticación: cada bocado de alimento debe reducirse a la consistencia más líquida posible (consultar el apartado «La importancia de masticar»).

Si el enfermo tiene la fuerza suficiente para masticar muy bien, debe comer arroz integral, cereales integrales y sopas de verduras, que crean un cambio rápido en la calidad de la sangre.

Aquellos que están demasiado débiles deben comer la crema de arroz cocida durante mucho tiempo. En los casos en los que el sistema digestivo se haya debilitado mucho, se debe preparar leche de arroz hervida durante mucho rato. Un ejemplo es el cáncer de intestino, que es muy difícil de curar.

Las verduras deben consumirse todos los días, especialmente las de hojas verdes, y las hierbas silvestres para tener una mayor oxigenación.

La medicina oficial atribuye el cáncer de pulmón al tabaquismo y a la contaminación del aire, pero no lo relaciona con los malos hábitos alimentarios. Aquellos que consumen alimentos de mala calidad y fuman tienen probabilidades de enfermarse, mientras que aquellos que comen buenos alimentos y fuman poco probablemente no son propensos al cáncer de pulmón. ¡Tratar de ayudar a un paciente con cáncer a menudo significa muchas noches sin dormir!

Colitis

Es una inflamación del colon (intestino grueso) y es un trastorno cada vez más extendido.

La colitis suele ser el resultado de una nutrición inadecuada: productos refinados y con levadura, demasiado secos y duros, carnes, embutidos, grasas, alimentos precocinados, especias, alcohol, etc. Estos alimentos debilitan e inflaman el intestino, comprometiendo su funcionalidad y reduciendo la producción de sustancias protectoras. Para fortalecer la funcionalidad del intestino y facilitar la absorción de los alimentos, es fundamental seguir una dieta equilibrada: son útiles la sopa de miso, la leche de arroz y, en general, los cereales integrales y las verduras cocidas, porque son más fáciles de digerir.

Para reducir el proceso inflamatorio, es beneficioso tomar un trago de kudzu por la mañana, luego dejar pasar al menos una hora antes de comer, o una infusión de hierbas antiinflamatorias. En caso de colitis, siempre es bueno comprobar la presencia de parásitos.

Columna vertebral (esguinces)

Los esguinces en la columna vertebral pueden ocurrir debido a una postura incorrecta o al debilitamiento de las vértebras y a una reducción en el grosor de los discos intervertebrales, lo que puede generar una curvatura excesiva y pronunciada de la columna o, cuando este grosor se reduce en un sólo lado del disco, una curvatura lateral anormal (escoliosis).

Ciertas curvaturas anormales a menudo se deben a un trastorno del órgano subyacente. Por ejemplo, si la curvatura está en la parte baja de la espalda, generalmente hay trastornos renales y de órganos sexuales; si ocurre en la parte superior, indica problemas pulmonares o estomacales.

La ingesta excesiva de carne, azúcares refinados y productos lácteos altera la estructura ósea en general y la columna en particular.

Una dieta rica en minerales solucionará el problema. Además de una nutrición adecuada, las compresas de sal y de jengibre en toda la espalda pueden ser efectivas, seguidas de enérgicos masajes con aceite de sésamo y jengibre a lo largo de toda la columna durante media hora, tratamiento que se repetirá durante muchos días.

Corazón (problemas del)

La enfermedad cardíaca es la principal causa de muerte en la mayoría de los países industrializados. A menudo, en los países occidentales, vemos personas con la cara roja y la nariz hinchada: este aspecto indica un corazón demasiado expandido y generalmente un preludio de una enfermedad cardíaca.

El primer signo de enfermedad cardíaca es un aumento de la presión arterial.

Aunque el exceso de sal afecta –particularmente la sal refinada, que endurece las paredes de los vasos sanguíneos y retiene líquidos–, cuando se trata de hipertensión, uno no debe enfocarse tanto en la sal. Los humanos llevan miles de años consumiendo sal, mientras que la mayoría de las enfermedades cardíacas se han producido con el consumo diario de carne en cada hogar y con la introducción de alimentos refinados, grasas, etc.

Ciertamente, las personas que se encuentran en una condición excesivamente yang necesitan reducir la sal, pero también la ingesta de carne, huevos y otros alimentos como productos refinados, que reducen la elasticidad de los vasos sanguíneos y obligan al corazón a esforzarse más para ser capaz de hacer fluir la sangre a los extremos de las manos y de los pies.

La necesidad de que el líquido sanguíneo fluya dentro de los vasos rígidos genera un aumento de la presión arterial y un incremento del esfuerzo del corazón en su trabajo incesante. Los medicamentos para bajar la presión arterial sólo empeoran la situación y causan muchas otras dolencias. A menudo, los riñones están demasiado tensos, debido a los alimentos muy yang, para poder filtrar las toxinas de la sangre. Esto da como resultado una respuesta del corazón que eleva la presión arterial para enviar sangre a los riñones.

La hipertensión arterial es una condición de riesgo que puede tener consecuencias peligrosas, por ejemplo, hemorragia cerebral, apoplejía, arteriosclerosis, etc.

El colesterol alto y la sangre demasiado espesa también dependen del consumo prolongado de alimentos de origen animal.

La comida yang reduce la frecuencia cardíaca, mientras que la comida yin (azúcar, alcohol, lácteos, frutas) la acelera.

El corazón puede detenerse tanto porque está demasiado cansado y dilatado (yin) como porque está demasiado tenso (yang). Si el corazón se detiene por debilidad, es necesario estimularlo provocando la contracción (yang), mientras que en caso de contracción excesiva, la persona necesita un estímulo tipo yin (expansión rápida). En situaciones de emergencia, no siempre es fácil comprender cuál es la raíz de la enfermedad y también es esencial un remedio inmediato. Por tanto, debe evaluarse de manera rápida y precisa.

Cuando hay un infarto, la persona no debe recibir ningún alimento sólido hasta que haya recuperado el conocimiento.

La cura fundamental para mejorar las funciones del corazón y del sistema circulatorio consiste en la dieta natural, principalmente vegetariana y rica en verduras cocidas y crudas, y en la eliminación de los alimentos antes mencionados. Necesitamos reducir la cantidad de sal y usar sal marina integral, que puede ser reemplazada por un condimento como miso o tamari o shoyu.

También es importante moderar la cantidad de comida ingerida, evitar el alcohol y el café, intentar comer en horarios regulares y realizar la mayor cantidad posible de actividades al aire libre.

Para los problemas cardíacos, G. Ohsawa recomendaba comer sopa de carpa (koi-koku) y tekka y, en caso de cualquier tipo de dolencia e incomodidad, presionar el punto del meridiano cardíaco C8 (consultar el apartado «Algunos puntos presión»).

Para problemas cardíacos, pueden ser útiles las cataplasmas de clorofila aplicadas en el área del corazón.

> Una vez, una señora sufrió un colapso y los latidos de su corazón apenas se notaban. Esta señora menuda parecía necesitar un remedio yang. Pero era pleno verano, el clima era bueno y muy caluroso. La señora había venido de lejos, había trabajado mucho y comía muy poco. Todos estos factores provocan una contracción (yang). Así que le di un poco de zumo de frutas (yin) y casi de inmediato volvió a respirar normalmente. ¡Qué alivio! El yin y el yang es una herramienta muy poderosa, pero no siempre es fácil de administrar. El conocimiento y la confianza no siempre son suficientes, porque a menudo se debe utilizar la intuición.

Desórdenes mentales

Los trastornos mentales son un problema de la sociedad moderna. Ansiedad, neurosis, histeria, depresión, estrés, etc., afectan al sistema nervioso, provocando incluso malestar físico. Desde el punto de vista oriental, los trastornos mentales se derivan de un mal flujo de energía por todo el cuerpo. Para todos los problemas psicológicos es fundamental cambiar la dieta y cambiar el entorno: esto no significa escapar de la realidad con un viaje, sino vivir en un entorno menos contaminado y más pacífico. Además, es necesario volver a estilos de vida más sencillos, por ejemplo, revisando también los hábitos de sueño; dormir bien fortalece el sistema nervioso. No se deben consumir drogas, alcohol, azúcar, productos industriales, medicamentos, etc.

Diabetes e hipoglucemia

La diabetes es una de las enfermedades más extendidas en el mundo y los médicos han luchado contra ella durante al menos cuatro mil años, pero se puede clasificar entre las enfermedades de la sociedad moderna: en el último siglo, de hecho, los pacientes con diabetes han crecido de manera hasta cierto punto alarmante en los países industrializados, debido al progresivo deterioro de los hábitos alimentarios, que recientemente se han extendido, como consecuencia de los procesos de colonización, incluso a los países más pobres. Está causada por la incapacidad del cuerpo para controlar el metabolismo de los azúcares, a menudo debido a una ineficiencia del páncreas en la producción de insulina o de una ineficacia de la insulina que produce. Esto conduce a un aumento de los azúcares (glucosa) que circulan en la sangre, que deben eliminarse en la orina.

Sin embargo, la presencia de niveles elevados de glucosa en sangre provoca una serie de complicaciones graves, en particular, daños en el sistema nervioso y en el sistema circulatorio periférico. Por este motivo, la diabetes suele provocar una serie de enfermedades adicionales: ceguera, entumecimiento de las partes periféricas, gangrena, problemas cardiovasculares, problemas renales, etc.

Generalmente, los síntomas de la diabetes son: sed excesiva, micción excesiva, hambre excesiva, pérdida de peso, fatiga, cansancio, visión desenfocada, borrosa, etc.

La diabetes se agrupa en dos tipos principales: diabetes tipo 1, que generalmente se presenta a una edad temprana, en forma aguda, y diabetes tipo 2, que es más frecuente en la edad adulta, generalmente con formas que se manifiestan en tiempos más largos, pero no por eso menos preocupantes.

La medicina occidental no tiene cura para la diabetes. Existen fármacos que estimulan la actividad del páncreas o reemplazan la de la insulina, o, más frecuentemente, se inyecta al paciente dosis diarias de insulina sintética o animal. De esta forma, la persona se vuelve «insulinodependiente», es decir, su supervivencia está ligada a la administración de este fármaco.

Muchos médicos saben que el método que se usa hoy en día para tratar la diabetes es ineficaz.

Ya un congreso internacional de medicina, después de la guerra, declaró la insulina inadecuada y peligrosa. Pero al no tener alternativa, se sigue recomendando la insulina, sin buscar la verdadera causa de la enfermedad. Los alimentos muy dulces y concentrados, compuestos por azúcares simples, como el azúcar refinado y en bruto y la miel, provocan un aumento repentino del nivel de glucosa en sangre, que pronto desciende y permanece por debajo del valor normal durante mucho tiempo. Durante el período en que el nivel de glucosa está por debajo del promedio, la persona siente una fuerte necesidad de comer otros alimentos dulces. Al cumplir este deseo, se siente bien a corto plazo, porque el azúcar en sangre aumenta rápidamente. Sin embargo, esta concentración vuelve a disminuir, porque el cuerpo no puede retener los azúcares y el ciclo se repite. Cuando este desequilibrio empeora, el nivel de glucosa en sangre debe controlarse con una inyección de insulina. Uno de los eventos adversos relacionados con la diabetes es la hipoglucemia, que ocurre cuando el páncreas secreta demasiada insulina y el azúcar en sangre baja demasiado. Este problema del páncreas también se debe a una dieta desequilibrada, con un consumo excesivo de azúcares simples y una baja ingesta de azúcares complejos. El remedio para todo esto es sencillo. Las personas con diabetes deben eliminar el azúcar en cualquier forma; lo mismo ocurre con los pacientes hipoglucémicos, porque el azúcar es demasiado estimulante. Es interesante fijarse en que sólo «recientemente» los médicos occidentales han comenzado a no desaconsejar los carbohidratos. Pero en Oriente, los cereales integrales se han considerado la mejor fuente de carbohidratos durante milenios para mantener el equilibrio entre los azúcares y la insulina en la sangre. Las personas con diabetes e hipoglucemia pueden comer arroz integral todos los días. Deben masticar muy bien y tragar sólo cuando los granos se hayan licuado en la boca. Deben adoptar una dieta principalmente vegetariana y sencilla, a base de cereales, verduras y legumbres, que favorezca los productos naturales y frescos, ricos en sales minerales. La bebida más adecuada es el té bancha. Evidentemente, el paciente nunca debe ingerir alimentos que contengan azúcar o bebidas azucaradas, porque de lo contrario la dieta no dará los resultados esperados.

Diarrea y disentería

La diarrea consiste en la evacuación frecuente de heces blandas o acuosas. No se trata de una enfermedad real, sino de un síntoma asociado a diversas posibles enfermedades o de una reacción debida a alimentos alterados o inadecuados. Los alimentos de origen animal, como embutidos y quesos, junto con dulces refinados, helados, bebidas carbonatadas, alcohol, etc., debilitan las paredes del intestino grueso, que ya no es capaz de absorber la parte líquida de la masa alimenticia digerida, y así ocurre lo opuesto al estreñimiento.

La disentería es un síntoma de un trastorno intestinal: se caracteriza por una infección que persiste durante varios días y que suele ir acompañada de fiebre alta y dolor de estómago. Por lo general, la disentería es causada por un desequilibrio orgánico que facilita el desarrollo de bacterias o de un tipo de ameba, tomado por ejemplo a través del agua y de alimentos contaminados: si el organismo está sano, el cuerpo es capaz de rechazar este agente externo y no enfermarse. Tanto la diarrea como la disentería son síntomas de un intestino grueso débil y, por lo tanto, es importante comer alimentos naturales frescos, bien cocidos y digeribles, especialmente cereales integrales, y masticarlos bien. Si la diarrea y la disentería persisten, se recomienda beber mucho para evitar la deshidratación. Para detener la diarrea se puede tomar la bebida de kudzu. Las compresas de jengibre para poner encima de la zona del estómago son efectivas.

Dientes y encías (problemas en)

La caries y la pérdida de dientes son muy comunes: la estructura del diente se debilita, se pudre y se descama debido a la falta de calcio en el cuerpo; en consecuencia, la sangre obtiene este elemento faltante de los dientes y los huesos.

La falta de calcio y otros minerales se debe al consumo excesivo de alimentos yin (azúcar, dulces, helados, productos lácteos). La caries o la pérdida de dientes son una señal de advertencia grave de debilitamiento del cuerpo. Las hierbas silvestres, como el diente de león, la artemisa, la cola de caballo y el llantén menor, las algas, el mijo y el gomasio son alimentos que fortalecen los dientes.

Los problemas de las encías, por ejemplo, los abscesos, se deben principalmente al abuso de alimentos salados, productos animales, embutidos, etc. La piorrea se debe al estancamiento de la sangre y su causa es opuesta a la de las caries: cuando una está presente no suele estarlo la otra, pero con el tiempo también pueden presentarse juntas.

Para las dolencias de los dientes y de las encías, una dieta saludable, sin azúcar, con muchas verduras cocidas y crudas es esencial para mejorar la circulación sanguínea.

Además de una dieta correcta, se pueden realizar masajes para activar la circulación sanguínea con dentie: aplicar el polvo sobre las encías y masajearlas con el dedo durante unos minutos, luego enjuagar con agua tibia.

Para las encías sangrantes, también se puede usar polvo de cabellos carbonizados.

El dolor de dientes y de encías se puede aliviar con cataplasmas de clorofila (malva y llantén menor) aplicados directamente sobre la encía.

Dolor de cabeza

La cefalea es uno de los trastornos más comunes: puede presentarse en toda la cabeza o sólo en una parte, de forma fija o intermitente, fuerte o leve y sorda.

La medicina oriental tradicional considera los dolores de cabeza principalmente como una alteración del flujo de ki: en general, el dolor de cabeza debe atribuirse a una mala circulación sanguínea.

Hinchazón del intestino, estreñimiento, anemia, tensión, dolor menstrual y sangre estancada son factores que pueden desencadenar o agravar este problema.

El dolor suele ser suprimido por fármacos sintomáticos (analgésicos, etc.), que, sin embargo, no afectan la causa de la enfermedad, sino que, por el contrario, impiden su curso natural (consultar el apartado «Eliminar toxinas: las descargas»).

A nivel preventivo, pero también de tratamiento, deben evitarse los excesos de alimentos yin (azúcares, grasas, bebidas carbonatadas, fruta, etc.), pero también de alimentos yang (alimentos salados, carnes y derivados), ambos tipos causas posibles de dolor de cabeza.

En caso de un ataque de dolor agudo, insoportable y prolongado, es necesario distinguir el exceso que está en el origen e intervenir en consecuencia. En algunos casos, puede estar indicado el té bancha con shoyu.

Como remedios externos, se puede masajear la cabeza, el cuello y los hombros con o sin aceite de sésamo y jengibre (consultar el apartado «Remedios y tratamientos externos»), y aplicar hojas verdes frescas o una cataplasma (de patatas, manzanas y rábanos rallados) en la frente y en el cuello. Es muy importante cuidar la respiración y en general es beneficioso para la circulación de todo el cuerpo, y por tanto también de la cabeza, dar paseos.

Dolor de estómago

Es un trastorno que puede ir acompañado de diversos síntomas como diarrea, fiebre, vómitos u otras enfermedades y no necesariamente está relacionado de manera directa con los órganos digestivos.

A veces es un dolor sordo, otras veces es agudo. Los factores que ayudan a reconocer el órgano afectado son la parte del abdomen donde se siente el dolor, el tipo de dolor y la nutrición de los días anteriores.

Un trastorno estomacal causa dolor en la parte superior y media del abdomen y, a veces, también en el pecho, la espalda y debajo de los omóplatos. Uno intestinal provoca dolor en la parte inferior del abdomen o en la zona de los riñones y, en ocasiones, puede ir acompañado de diarrea o estreñimiento.

Los trastornos del hígado y de la vesícula biliar provocan dolor en la parte superior del abdomen del lado derecho, mientras que un problema del bazo ocurre a la misma altura, pero en el lado izquierdo. El páncreas se ubica detrás del estómago y sus dolores se sienten en la parte superior del abdomen, en la zona central. Los trastornos de los ovarios, el útero y la vejiga provocan dolor en la parte inferior del abdomen y de la espalda.

La dieta macrobiótica, con alimentos bien cocidos y una buena masticación, ayudan a solucionar estos problemas. El té bancha y la leche de arroz son muy adecuados para estos trastornos.

Puede ser útil beber una tisana emoliente y desinflamante y aplicar una compresa tibia tanto en el abdomen como en la espalda.

Dolor de oídos

Los trastornos del oído son el resultado de la debilidad de los riñones. El dolor de oído a menudo ocurre durante una gripe. Los niños pueden recibir tratamiento mucho más rápido que los adultos.

Para fortalecer los riñones y sanar basta con adoptar una buena alimentación, sin azúcar, ni dulces, ni lácteos y reduciendo el consumo de productos animales.

Para el dolor de oído, la cataplasma de clorofila se puede utilizar externamente. Es beneficioso poner una bola de algodón o una gasa empapada en aceite de sésamo y jengibre dentro de la oreja.

Embarazo y lactancia (problemas en)

El embarazo es un período importante en la vida de una mujer y determina la salud y la constitución del bebé. Todo el alimento en esta etapa proviene de la madre.

Durante los nueve meses de embarazo, la dieta de la madre debe elegirse y considerarse cuidadosamente. Las emociones de la madre entran en el cuerpo y en la mente del feto; por eso debe estar tranquila y no tener ninguna agitación o razón para estar enojada.

Aborto y parto prematuro

El aborto espontáneo es la interrupción involuntaria del embarazo. El período de mayor riesgo de aborto espontáneo son los primeros tres meses de gestación. En los últimos tiempos se ha vuelto bastante frecuente y, en muchos casos, también puede considerarse como una reacción fisiológica del organismo que puede deberse a múltiples factores, como una anomalía del útero o del feto, o en todo caso, una condición inadecuada del organismo de la madre al hacer frente al embarazo.

El parto prematuro es el parto que ocurre antes del término del embarazo. Una dieta excesivamente rica en sustancias yin, azúcar, frutas, alimentos refinados, alcohol, tabaquismo durante el embarazo, estilo de vida desordenado, etc., pueden ser la causa de una condición anormal del organismo materno y contribuir a complicaciones. Después de un aborto, se puede tomar té bancha con shoyu y seguir una dieta más rica en minerales.

El aborto voluntario o inducido es, en cambio, una interrupción del embarazo obtenida mediante maniobras médicas. En este caso, interviene drásticamente sobre el organismo de la madre, con importantes efectos físicos y psicológicos, debido a la alteración de una compleja serie de funciones y secreciones (especialmente hormonales) activadas con el fin de generar una nueva vida, predisponiendo a la mujer a un mayor riesgo de problemas en el útero y en los senos (incluidos quistes o tumores).

En general, para prevenir el riesgo de abortos espontáneos y partos prematuros, fortalecer el útero y tener un embarazo exitoso, es necesario evitar los alimentos demasiado refinados, las solanáceas, el exceso de fruta, reducir el consumo de origen animal y comer más cereales y muchas verduras. El descanso y un estilo de vida tranquilo son esenciales para una mujer embarazada.

Lactancia dificultosa

Los problemas de lactancia aparecen cuando los conductos lácteos del seno están bloqueados y la madre no puede generar leche. También en este caso, la nutrición tiene un gran impacto: los productos de origen animal, los alimentos grasos y los productos lácteos suelen provocar una infección mamaria (llamada mastitis). Las madres que no tienen suficiente leche deben seguir una dieta variada con pocos productos de origen animal y rica en cereales, mochi, sopas de miso, legumbres, verduras y leche de cereales. Si se retrasa la subida de la leche, se puede tomar sopa de carpa (koi-koku). Cuando falta leche materna es muy importante, en todo caso, no darle leche de vaca al recién nacido, al menos hay que intentar alternarla con leche de arroz integral (*véanse* los apartados «A propósito de la leche» y «Las bebidas»). En caso de mastitis y fisuras, se pueden aplicar emplastos de clorofila en el pecho.

Náuseas matutinas

El fenómeno de las náuseas matutinas puede ocurrir durante todo el embarazo, pero con mayor frecuencia en los primeros tres meses. Normalmente hablamos de «náuseas matutinas» porque ese trastorno se concentra en esa parte del día. El exceso de alimentos de origen animal, leche y productos lácteos y productos acidificantes, como solanáceas, azúcar refinado, etc., es la causa fundamental de este trastorno: el hígado, sobrecargado de toxinas, es estimulado por la producción hormonal propia del embarazo y no logra realizar sus funciones, alterando el proceso digestivo y las sensaciones asociadas a él.

Es muy importante en esta etapa evitar los alimentos acidificantes, ya que el feto está construyendo su sistema esquelético y necesita calcio. Uno de los efectos de los alimentos acidificantes es precisamente limitar la absorción de calcio, y el organismo, de hecho, lo reclama de las reservas de calcio de los huesos y de los dientes.

Por eso es importante adoptar durante el embarazo una dieta rica en cereales integrales, muchas verduras y, si la mujer está sana, algo de proteína animal. Las algas, las hojas de shiso, el mijo, los encurtidos, las hojas verdes de los vegetales, las semillas de sésamo y las lentejas son alimentos ricos en calcio, hierro y otras sustancias importantes. A veces también se puede tomar tisanas de cola de caballo.

Enfermedades infantiles

Las enfermedades más comunes en la infancia son el sarampión, la varicela, la tosferina, las paperas, la rubéola y todas son contagiosas. Aquellas que tienen la característica de presentar pequeñas manchas o erupciones de diversa índole (exantemas) se denominan enfermedades exantematosas. Su manifestación puede ir acompañada de estados febriles y de enfermedades más o menos graves y duraderas, dependiendo de la reacción del sistema inmunitario, la constitución y la dieta del niño. La vacunación contra estas enfermedades infecciosas, por muy generalizadas que estén, no es una elección acertada: su aparición es un hecho habitual y natural, por lo que todo el mundo debería tenerlas en los primeros años de vida, y los niños sanos son perfectamente capaces de desarrollar anticuerpos específicos, lo que fortalece su sistema inmunitario.

Sin duda, es más peligroso contraer estas enfermedades en la edad adulta que en la niñez. Es importante mantener abrigado al pequeño paciente, porque un resfriado puede ser desventajoso, y en el caso de enfermedades con manifestaciones cutáneas, evitar rascarse, arriesgar una infección secundaria y cicatrices desagradables. Para aliviar la picazón del sarpullido, se puede limpiar el cuerpo con una gasa empapada en agua y sal o aplicar almidón de arroz sobre las heridas. Para el tratamiento, se puede utilizar aceite de salvado de arroz (consultar el apartado «Remedios y tratamientos externos»). Es recomendable reducir drásticamente la carne, los lácteos, la fruta y los dulces. El té y la leche de arroz y de cebada y la bebida de kudzu alivian los síntomas. Para la tosferina, se pueden utilizar los remedios para la tos recomendados. Para las paperas, se pueden colocar cataplasmas de clorofila en la parte hinchada.

Epilepsia y convulsiones

La convulsión es una contracción involuntaria de los músculos del cuerpo que depende del sistema nervioso central. Las causas de las convulsiones pueden ser diferentes: cáncer, intoxicación, hipoglucemia, alcoholismo, etc. En los niños pueden ocurrir fenómenos de este tipo, pero en menor medida, tras un rápido aumento de la temperatura corporal.

Un tipo particular de convulsiones está relacionado con la epilepsia, una enfermedad crónica que puede manifestarse de diferentes formas: el ataque más frecuente es una convulsión generalizada de todo el cuerpo, con contracción y liberación desordenada de los músculos, a veces con pérdida del conocimiento y mordimiento de la lengua. El iris se desplaza hacia arriba, mostrando el blanco de la esclerótica. Las convulsiones, cualquiera que sea su naturaleza, suelen tener su origen en una dieta excesivamente yin y acidificante (drogas, alcohol, azúcar refinado, chocolate, etc.).

Un remedio eficaz para recuperar fuerzas tras el ataque es el té bancha con shoyu o una cucharadita de gomasio. En general, este tipo de ataque se puede prevenir con una dieta equilibrada y el cumplimiento de horarios regulares de comidas y patrones de sueño.

Hay que masajear suavemente el abdomen con la mano derecha mientras se sostiene el cuello del paciente con la izquierda; cuando las heces se mueven, la convulsión se detiene.

Estómago (problemas en el)

Los problemas de estómago son muy frecuentes: pesadez, pirosis, acidez, gastritis, úlceras gástricas y duodenales pueden ir acompañadas de náuseas, vómitos, diarrea, falta de apetito, dolor, lengua blanca y mal aliento. El estómago trabaja en un ambiente muy ácido y, además de secretar ácido clorhídrico útil para la digestión, produce sustancias que protegen sus paredes de la acidez interna.

Cuando la secreción de ácido es excesiva o faltan estas sustancias de defensa, los ácidos internos dañan las membranas mucosas y provocan incluso un ardor intenso (acidez de estómago). Si esta condición continúa, si no se hace nada, puede provocar una inflamación general de los tejidos del estómago (gastritis).

La cronicidad de la gastritis podría provocar daños en las paredes del estómago, hasta generar heridas internas, en este caso, una úlcera gástrica (si la herida está dentro del estómago) o duodenal (si está en la primera parte del intestino delgado).

Los elementos perturbadores para el estómago son el frío, la ingesta excesiva de alimentos y el número excesivo de comidas al día. De forma preventiva, e incluso en el caso de problemas estomacales de cualquier tipo, el tratamiento fundamental es comer alimentos saludables y equilibrados, principalmente vegetarianos, en la cantidad adecuada y no demasiadas veces al día, evitando picar entre comidas: éstos son los factores más importantes para el estómago, porque es el primer órgano interno de la digestión.

En caso de dolor de estómago, pesadez o diversas molestias sería mejor no comer. Se puede beber té bancha que no esté demasiado caliente o un té de hierbas emoliente y antiinflamatorio. Si incluso esto sigue resultando difícil, se puede tomar kudzu; sin embargo, se prefieren los alimentos ligeros y bien cocidos, de fácil digestión y asimilación: sopa de verduras con miso, sopa de arroz, crema y leche de arroz, cereales blandos. Evitar absolutamente las bebidas carbonatadas, los helados y los alimentos demasiado fríos o demasiado calientes.

En caso de dolencias estomacales, cada bocado debe masticarse más de 100 veces para facilitar la digestión, introduciendo en el estómago comida más desmenuzada y, a través de la saliva, elementos protectores y alcalinizantes para sus paredes.

Cuando el dolor se siente inmediatamente después de las comidas, el trastorno generalmente afecta a la parte superior y es causado por los alimentos yin. Si, por el contrario, el dolor se presenta al cabo de un par de horas, significa que los trastornos están presentes en la parte inferior y que se está consumiendo demasiada sal y alimentos yang.

A veces, los dolores pueden surgir cuando se despierta el apetito. A veces, comer algo puede aliviarlos, pero sería mejor esperar a que pasen.

Para la acidez de estómago, se puede mantener un hueso de umeboshi en la boca durante un par de horas o más, estimulando así la secreción de saliva: la saliva, que es alcalina, neutraliza la acidez en el estómago.

Un remedio sintomático en caso de dolor severo: té bancha con umeboshi.

Lo mejor sería mantener caliente el estómago dolorido con cataplasmas de clorofila, sosteniendo una bolsa de sal tibia sobre él.

Para detener los calambres estomacales, la presión sobre el punto de acupuntura ubicado en la esquina inferior del omóplato izquierdo mientras la persona está acostada y relajada es muy eficaz (consultar el apartado «Algunos puntos de presión»).

Una vez, en Japón, una mujer de 39 años que tenía una úlcera gástrica vino a verme después de consultar a un médico en el hospital. Le habían dicho que su condición requería cirugía y que tendría que regresar después de tres días para someterse a la operación. Reacia a someterse a este tratamiento drástico, la señora me pidió ayuda. En esas circunstancias, yo estaba dispuesto a intentar cualquier cosa y ella estaba dispuesta a cooperar. Su dieta estaba restringida y le aconsejé que bebiera té bancha y umeboshi. La ciruela salada estimula la secreción de saliva, que es muy alcalina y ayuda a neutralizar el ácido del estómago, que es una de las causas de las úlceras de estómago. También le hice tomar té shishikarentō tres veces al día y después de una hora un poco de arroz integral muy suave con ciruela umeboshi. Este plato es altamente digerible y alcalinizante. El tratamiento surtió efecto de inmediato: al día siguiente se sintió considerablemente mejor. Canceló la cita para la operación y se recuperó rápidamente comiendo mucho arroz integral.

Estreñimiento

El estreñimiento indica una condición anormal del intestino grueso y ocurre cuando no hay un vaciado intestinal regular o cuando las heces son duras o escasas.

En este caso, todo el intestino está debilitado y realiza sus funciones de manera insuficiente.

La dieta moderna, basada en comidas rápidas e irregulares, compuesta por productos refinados y envasados, carentes de verduras y fibras, y la falta de ejercicio físico son las principales causas de esta situación patológica. Las consecuencias de este trastorno pueden ser hemorroides, apendicitis, divertículos, hernias, insomnio y dolores de cabeza.

Existe estreñimiento causado por los productos yang, que se debe a alimentos salados, astringentes y refinados. En este caso, el intestino se contrae y el líquido contenido en el quimo es absorbido por las paredes intestinales, las heces se vuelven duras, de color marrón oscuro y brillantes. El estreñimiento causado por los alimentos yin (dulces y grasos) se manifiesta en un colon hinchado y expandido, que ya no tiene la capacidad de realizar la función peristáltica de eliminación de heces. La persona también en este caso tiene dificultad para limpiar el intestino, las heces son menos duras y no son brillantes. La gravedad del estreñimiento radica en sus complicaciones, siendo la acumulación de heces en el intestino una fuente importante de varias enfermedades. Para solucionar este problema es eficaz seguir una dieta rica en fibra: cereales integrales, verduras, sopas de miso, leche de arroz. Los frijoles azuki, las semillas de calabaza tostadas, las ensaladas comunes y las ensaladas de salvado de arroz también son muy útiles para recuperar la función intestinal.

Además, una tisana emoliente y, a veces, una cucharadita de rábano rallado mezclada con una cucharadita de aceite de semillas de sésamo pueden ser beneficiosas. No se recomienda un laxante o un enema para las personas yin. Lo más importante es cuidar mejor la nutrición y la masticación y evitar ingerir cantidades excesivas de comida. Es buena idea caminar mucho y hacer, con el estómago vacío, un masaje con la palma de la mano en el estómago.

Enuresis (mojar la cama)

La enuresis es la micción nocturna involuntaria de los niños, causada por una contracción o disfunción del músculo de la vejiga que tiene la necesidad de vaciarse, aunque no esté llena de orina.

Está causada por una ingesta excesiva de alimentos y bebidas yin.

Pero conviene señalar que la condición del niño suele ser demasiado yang y por ello se siente atraído por alimentos extremadamente yin (dulces, bebidas frías y carbonatadas, chocolate, fruta, etc.) que favorecen la producción de mucha orina acuosa y clara.

Otra causa más rara puede ser el consumo de demasiados alimentos salados y de origen animal (yang), que cuando se ingieren durante un tiempo prolongado endurecen y debilitan los riñones y hacen que la vejiga pierda su capacidad para retener la orina.

A menudo, las personas mayores que orinan por la noche se encuentran en esta situación.

Los bebés que mojan la cama una o dos horas después de acostarse eliminan el exceso de yin, los que orinan alrededor de las tres o cuatro de la mañana tienen la vejiga y los riñones demasiado contraídos. Si este síntoma persiste en niños mayores, de hasta 10 años de edad, puede haber disfunción o enfermedad de los riñones, la vejiga y el tracto urinario.

Para solucionar este problema, se debe cambiar la dieta: reducir los alimentos con cualidades extremas y comer principalmente cereales integrales y verduras, sustituyendo la carne por legumbres, especialmente por frijoles azuki. La bebida de azuki es muy beneficiosa para los riñones y la vejiga. Es importante cenar temprano y beber poco por la noche. Al comer menos carne y alimentos salados, se puede beber menos.

Fiebre

Para estar sano, el cuerpo debe mantener constante su calor. Hablamos de fiebre cuando la temperatura corporal sube por encima de los valores normales (de 37 °C en adelante).

Es un síntoma que puede acompañar diversas dolencias (gripe, neumonía, cistitis, entre muchas otras) y es un mecanismo de defensa del organismo que destruye el exceso de toxinas, especialmente las de las grasas y de las proteínas animales, como la carne y los huevos.

La medicina oriental considera que la fiebre alta es una manifestación yang. Tener fiebre es una buena manera de limpiar el cuerpo de acumulaciones de toxinas, sin embargo, la fiebre prolongada o demasiado intensa puede debilitar el cuerpo, especialmente si no se encuentra en condiciones óptimas. La fiebre es menos común en quienes no comen carne.

Las personas yang generalmente tienen fiebre alta, mientras que las personas yin tienen fiebre baja. La fiebre a menudo implica dolores de cabeza, fatiga, rigidez de hombros y sudoración excesiva. En general, en caso de fiebre, no se debe calentar demasiado el ambiente ni cubrirse en exceso, lo que llevaría a una sudoración excesiva: es muy importante, sin embargo, evitar cambios bruscos de temperatura, permanecer en reposo y comer más ligero y suave, evitando alimentos de origen animal, lácteos y dulces. Si la fiebre es alta, no hay necesidad de comer, sólo hay que beber agua o té.

En caso de temperaturas moderadas, es una buena idea no intervenir, sino dejar que el cuerpo recupere la temperatura corporal en las condiciones normales. La fiebre se puede controlar con cataplasmas de clorofila o de patata colocadas en la frente.

Si se dan temperaturas muy elevadas, es aconsejable llamar a un médico.

Gota

La gota está causada por un exceso de ácido úrico que se deposita en forma de cristales en las articulaciones, por ejemplo, en los tobillos y en los dedos de los pies y de las manos, provocando un dolor muy agudo.

El origen de este trastorno se puede encontrar en una dieta no regulada que se ha prolongado durante mucho tiempo, basada en alimentos de cualidades extremas, en particular, productos de origen animal.

Para la rigidez y el dolor articular, el mejor tratamiento es adoptar una dieta más simple y natural, principalmente vegetariana, con muchas verduras cocidas y crudas. Un tratamiento externo útil puede ser un baño de jengibre seguido de cataplasmas de clorofila.

Gusanos y parásitos intestinales

Varios tipos de gusanos pueden provocar dolencias, especialmente en los intestinos. Las más frecuentes, que aparecen principalmente en niños, son las lombrices intestinales, los oxiuros y las tenias. Estos parásitos viven en el intestino delgado y muchas personas no los notan. Quienes las albergan tienen mucha hambre, pero están delgados y carecen de vitalidad. La transmisión de parásitos siempre ocurre por ingestión de larvas o huevos a través de los alimentos. La tenia, también conocida como la solitaria, se puede ingerir a través de la carne de cerdo y de res cruda o poco cocida, y es más común en los adultos.

Aunque los parásitos intestinales están presentes, debe tenerse en cuenta que un organismo sano, en general, es capaz de manejar y expulsar las lombrices, si hubieran sido ingeridas.

Algunos síntomas que indican la presencia de parásitos en el cuerpo son: picor de ano, uñas que se rompen o se curvan hacia afuera, leves manchas en las mejillas, esclerótica azulada, dolor de estómago severo y hambre excesiva.

Tanto a nivel preventivo como de tratamiento, el mejor consejo es seguir una dieta natural compuesta por cereales, legumbres, verduras, postres sencillos, evitando la carne y el azúcar.

Si se da presencia de gusanos, para deshacerse de ellos es muy efectiva la infusión de artemisa. La artemisa también se puede consumir con mochi o con alforfón. Un remedio es masticar un puñado de arroz integral crudo durante mucho tiempo por la mañana, hasta que se derrita en la boca, una o dos veces por semana. También se puede probar con semillas de calabaza tostadas.

Un enema con té de artemisa o té bancha con sal puede resultar útil. En estos casos es fundamental cuidar mucho la higiene corporal.

Hemorragia nasal (epistaxis)

La hemorragia nasal es un trastorno que puede aparecer en estados de debilidad, como gripe u otra enfermedad, o como consecuencia de un accidente. Ocurre más fácilmente en niños y menos en adultos. A menudo se da en personas que padecen un mal estado de la sangre y de los vasos sanguíneos. La persona que sangra frecuentemente por la nariz debe evitar alimentos muy yin, como chocolate, azúcar, productos lácteos, etc.

En caso de que el sangrado no se detenga, es muy efectivo beber polvo de cabellos carbonizados disuelto en agua, té bancha con shoyu. Si no hay ningún remedio a mano, hay que hacer que la persona se siente con la cabeza echada hacia atrás y golpear ligeramente la nuca con el canto de la mano, o tirar de tres pelos del punto hueco donde el cuello se une al cráneo.

Hemorragias

La hemorragia es una pérdida de sangre del cuerpo, que puede fluir hacia afuera o hacia el propio organismo. El sangrado interno es causado por enfermedades que rompen uno o más vasos sanguíneos dentro de un órgano. Esto puede ocurrir en cualquier órgano, siendo los más frecuentes el sangrado uterino y el sangrado intestinal.

En el primer caso, el sangrado puede presentarse como un ciclo menstrual anormal y como un sangrado real en el intervalo del ciclo. A menudo se debe a la presencia de acumulaciones de sangre estancada en el útero, debido a fibromas, pólipos, quistes, etc.

El sangrado intestinal puede ser causado por varios tipos de trastornos y enfermedades intestinales y ocurre con la evacuación de heces oscuras que contienen sangre. En cualquier caso, es fundamental seguir una dieta natural sin alimentos demasiado yin o yang. Un remedio eficaz durante el sangrado es beber un poco de té bancha con shoyu, o cabellos carbonizados diluidos en un poco de agua. En estos casos sigue siendo importante beber poco.

Una vez que se ha detenido el sangrado, puede ser útil tomar regularmente baños de asiento durante 30 minutos con una decocción de hojas de daikon, rábano u otras hojas verdes y sal regularmente antes de acostarse.

Hemorroides

Las hemorroides se deben a la dilatación de las venas que rodean la zona anal, y pueden ser internas o externas. Dependiendo de su estado de desarrollo y gravedad, pueden producir picor, malestar general, hasta llegar a producir dolores intensos, especialmente en el momento de la defecación, con pérdida de sangre. Las hemorroides también pueden prolapsarse, es decir, extenderse fuera del ano, y a menudo se acompañan de enfermedad de las encías causada por mala circulación.

Las hemorroides son el resultado del consumo prolongado de alimentos «excesivos», como carne y sus derivados, quesos, alimentos salados y especias (guindilla), etc., y provocan estancamiento de la sangre y fragilidad capilar. La vida sedentaria de la sociedad moderna aumenta este problema.

El mejor consejo es seguir una dieta natural y más vegetariana. Se pueden aplicar cataplasmas de clorofila en el ano y esparcir aceite de sésamo en la zona afectada. Sugerimos enjuagar con agua fría y baños de asiento con una decocción de hojas verdes y sal.

Hepatitis, ictericia y problemas hepáticos

La hepatitis es una inflamación del hígado que puede manifestarse de forma aguda o crónica; la hay de varios tipos, siendo los tres más frecuentes la A, la B y la C. Los primeros síntomas que aparecen son fiebre, debilidad, náuseas, vómitos, diarrea y pérdida de apetito. Durante la enfermedad, la piel y la esclerótica de los ojos adquieren un color amarillo verdoso, porque la bilis entra en la sangre; la orina se oscurece y las heces se vuelven claras.

La hepatitis A es la menos grave, se transmite principalmente a través de alimentos o agua contaminados, mientras que las hepatitis B y C se transmiten a través de la sangre, por lo tanto, por transfusiones, intercambio de jeringas infectadas, relaciones sexuales.

La ictericia está causada por el mal funcionamiento de la vesícula biliar, que envía bilis a la sangre en lugar de verterla en el duodeno. Por lo general, el colédoco está bloqueado, por ejemplo, por cálculos, quistes, tumores. La piel y la esclerótica tienen un color amarillo verdoso y las heces pueden volverse blancas. Por el contrario, la ictericia en el recién nacido es un trastorno leve que generalmente se resuelve de manera espontánea.

La cirrosis hepática es una enfermedad crónica del hígado que pierde progresivamente su conformación y fisiología natural y, en consecuencia, sus funciones. Puede ser el resultado de una hepatitis crónica o de un consumo prolongado de alcohol.

Los problemas hepáticos se deben generalmente a un consumo excesivo de alimentos y, en particular, a aceites, grasas, carnes, alimentos ácidos, refinados, azúcar, alcohol, drogas y medicamentos. Es bien sabido que el hígado es el acumulador de todas las toxinas presentes en el organismo y que tiene la tarea de transformarlas o eliminarlas. Si pierde esta habilidad, termina intoxicado por toxinas y químicos que no son expulsados del cuerpo y se enferma.

En estos casos es necesaria una dieta vegetariana muy equilibrada que ayude al hígado a restaurar sus funciones. Las sopas con muchas hojas verdes y crema de arroz son beneficiosas.

Una tisana depurativa, o de artemisa o de bardana, ayuda a aliviar las dolencias del hígado y a limpiar la sangre. Se pueden aplicar emplastos de alforfón (agua y harina de alforfón) o cataplasmas de clorofila en la zona del hígado.

Leucemia

La leucemia es una enfermedad que se caracteriza por la introducción en el torrente sanguíneo de una gran cantidad de glóbulos blancos que no están maduros y son incapaces de realizar sus funciones. En consecuencia, afecta a otros glóbulos (glóbulos rojos y plaquetas). Los síntomas pueden ser fatiga, anemia, infecciones, sangrado, fiebre frecuente.

Es una enfermedad muy yin que se desarrolla cuando el intestino delgado deja de realizar su actividad en la producción de sangre, debido a una dieta acidificante que debilita este órgano. Las personas que padecen leucemia deben comer alimentos que fortalezcan el intestino y produzcan buena sangre: cereales integrales, legumbres y verduras. Es importante masticar bien para facilitar la asimilación de nutrientes y renunciar al azúcar, la carne y los lácteos.

Obesidad

La obesidad es una condición patológica que aflige a muchas personas en los países industrializados y que, además de empeorar significativamente la calidad de vida, precede y provoca una serie de enfermedades e incluso síndromes muy graves.

Se debe a un conjunto de factores que determinan un mal funcionamiento de todo el organismo y principalmente del sistema linfático y de los riñones.

El sistema glandular ya no funciona correctamente y, por lo tanto, el metabolismo se ve comprometido.

El problema de la obesidad no debería ser más complejo de lo que realmente es.

No cabe duda de que una reducción en la cantidad de alimentos ingeridos, pero sobre todo la adopción de una dieta correcta con comidas regulares, es la mejor manera de adelgazar.

Seguir una dieta más sencilla, mayoritariamente vegetariana, compuesta por cereales, legumbres y muchas verduras cocidas y crudas, reduciendo las proteínas y grasas y eliminando el azúcar y la sal refinada, es más que suficiente para solucionar este problema.

El agar-agar, que se puede consumir en sopas, verduras y dulces, absorbe líquidos y disuelve las grasas corporales, así como otras algas. El té bancha es beneficioso y se recomiendan muchos paseos.

Ojos (problemas en los)

En la medicina oriental, las dolencias y enfermedades oculares están estrechamente relacionadas con el estado del hígado. Dependen de problemas hepáticos, que en la mayoría de los casos son causados principalmente por un gran consumo de azúcar, grasas, productos animales, químicos, alcohol, medicamentos y drogas. El astigmatismo y las cataratas son provocados por un exceso de azúcar y fruta.

La miopía puede ser de dos tipos: en el caso de la miopía de tipo yang, la córnea del ojo es demasiado gruesa. El tipo yin, por otro lado, se debe a una expansión del globo ocular provocada por el consumo excesivo de azúcar. La hipermetropía es el resultado de una condición de yang, en la que el globo ocular está demasiado contraído. Los recién nacidos suelen tener hipermetropía, pero con la leche materna, los globos vuelven a su tamaño normal. Si la leche materna es demasiado yang, el cambio se produce más lentamente.

Este trastorno puede convertirse rápidamente en presbicia.

Todos los trastornos de la visión, tanto yin como yang, siguen denotando un desequilibrio y sólo se pueden tratar con una dieta bien equilibrada y sin excesos.

Eliminar los alimentos enumerados anteriormente y seguir una buena dieta, principalmente vegetariana, tendrá resultados positivos. El daltonismo se puede curar comiendo principalmente alimentos cocidos y menos fruta.

Como intervención adicional, se pueden beber tisanas depurativas y hacer baños de ojos o emplastos en los ojos con té bancha y sal. Las cataplasmas de clorofila también ayudan.

Órganos genitales femeninos (problemas en los)

La medicina oriental tradicional indica una correspondencia entre los órganos sexuales, los riñones y la vejiga: un mal funcionamiento de esta última determina problemas en el sistema genital.

En las sociedades modernas, especialmente en Occidente, hay un aumento drástico en el número de mujeres que padecen este tipo de trastornos: inflamaciones, infecciones, problemas y dolores menstruales, vaginitis, fibromas uterinos y quistes ováricos.

La mayoría de estos trastornos tienen raíces muy profundas, problemas congénitos y malformaciones, pero a menudo son causados por tratamientos hormonales, abuso de alcohol y drogas, y principalmente por una mala alimentación: especialmente un consumo excesivo de alimentos yang (productos de origen animal, alimentos salados), que contraen y endurecen los tejidos de estos órganos, pero también de alimentos fuertemente yin (lácteos, azúcares refinados, etc.), que a menudo los inflaman.

Los problemas menstruales también pueden ser causados por sangre estancada. En el pasado, cuando la vida y la nutrición eran más naturales, el ciclo menstrual se armonizaba con las fases de la luna. Hoy en día ya no es el caso. Además, suprimir el ciclo menstrual natural con píldoras anticonceptivas es muy peligroso.

Cuando se tienen períodos de amenorrea (falta de menstruación), es necesario comer muchas verduras. Los problemas más leves, como la menstruación dolorosa, la leucorrea (secreción vaginal de moco blanco o amarillo) y la vaginitis generalmente se pueden resolver en poco tiempo siguiendo una dieta principalmente vegetariana. La nutrición vegetariana fortalece a las mujeres.

En caso de dolencias en los órganos genitales femeninos, se recomiendan los frijoles negros. Con estas legumbres se obtiene un caldo muy cicatrizante que se puede consumir durante mucho tiempo.

Un remedio sintomático para los dolores agudos puede ser té bancha con shoyu. Si se tiene demasiada menstruación se puede probar a comer 5 frijoles azuki crudos, masticados muy bien.

En el caso de infecciones y flujo vaginal, los baños de asiento de hojas de rábano (u otras hojas verdes) y sal se pueden combinar con una dieta natural, así como duchas vaginales con agua y sal o ume-zu.

Las largas caminatas diarias y la masticación prolongada fortalecen los órganos sexuales.

> Una pareja joven, unida desde hacía tres años, vino a consultarme porque no podían tener hijos. La mujer era obesa y por el diagnóstico entendí que tenía problemas de estancamiento de sangre. Le aconsejé que perdiera peso y cambiara su dieta. Comenzó a comer sobre todo cereales integrales y verduras, eliminando productos de origen animal. Después de una semana expulsó del útero un coágulo de sangre del tamaño de una naranja y casi negro (la sangre era muy antigua). Cuando se expulsa un coágulo de este tipo, la condición de la persona mejora rápidamente. En este caso, la mujer pudo concebir menos de seis meses después. Dado que se verifican curaciones de este tipo, no se debe temer al cáncer de útero, especialmente si se sigue una buena dieta.

Órganos genitales masculinos (problemas de los)

Los órganos sexuales masculinos también están relacionados con los riñones y la vejiga, por lo que problemas como quistes e infecciones del tracto urinario, inflamación de los testículos y próstata, gonorrea, infertilidad, anomalías en la actividad sexual, etc., están relacionados con un trastorno de este par de órganos. Para mantener un buen estado de salud de los órganos sexuales es necesaria una dieta natural y equilibrada que incluya cereales integrales, verduras y, si la persona está sana, algunos productos de origen animal de vez en cuando. El consumo excesivo de carne (yang) y de otros alimentos ricos en proteínas inicialmente provoca un deseo sexual excesivo y, por lo demás, malsano.

Los azuki son los frijoles indicados para los riñones, y su bebida es muy beneficiosa para las dolencias del tracto genital masculino.

Es fundamental masticar mucho, porque los músculos masticadores están conectados con los órganos sexuales, y realizar largas caminatas que fortalezcan la parte baja del abdomen.

Peso bajo (problemas de)

La mayoría de las personas delgadas también están demasiado tensas (yang).

La respuesta a sus problemas es no comer de más, porque esto sólo estimula el sistema excretor, que ya está demasiado activo. El problema no está en la cantidad, sino en retener y absorber los alimentos. Debe consumirse poca comida a intervalos regulares y la comida debe ser suave y cremosa. El arroz integral está bien, pero también se recomiendan más cereales yin, como el arroz dulce, el mochi, la crema de cebada, de trigo, de avena y de maíz, y muchas verduras, calabaza, frijoles negros y pequeñas cantidades de semillas oleaginosas y nueces.

Si, por el contrario, el problema se debe a una constitución débil, yin, se recomienda la sopa de carpa.

Piel (problemas en la)

Las enfermedades de la piel, como eccema, psoriasis, erisipela, impétigo, pie de atleta, vitíligo, pitiriasis versicolor, son manifestaciones de unos pulmones débiles.

Cuando el cuerpo está cargado de productos de desecho, los pulmones, junto con los riñones y el hígado, no pueden expulsar las toxinas, por lo que la piel se ve obligada a realizar parte de este trabajo.

Los problemas de la piel están ligados a un exceso de grasas y proteínas, que caracteriza por ejemplo la leche y los productos lácteos, mientras que los azúcares refinados estimulan y aceleran el sarpullido y la inflamación de la piel (acné, forúnculos, etc.). Una dieta predominantemente vegetariana con muchos cereales y verduras de hoja verde, que también incluye una reducción de proteínas y grasas, ayuda a fortalecer los órganos en cuestión y a resolver los trastornos de la piel. Externamente, en la parte afectada, se pueden aplicar cataplasmas de clorofila, aceite de sésamo o aceite de salvado de arroz (consultar el apartado «Remedios y tratamientos externos»).

Pulmones (problemas de los)

Las principales manifestaciones patológicas del tracto respiratorio son tos, asma, bronquitis, neumonía y tuberculosis. Estos trastornos tienen un origen infeccioso y son contagiosos.

Asma

El asma es una enfermedad crónica de los bronquios que provoca dificultades respiratorias. El ataque de asma, que suele ocurrir de noche o por la mañana temprano, se caracteriza por una marcada obstrucción de los bronquios, por hinchazón de las mucosas y, en consecuencia, por una fuerte dificultad para respirar, sensación de asfixia y falta de aire. Para mejorar esta situación se debe prestar atención a la dieta, que debe basarse en cereales integrales, especialmente arroz, muchas verduras y hojas verdes.

El ataque de asma se puede aliviar presionando el punto de acupuntura pulmonar P6 (consultar el apartado «Algunos puntos de presión») y bebiendo té bancha con daikon rallado. Las compresas de jengibre en el pecho pueden resultar útiles además de una dieta adecuada.

Bronquitis

La bronquitis es una inflamación de los bronquios que comienza con síntomas de resfriado y puede ser aguda o crónica.

Neumonía

La neumonía es una afección inflamatoria aguda de los pulmones que a menudo comienza con bronquitis. La inflamación empeora rápidamente y es seguida por escalofríos, fiebre alta, sudor, dificultad para respirar y pulso acelerado. Las personas propensas a la bronquitis y a la neumonía deben evitar los productos de origen animal, los lácteos, los dulces con azúcar y seguir una dieta principalmente vegetariana con muchas verduras y hojas verdes. Se sugiere beber leche de arroz y de cebada, té de loto y bebida de kudzu.

En caso de fiebre, se puede aplicar una cataplasma de patatas en la frente o una cataplasma de carpa en el pecho, que es un método antiguo oriental para tratar la neumonía.

Resfriado y gripe

Un resfriado es una inflamación aguda del tracto respiratorio superior que afecta a muchas personas al menos una vez al año, generalmente en la estación fría. Secreción nasal, dolor de garganta, ronquera, aumento de la producción de moco, escalofríos, fiebre, dolor de cabeza, tos, etc., son los síntomas.

El resfriado en sí no es peligroso, tiene un curso que dura unos días y luego desaparece. En la medicina oriental, la causa de la enfermedad puede verse desde dos lados: la causa puede ser interna o puede ser externa. En este caso, el factor externo son los virus, las bacterias y el frío, que atacan a la persona que tiene una afección interna con un sistema inmunitario debilitado y poca resistencia. Este debilitamiento también se debe a un enfriamiento en el interior del organismo. La nutrición influye en la temperatura del cuerpo, incluida la de los órganos. Los principales alimentos que provocan un enfriamiento son el azúcar, la miel y la fruta, sobre todo si se consume en invierno y no es en la temporada en la que crece (la fruta exótica es un alimento extremo para quienes habitan en zonas templadas). Estos alimentos, junto con los productos lácteos, acidifican la sangre y, por lo tanto, debilitan el cuerpo. Los resfriados suelen ir acompañados de fiebre, que es una de las reacciones típicas de un organismo que consume muchos productos de origen animal. No se recomienda tomar aspirina, que es sólo un veneno para el cuerpo. Probablemente proporcione alivio, pero no es una cura; un resfriado se puede curar incluso sin intervenir. La aspirina puede provocar malestar estomacal, anemia, hiperventilación.

La gripe se presenta con los mismos síntomas que los resfriados, pero es una forma viral. A menudo se propaga de manera epidémica y se extiende muy rápidamente por varios países. El virus se transmite por el aire y es difícil prevenirlo. Muchas veces, la fiebre es más alta que la de un resfriado común y se presentan diversos dolores y molestias, por ejemplo, erupciones cutáneas, vómitos o diarrea. Esta condición provoca un debilitamiento del sistema inmunitario y la persona es vulnerable a infecciones secundarias, que podrían ser más peligrosas que la propia gripe. Se han identificado y clasificado numerosos virus de la gripe, y cada año aparece uno nuevo, por lo que la vacunación no resuelve el problema. Especialmente en la sociedad moderna y de manera cada vez mayor, el organismo debilitado es incapaz de adaptarse a los cambios climáticos naturales, las personas tienden a vivir en ambientes cálidos incluso en invierno y por lo tanto sufren cambios bruscos de temperatura, debilitando el sistema inmunitario.

Para prevenir y curar los resfriados y la gripe, es necesario que se preste atención a la dieta: los alimentos adecuados en estos casos también son las sopas de miso, los cereales, las legumbres y las verduras.

Para aliviar los síntomas, las bebidas más indicadas son el té bancha, la leche de arroz o de cebada y la bebida de kudzu. Se recomiendan baños nasales y gárgaras con té bancha y sal para ayudar a respirar. En caso de fiebre, se pueden aplicar cataplasmas de clorofila o de patata en la frente.

Tos

La tos suele acompañar a un resfriado; en general, estos dos trastornos indican un exceso de yin. La tos también se puede clasificar según el yin y el yang. La tos yang es más seca, el moco se estanca en los pulmones; la persona tiene dificultad para respirar. Y se debe principalmente a los alimentos yang (alimentos salados, jamón, embutidos, etc.).

La tos yin es espesa, con mucho moco y secreción nasal, y a menudo genera un sonido largo y apagado, como un silbido. Un exceso de alimentos lácteos, fritos, grasos y con almidón produce moco, que obstruye los pulmones y provoca tos.

La clave para la curación es evitar estos alimentos. Se recomienda tomar té y leche de arroz y cebada, té de loto o té mu, y bebida de kudzu.

Tuberculosis

La tuberculosis es una infección contagiosa de los pulmones, caracterizada por la formación de pequeños nódulos redondeados, los tubérculos, ubicados en el tejido del órgano.

Los síntomas inicialmente se parecen a los de una tos común, y en una segunda etapa pueden incluir fiebre y fatiga crónica, sudoración, palidez facial, sangre en el moco, dolores pulmonares, dificultad para respirar y orina manchada de sangre.

Hace trescientos años hubo un aumento dramático en las muertes por tuberculosis. Fue el período de la Revolución Industrial, que coincidió con el aumento de la importación y el refinado del azúcar. De hecho, en ese momento, la mayor incidencia de tuberculosis se produjo entre los trabajadores de las refinerías de azúcar. La tuberculosis también se extendió a Japón, inmediatamente después de la importación a gran escala de azúcar refinada a principios del siglo XX con la adquisición de la isla de Formosa, productora de azúcar barato.

Por tanto, el azúcar, que es una sustancia excesivamente yin, es una de las principales causas de esta enfermedad, que se manifiesta más en personas con pulmones débiles, generalmente en personas yin.

Los pacientes con tuberculosis deben seguir una dieta principalmente vegetariana, rica en hojas verdes, y eliminar el azúcar, los dulces, el alcohol, los productos lácteos y productos con sustancias artificiales. Las caminatas diarias también son beneficiosas.

Riñones (problemas en los)

Los trastornos de este órgano pueden manifestarse de manera aguda o crónica. La aguda aparece repentinamente, su curso es corto y doloroso, y la persona no puede orinar.

Un ejemplo son los cálculos renales, que consisten en una acumulación de sales minerales, causada por una sangre de mala calidad y una disfunción renal.

Durante la expulsión de estas piedras, la persona experimenta fuertes calambres y dolores. La enfermedad crónica se manifiesta con disfunción renal prolongada y los trastornos que se pueden encontrar son inflamaciones, como nefritis, uretritis, cistitis. Si estos problemas persisten después de algún tiempo, los riñones pueden encogerse y atrofiarse. Los síntomas de la enfermedad crónica son: micción frecuente y con picazón, presión arterial alta, dificultad para respirar o micción insuficiente con hinchazón y ardor en las piernas y los pies.

En la enfermedad renal, tanto aguda como crónica, donde no existen malformaciones morfológicas, los riñones están sobrecargados de productos de desecho (ácido úrico, amoníaco y varios otros) que son incapaces de eliminar y pierden la capacidad de filtrar bien la sangre.

Una vez más, el papel fundamental lo juega la nutrición: los excesos yang (sal, productos de origen animal) contraen y endurecen los glomérulos de los riñones dificultando sus funciones. Los síntomas son una cantidad baja y un color oscuro de la orina.

Por otro lado, los excesos yin provocan una dilatación de este órgano y la acidificación de la sangre debilita sus tejidos. En este caso, hay una cantidad excesiva de orina y de color muy claro. Al orinar con frecuencia, se pierden hormonas importantes y algunas sales minerales. La hinchazón en varias partes del cuerpo, por ejemplo, en los tobillos, a menudo se debe a que los riñones retienen líquidos.

También la falta de naturalidad del entorno cotidiano en el que se vive y el estilo de vida desordenado pueden predisponer a la persona a estos trastornos.

Los problemas renales promueven enfermedades cardíacas y son responsables de alteraciones en otros órganos, porque la sangre que no es filtrada por los riñones los intoxica.

Una dieta macrobiótica predominantemente vegetariana es eficaz para la disfunción renal y es capaz de desintoxicar los riñones enfermos, restableciendo su funcionamiento normal: con verduras, cereales y legumbres, especialmente los frijoles azuki, que están conectados a los riñones. De hecho, los frijoles azuki y su bebida tienen un gran poder curativo para este órgano. La decocción de cola de caballo y las infusiones de hierbas antiinflamatorias pueden resultar útiles. El té bancha con jugo de daikon y la bebida de sandía son efectivos para los riñones contraídos.

Como tratamiento externo, las compresas de jengibre pueden ayudar, seguidas de cataplasmas de clorofila en los riñones. Es importante no enfriarse demasiado y cubrir los riñones con una banda de algodón para mantenerlos calientes.

Vesícula biliar (cálculos en la)

En muchos casos, una dieta rica en alimentos acidificantes, como carnes, alimentos grasos y fritos, azúcar, tomates o alcohol genera muchas toxinas en el organismo, que se depositan y cristalizan en formaciones de sales de calcio y colesterol en la vesícula biliar constituyendo cálculos. A menudo, la piedra se mueve hacia los conductos biliares, ocluyéndolos y obstruyendo el paso de la bilis al duodeno.

En este caso, la presencia de cálculos en los conductos provoca calambres dolorosos intensos y, a menudo, también conduce a una infección del conducto biliar y a problemas digestivos.

El enfoque macrobiótico previene y trata el problema a través de alimentos ricos en fibra (que unen las sales biliares), como cereales integrales, verduras y legumbres. El arroz integral tostado antes de cocinar facilita la expulsión de las piedras.

En caso de dolor severo, se puede beber té bancha con umeboshi y shoyu. Para facilitar la expulsión de las piedras, se puede tomar una infusión depurativa.

En el lado derecho correspondiente a la zona del hígado se pueden aplicar compresas de alforfón (preparadas con agua y harina de alforfón) o emplastos de jengibre, seguidos de cataplasmas de clorofila.

Vitamina B (deficiencia de)

Muchas personas sufren deficiencias vitamínicas, especialmente las del complejo vitamínico B, a menudo sin darse cuenta. Al principio, se pueden observar como síntomas el entumecimiento y la insensibilidad en los pies, las piernas o los labios. A menudo también puede haber taquicardia, dificultad para respirar, dificultad para caminar, fatiga, anemia, etc. A veces hay dolores en varias partes del cuerpo, problemas oculares y problemas de memoria.

La deficiencia de vitaminas puede deberse a una baja ingesta dietética (escasa cantidad de cereales integrales y verduras) o a su mala asimilación (por consumir alimentos refinados, azúcar blanco, alcohol, fármacos, antibióticos, etc., que destruyen la flora intestinal).

El beriberi también es causado principalmente por alimentos refinados que son deficientes en vitamina B. En la segunda mitad del siglo XIX, los primeros casos de beriberi ocurrieron en Japón con la introducción del arroz brillante. Se han inventado numerosos medicamentos para reponer la vitamina B, que al principio tienen un efecto rápido, mientras que, con el tiempo, al ser vitaminas sintéticas, no se retienen en el cuerpo por períodos largos (consultar el apartado «La sangre»). ¿Por qué tomar estas píldoras y seguir consumiendo arroz brillante cuando la vitamina B está presente en la piel exterior que recubre los cereales integrales, especialmente el arroz?

El mejor tratamiento para las deficiencias vitamínicas es una dieta equilibrada y variada que incluya, además de cereales integrales, verduras de hoja verde, algas, los encurtidos comunes y los de salvado de arroz, los condimentos macerados, como el miso y el tamari, en sopas y otras preparaciones y, si la persona está sana, un poco de pescado.

MÉTODOS DE PRIMEROS AUXILIOS

Los siguientes consejos pueden ser útiles en caso de emergencias. Además de contactar con un médico, o esperar a que éste llegue, se puede intervenir con métodos sencillos y naturales.

Fracturas, esguinces y dislocaciones

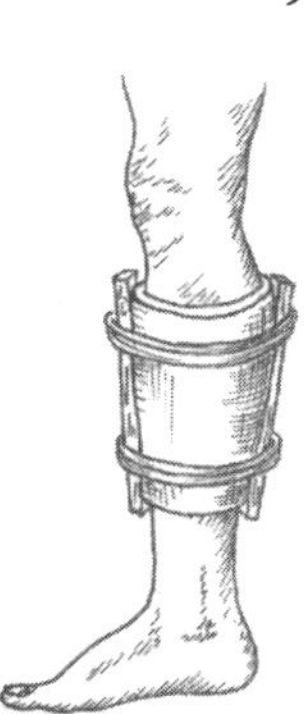

En caso de golpes violentos, accidentes o traumatismos en general, es necesario examinar cuidadosamente las partes afectadas para verificar la existencia o no de fracturas. Las fracturas suelen ser muy dolorosas, la zona afectada se hincha y, a veces, se produce un hematoma. En el caso de fracturas de extremidades, a veces puede ocurrir deformación o dislocación de la extremidad.

Para las fracturas, se debe aplicar una cataplasma de clorofila o de patatas en el área fracturada y unos palos de madera atados alrededor de la extremidad para mantener el hueso en su lugar. Si hay dolor en una articulación, podría deberse a un esguince o a una dislocación. También en estos casos se pueden aplicar las cataplasmas, envolviendo la articulación afectada.

Hemorragias

Como consecuencia de accidentes, traumatismos o caídas desde grandes alturas, pueden producirse lesiones con sangrado. Si la sangre se filtra fuera del cuerpo, hay sangrado externo, si se filtra dentro, hay sangrado interno.

Sangrado externo

Si hay una fuga de sangre del cuerpo, debe detenerse inmediatamente. Si el sangrado está en las extremidades, vendar la herida con fuerza, y si la sangre no se detiene, atar un lazo más arriba del corte en la extremidad lesionada. El nudo debe aflojarse cada treinta minutos, para no bloquear completamente la circulación sanguínea. La presión fuerte de la mano sobre ese miembro también puede ayudar a detener el sangrado.

En caso de sangrado abundante o de coagulación lenta de la sangre, se le puede dar una cucharadita de gomasio o polvos de cabellos carbonizados disuelto en un poco de agua (consultar el apartado «Un remedio específico: Polvos de cabellos carbonizados»). Es mejor no dar de beber a la persona que está sangrando, ya que los líquidos pueden prolongar el sangrado y empeorar la situación. Es mejor esperar hasta que la sangre se coagule.

La sangre se coagula debido a la oxidación, por lo que lavar la herida no es una buena idea, especialmente con peróxido de hidrógeno (agua oxigenada). Se puede aplicar un poco de dentie, que es muy eficaz para detener el sangrado y cerrar la herida, desinfectando primero con un poco de agua y sal.

Hemorragia interna

En caso de un trauma particularmente violento, la fuga de sangre puede ocurrir dentro del cuerpo, sin dar señales externas.

Suelen aparecer algunos síntomas, como palidez, enfriamiento de manos y pies, que adquieren un color violáceo, agitación, aceleración de los latidos del corazón, pulso poco perceptible, aumento de la frecuencia respiratoria, disnea.

Cualquier hemorragia interna debe tenerse muy en cuenta, lo que requiere la ayuda inmediata de personal médico cualificado. Si el sangrado no se puede localizar, aplicar cataplasmas por todo el cuerpo para evitar que la sangre se coagule demasiado rápido. Se puede administrar polvo de cabellos carbonizados disuelto en un poco de agua (consultar el apartado «Un remedio específico: Polvos de cabellos carbonizados»).

El examen clínico para diagnosticar una posible hemorragia cerebral suele tardar demasiado y esto puede resultar muy arriesgado para la persona lesionada, ya que puede provocar parálisis u otras consecuencias negativas que pueden ser fatales. Aplicar inmediatamente una cataplasma de tofu o ricota por toda la cabeza, envolverla bien y cambiarla cada hora durante unos días. Este remedio ayuda a evitar que la sangre de la hemorragia forme coágulos en el cerebro y ayuda a restaurar el flujo sanguíneo normal.

Heridas por corte

El cuidado de las heridas por corte es bastante sencillo. Desinfectar la herida con un poco de agua y sal y aplicar una gasa con dentie (muy eficaz para detener el sangrado y cerrar la herida) o con aceite de sésamo tostado. Se debe tener cuidado de limpiar la herida en los días siguientes para evitar que quede una marca oscura causada por el dentie.

Cuando es una herida bastante grande y profunda, es necesario unir bien los labios de la herida, para evitar que se forme una cicatriz más tarde. Aplicar una tirita adhesiva inicialmente sólo en un lado de la herida y apretar la piel haciendo que los dos bordes del corte encajen bien, luego asegurar la tirita hasta que llegue al otro lado de la herida.

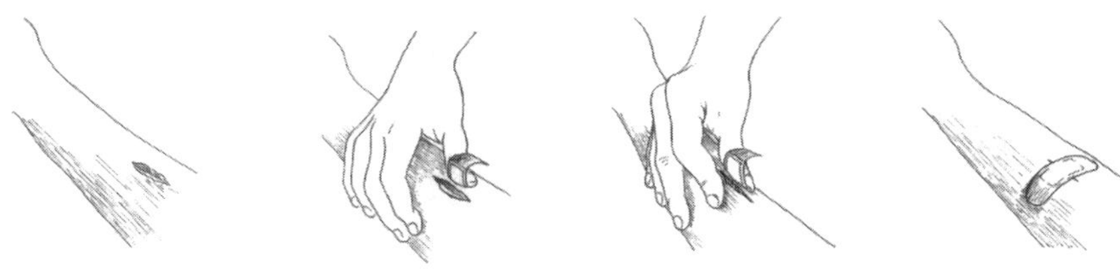

Quemaduras y erosiones

En caso de quemaduras y erosiones, es necesario intervenir de inmediato, refrescando y sumergiendo la zona afectada en agua y sal (1 taza de sal disuelta en 5 tazas de agua) durante al menos 30 minutos o más, dependiendo de la gravedad de la quemadura. Luego, aplicar a elección jugo de pepino, miso, shoyu o jugo de caqui verde. Un remedio muy eficaz es aplicar jugo de pepino en la zona afectada y beber té bancha. Después de unas horas se puede esparcir aceite de sésamo por la zona.

Supuración

La inflamación con formación de pus en las heridas, provocada por infecciones bacterianas, no se produce si se sigue una dieta adecuada sin azúcar, carne y productos que contengan sustancias sintéticas.

Mientras se tratan las heridas, es importante no comer productos de origen animal.

El consumo de carne también puede alterar viejas heridas. En caso de supuración, es importante limpiar las partes afectadas con agua y sal.

Náuseas y desmayos

Algunas personas, yendo en coche, barco, avión, etc., sufren mareos, náuseas, dolor de cabeza, debilidad, vómitos. Si se fija una ciruela umeboshi en el ombligo con una tirita antes de iniciar el viaje, el trastorno no se manifestará o lo hará de forma más leve.

Cuando la persona siente debilidad severa y náuseas o desmayos, el remedio más efectivo es presionar el punto de tratamiento cardíaco C8, enseñado por G. Ohsawa, que se encuentra en la palma de la mano, entre el dedo anular y el dedo meñique, entre el cuarto y quinto metacarpianos (consultar el apartado «Algunos puntos de presión»).

Para las náuseas, se puede beber té bancha con umeboshi o shoyu.

Intoxicación alimentaria

Si se han ingerido alimentos en mal estado, como productos animales deteriorados (carne, huevos, pescado) u hongos, plantas y frutos venenosos, o algo tóxico, la reacción normal del organismo debería ser vomitar el alimento tóxico.

Un remedio adecuado para la mayoría de los casos de intoxicación alimentaria es beber una decocción de hojas de shiso o jugo de bardana, o comer una ciruela umeboshi. Se puede intentar inducir el vómito insertando dos dedos dentro de la boca y presionando la úvula. Si no se obtiene éxito de esta manera, se puede tomar bebida de té bancha con umeboshi, shoyu y jengibre y volver a intentarlo. Se puede hacer un enema con té bancha y sal para eliminar los malos alimentos del intestino.

REMEDIOS Y TRATAMIENTOS EXTERNOS

Durante milenios, en todas partes del mundo se han utilizado y practicado remedios y tratamientos externos para aliviar estados patológicos. Los antiguos remedios externos orientales todavía están muy extendidos en la actualidad, mientras que en Occidente la mayor parte de este conocimiento se ha perdido, junto con otras tradiciones.

La expresión «tratamientos externos» se refiere a compresas, cataplasmas, emplastos, baños completos o parciales (baños de asiento), enemas, gárgaras, masajes, acupuntura...

Los tratamientos externos generalmente pueden actuar como un «imán» para extraer lo que está causando el dolor o simplemente tener una función calmante. Estos remedios son muy efectivos en el tratamiento natural de las enfermedades. Sin embargo, hay que considerar que en ningún caso un tratamiento externo sustituye el efecto profundo y radical que puede ofrecer una dieta macrobiótica equilibrada: siempre deben entenderse como coadyuvantes de una adecuada nutrición natural.

Para que los remedios externos sean efectivos es fundamental que se aplique el tratamiento adecuado para la dolencia específica y se debe tener mucha experiencia y una buena intuición.

Cataplasmas

Las cataplasmas son preparaciones a base de plantas o de vegetales frescos triturados, que tradicionalmente se aplicaban directamente sobre la piel. Los componentes se trituran en el suribachi u otro tipo de mortero o se cortan con un cuchillo. Entre las más frecuentes sugerimos la cataplasma de hojas verdes o la cataplasma de raíces ricas en almidón y mucílagos.

Las cataplasmas se pueden aplicar con o sin gasa y se puede usar una tira de algodón para mantenerlas en su lugar. Es importante no utilizar plásticos u otros materiales, ya que evitan que la zona enferma «respire» y, por tanto, pueden provocar irritación o infecciones cutáneas.

Cataplasma de clorofila

La cataplasma de clorofila es muy sencilla de preparar. Se pueden utilizar hojas verdes de hortalizas cultivadas (hojas de rábano, diferentes tipos de lechuga, acelgas, espinacas, repollo, col rizada, etc.) o hierbas silvestres (malva, artemisa, berros, diente de león, hojas de bardana, menta, astillero, parietaria, etc.).

Ingredientes:

80 % de hojas verdes de hortalizas o de plantas silvestres
10 % de hojas de menta (o de hierbabuena), fresca o seca
10 % de harina blanca

Preparación:

Triturar finamente las hojas verdes en el suribachi o picarlas minuciosamente con un cuchillo. Agregar la harina suficiente para obtener una papilla cremosa y húmeda. Por lo general, no es necesario agregar agua, ya que la hoja fresca contiene suficiente agua.

Poner la mezcla en una gasa o directamente sobre la zona afectada y dejarla actuar de media hora a una hora.

La cataplasma debe ponerse varias veces.

Indicaciones:

La preparación refresca las zonas calientes y desinflama la parte sobre la que se aplica, limpiando de toxinas el cuerpo. Está indicada para aliviar problemas de la piel en general (acné, furúnculos, erupciones, enrojecimiento, picor), para dolores como la cefalea, para contusiones, traumatismos, esguinces, hinchazón, calambres, tos, gingivitis, para infecciones e inflamaciones en diferentes partes del cuerpo (artritis, artrosis, reumatismo, gota, neuralgia, ciática, apendicitis, etc.). En caso de fiebre alta, es necesario aplicar cataplasmas frecuentemente.

Una vez conocí a Tim, un soltero de mediana edad que trabajaba en una pequeña editorial. Durante muchos años había seguido una dieta sencilla, con pocos productos animales y pocos dulces. Pero tenía un gran dolor debido a una rigidez extrema en la espalda baja. Había ido a un quiropráctico para recibir tratamiento todos los días durante dos meses. Ya no podía mantenerse erguido ni agacharse, y no podía trabajar. Tras la consulta inicié el tratamiento con la cataplasma de clorofila. Al día siguiente se sintió muy aliviado y me dijo que durante la noche sintió una extraña sensación en la espalda, no dolorosa, pero sí molesta.

Estaba agradecido por la mejora, pero tenía una queja: las sábanas estaban sucias con el jugo de la cataplasma. Le respondí: «Las sábanas son baratas y se pueden lavar o reemplazar fácilmente. ¡Tu salud no!». Desde esa noche durmió bien. Se aplicó cataplasmas cuatro noches consecutivas, después de las cuales el dolor desapareció casi por completo. El hombre podía moverse y trabajar. Me dijo que también se sentía vigorizado sexualmente. Esto le sorprendió, porque no le había pasado en mucho tiempo. Lo tranquilicé explicándole que en la medicina oriental esto se consideraba un signo de buena salud e indicaba que los riñones se estaban fortaleciendo.

Cataplasma de taro o de patata

El taro *(Colocasia esculenta)* es un tubérculo oriental con rizomas mucilaginosos, que forma parte de la familia Araceae. La piel es de color marrón y la pulpa es blanca. Si no se pueden encontrar taros, las patatas u otros rizomas frescos que contengan almidón también están bien.

Ingredientes:

80 % de taro *(Colocasia esculenta),* rizoma o patatas
20 % de harina blanca o integral

Preparación:

Rallar finamente el tubérculo y mezclarlo con la harina. La preparación debe estar húmeda y suave, como una crema fácilmente untable. Si se vuelve demasiado compacta, hay que poner menos harina. La cataplasma debe aplicarse fría directamente sobre la zona afectada con o sin gasa y envolviendo la zona si es necesario. El grosor debe ser de 1 cm. La cataplasma de taro se cambia cada cuatro horas, mientras que la cataplasma de patata se cambia de media hora a una hora.

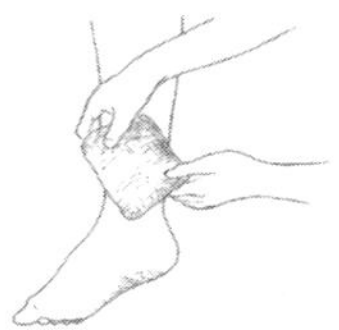

La receta tradicional con el rizoma de taro también contiene jengibre fresco.

Indicaciones:
Tiene propiedades calmantes en caso de inflamación en diferentes partes del cuerpo, como sinusitis, apendicitis, artritis, artrosis o gota, y en caso de dolores como de oído, cabeza, dientes, fracturas, esguinces y hemorroides. También se puede utilizar para problemas hepáticos, cálculos biliares, problemas renales y cutáneos.

Esta cataplasma también es eficaz para bajar la fiebre; en este caso, conviene cambiarla cada media hora. En algunos casos ha dado resultados positivos en el tratamiento del cáncer.

Las cualidades yin del taro producen una reactivación (yang) de la parte dolorida, que drena las toxinas hacia afuera. Si la cataplasma irrita un poco la piel, hay que aplicar un poco de aceite de sésamo en la zona afectada.

Cataplasma de tofu (o de ricota)

Los orientales suelen utilizar tofu (derivado de la soja) para esta receta, pero también se puede utilizar ricota, que tiene una textura similar, o soja remojada, cocida y triturada.

Ingredientes:

2 tazas de tofu
1 cucharada de harina

Preparación:
Exprimir el tofu con una gasa para eliminar el agua. Mezclarlo con la harina para obtener una consistencia pegajosa. Poner la mezcla en una gasa y aplicarla en el área afectada.

Indicaciones:
Este remedio es beneficioso para lesiones en la cabeza, dolores de cabeza, dolores de oído, eczema. Si se tiene fiebre alta, debe aplicarse en la cabeza o en el pecho. Es muy eficaz para las hemorragias cerebrales y debe aplicarse dentro de las 48 horas siguientes al accidente. En este caso, afeitar el cabello y aplicar por toda la cabeza, sujetando la compresa con una tira de tela de algodón. Cambiar la cataplasma cada media hora durante un período de al menos una semana. El tofu se endurece lentamente y, por lo tanto, es la mejor cataplasma para las hemorragias cerebrales. Si un lado del cuerpo está paralizado, se aplica al lado opuesto de la cabeza.

Un caso en el que obtuve un gran éxito con cataplasmas de tofu fue el de una niña que a los diez meses se había caído y se había golpeado la cabeza. Llevaba un mes hospitalizada, pero los médicos no podían hacer nada y no daban esperanzas de que la niña pudiera crecer normalmente. Cuando la vi por primera vez, había pasado casi un año desde el accidente. Su mano derecha y su pie derecho estaban paralizados. El dedo medio y el segundo y tercer dedo doblados. Su ojo izquierdo no se cerraba y la pupila estaba agrandada. El lado izquierdo del cerebro controla el lado derecho del cuerpo. Pedí que le afeitaran la cabeza a la niña, lo que a sus padres les pareció extraño. Al principio se opusieron, pero luego estuvieron de acuerdo. Una vez que se descubrió el cuero cabelludo, un gran hematoma rojo resultó ser un indicio de una hemorragia cerebral. Durante diez días, se aplicaron cataplasmas de tofu en ese lugar. Durante la primera noche de la aplicación, la niña lloró hasta la mañana, pero después de esos diez días pudo mover manos, pies y ojos; y esto a pesar de que el sangrado había estado presente durante muchos meses. Hoy, un año después de mi primer encuentro con ella, el bebé sigue una dieta más natural y sigue mejorando.

Cataplasma de carpa

Es una receta tradicional oriental.

Ingredientes:

1 carpa fresca pequeña
2 cucharadas de harina

Preparación:

Retirar las entrañas de la carpa y cortarla en trozos pequeños, casi como si estuviera triturada, luego mezclarla con la harina. Extender la mezcla directamente sobre la piel por todo el pecho. Retirar la cataplasma sólo cuando la temperatura corporal haya bajado.

Indicaciones:

Este remedio es eficaz para bajar la fiebre muy alta, en caso de neumonía y bronquitis.

Emplastos

El emplasto es una mezcla pastosa húmeda o seca, compuesta de sustancias naturales, en la mayoría de los casos harina, plantas secas, semillas, sales minerales, arcilla, etc.

Con los emplastos se pueden obtener múltiples efectos: si se aplican calientes, favorecen el flujo de sangre en la zona tratada, relajan los tejidos rígidos o bloqueados, descongestionan y alivian el dolor; las compresas frías, por otro lado, tienen un efecto emoliente, analgésico, refrescante y antiinflamatorio.

Los emplastos calientes nunca deben usarse en caso de fiebre o inflamación aguda, ni directamente sobre las glándulas (mamas, axilas e inguinales).

Emplasto de sal

Ingredientes:

200 g de sal marina integral gruesa

Preparación:
Tostar toda la sal marina en una sartén vieja durante al menos 8-10 minutos, hasta que se seque y se caliente mucho.

Poner la sal muy caliente en un paño doble o en una toalla bien cerrada para evitar que gotee y colocarla sólo sobre los huesos (cuello, hombros, columna, caderas, rodillas, etc.).

Cuando la sal se enfríe, es necesario recalentarla en la sartén y repetir las aplicaciones hasta que la zona se ponga roja, pero con cuidado de que no se queme.

Indicaciones:
Este emplasto está indicado para dolencias de los huesos y de las articulaciones, para el endurecimiento muscular por mala circulación, los dolores de espalda, de cervicales, lumbago.

Compresas

La compresa es un tratamiento que consiste en utilizar un paño empapado en líquido medicinal para colocarlo sobre la parte enferma. El efecto beneficioso viene dado por las sustancias de las plantas empleadas para la decocción. Las compresas se usan generalmente muy calientes, con el fin de aliviar dolores, reducir dolencias o calentar ciertas partes del cuerpo, estimulando y favoreciendo la circulación superficial de la sangre. Una compresa muy conocida es la que se hace con jengibre.

Compresa de jengibre

Ingredientes:

100 g de jengibre fresco *(Zingiber officinalis)*
3 l de agua natural

Preparación:
Rallar finamente al menos 100 g de jengibre fresco, preferiblemente con un rallador de cerámica. Recoger el jengibre rallado en una bolsa o gasa de algodón, cerrarlo bien y luego sumergirlo en agua tibia. El

agua debe calentarse a fuego lento sin que llegue a hervir, lo que haría que la decocción perdiera sus propiedades. Sumergir un paño de algodón o de lino en la decocción, exprimirlo y aplicarlo en la zona a tratar. La tela debe estar tan caliente como la persona pueda soportar, evitando quemaduras, por supuesto.

Este tratamiento debe repetirse hasta que la piel de la zona tratada se ponga roja, con al menos tres aplicaciones.

La persona debe estar en una posición relajada, sentada o acostada durante el tratamiento. Si no se dispone de jengibre fresco, también se puede utilizar jengibre seco (en este caso 30 g), rallado finamente y añadido al agua natural.

Indicaciones:

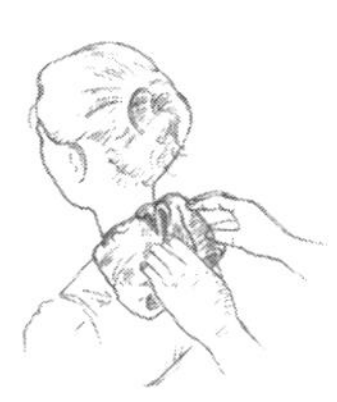

La compresa de jengibre alivia el dolor, irriga las partes hipoactivas del cuerpo, aumentando la circulación sanguínea interna y externa. Está indicado para dolores de espalda, problemas de columna, dolor de cuello, rigidez de cuello, problemas renales e insensibilidad en las piernas. Si existen bloqueos severos o rigidez de las articulaciones, reumatismo, artritis y artrosis, este tipo de compresa debe ir seguido de una cataplasma de taro/patatas o de clorofila para un mayor efecto. Deben evitarse absolutamente las áreas glandulares (mamas, tiroides, etc.) y el sistema digestivo si está inflamado. Del mismo modo, no se recomienda su utilización en caso de fiebre.

Baños

Los baños consisten en la inmersión total o parcial del cuerpo en agua a la que se han añadido preparados con efecto beneficioso.

Los baños completos se definen como aquéllos en los que se cubre todo el cuerpo con agua, mientras que los baños parciales son aquéllos en los que sólo se sumerge una parte del cuerpo en agua: baños de asiento, donde la parte inferior se sumerge en agua hasta el ombligo; baños de pies, que se realizan sumergiendo los pies hasta por encima de los tobillos; baños de manos, que afectan las manos (incluidas las muñecas); baños nasales y oculares.

Los baños completos, por lo general, relajan el cuerpo, pero su excesiva frecuencia lo debilitan: por eso es preferible tomar baños antes de acostarse y con la temperatura del agua no demasiado elevada.

Se puede agregar sal marina integral, para restaurar las sales minerales que se pierden con el baño.

Baño completo o baño de pies con jengibre

Ingredientes:

4 litros de agua

500 g de jengibre rallado *(Zingiber officinalis)*

Preparación:

Rallar el jengibre y agregarlo al agua, que se calienta a fuego lento sin que arranque a hervir. Luego verter esta agua en un recipiente para el baño de pies o en la bañera para un baño completo.

En caso de falta de jengibre fresco, se puede utilizar jengibre seco (reduciendo la cantidad).

Indicaciones:

La función del baño completo y del baño de pies de jengibre es activar la circulación sanguínea periférica.

Cuando el área afectada se pone roja y caliente, significa que se ha logrado el efecto deseado.

El baño completo puede ser de ayuda para personas que padecen artritis con dolor en varias partes del cuerpo, gota o calcificación de las articulaciones.

Baño para ojos o nariz con té bancha y sal

Ingredientes:

1 taza de té bancha

1 pizca de sal

Preparación:
Calentar una taza de té bancha y agregar una pizca de sal (aproximadamente el 1 % del volumen del líquido).

Indicaciones:
Esta sencilla preparación resulta muy eficaz para zonas delicadas como los ojos. Para los ojos cansados, doloridos o inflamados, colocar este líquido en un recipiente apto para baños de ojos y, manteniendo los ojos abiertos, dejarlos mojarse unos segundos y repetir varias veces.

Para problemas nasales y resfriados, lavar los conductos nasales con té bancha y sal (al 3 %) para limpiarlos y eliminar la mucosidad. También se puede usar un gotero o una ducha nasal.

Baño de asiento de hojas de daikon o rábano

Ingredientes:

200 g de hojas de daikon o de rábano frescas (o secas, y en este caso reducir la dosis a 80 g)
5 l de agua

Preparación:
Cocer las hojas en el agua durante 20 minutos. Colar la decocción, verterla en la bañera y agregar suficiente agua caliente para el baño de asiento.

Permanecer con el cuerpo sumergido hasta el ombligo no más de 30 minutos. Se recomienda hacer este baño de asiento antes de acostarse. Si el daikon y el rábano no están disponibles, también se pueden usar hojas de plantas silvestres o de hortalizas.

Indicaciones:
Los baños de asiento de hojas de daikon o de rábano son efectivos en caso de alteraciones de los órganos sexuales de la mujer, por ejemplo, flujo vaginal, quistes y fibromas en los ovarios y en el útero, amenorrea y en caso de hemorroides.

Enemas

El enema es un remedio para vaciar la última sección del intestino en caso de estreñimiento, fiebre y lombrices. No tiene efectos secundarios y también puede ser adecuado para niños.

El enema se puede hacer con agua o té bancha ligeramente salado (solución al 1 %), con hierbas, con agua y jabón. Nunca debe usarse en caso de apendicitis.

Enema de artemisa

Ingredientes:

250 ml de agua natural
1 cucharada de artemisa seca o fresca

Preparación:
Hervir la artemisa en agua durante unos 10 minutos a fuego lento. Filtrar y rellenar la pera. Utilizar a temperatura ambiente.

Indicaciones:
El enema de artemisa elimina los parásitos intestinales y los gusanos.

Masajes

El masaje es un tratamiento terapéutico del cuerpo que se realiza con las manos. Puede hacerlo uno mismo (automasaje) o puede hacerlo otra persona.

El do-in es un método oriental de automasaje para realizar el diagnóstico diario de la propia condición física. Es capaz de identificar pequeños problemas físicos y prevenir los más graves.

El automasaje y el masaje vigorizan al estimular el flujo de los meridianos y la circulación y las funciones de los órganos. Se masajea cuidadosamente con las manos todo el cuerpo desde la cabeza hasta los pies.

Para problemas de estreñimiento es muy efectivo masajear suavemente el vientre con la mano, en la zona alrededor del ombligo. Los intestinos se pondrán en movimiento enseguida.

Masaje para el dolor de cabeza

Ésta es una manera eficaz de deshacerse de los dolores de cabeza, o al menos de aliviar mucho el dolor.

La persona debe estar sentada y quien masajea debe comenzar por el área alrededor de los omóplatos, presionando con fuerza con las yemas de los pulgares. Continuar masajeando pellizcando suavemente esa área. Luego continuar con el masaje de la nuca para aliviar la tensión muscular. Ponerse al lado de la persona sentada y masajear el cuello con la mano derecha, mientras le sostiene la frente con la izquierda. Una vez que esta zona esté relajada, aplicar una ligera presión sobre la cabeza y luego gradualmente un poco más fuerte, comenzando desde la parte superior hasta la nuca.

Masajear ligeramente la frente y luego las sienes y detrás de las orejas. Para terminar, frotar todo el cuero cabelludo con la yema de los dedos.

Aceite de sésamo y jengibre para masajes

Ingredientes:

Media taza de jugo de jengibre fresco *(Zingiber officinalis)*
Media taza de aceite de sésamo *(Sesamum indicum L.)*

Preparación:

Rallar el jengibre con un rallador fino y exprimirlo con una gasa para que suelte el jugo.

Mezclar el jugo obtenido con una cantidad igual de aceite de sésamo. También se puede utilizar jengibre seco (en este caso, una cucharadita será suficiente).

Indicaciones:

Esta emulsión se puede utilizar para masajear el cuerpo en caso de dolor muscular, curvatura anormal de la columna, zonas endurecidas y poco irrigadas, dolor de oído, dolor de cabeza, picor del cuero cabelludo, caspa y caída del cabello.

En caso de dolor de oídos, empapar un algodón con unas gotas de este aceite y colocarlo dentro de la oreja, manteniendo la cabeza inclinada hacia un lado durante un tiempo para que el aceite penetre profundamente.

Para la caspa, frotar el cuero cabelludo por la noche para que el aceite pueda actuar durante las horas de sueño y repetir las aplicaciones, por ejemplo, dos veces por semana.

> La señora M. fue lo suficientemente paciente como para probar aceite de sésamo y jengibre con su hijo, que tenía escoliosis, durante seis meses cada dos semanas. Pasado ese tiempo vinieron a verme. La columna se había enderezado. Éste fue el experimento más largo con este aceite que yo conozca. El amor de esa madre me conmovió profundamente.

Aceite de arroz para masajes

Ingredientes:

3 kg de salvado de arroz

Utensilios:

1 cuenco de cerámica grande (de unos 7-8 l)
Papel de arroz fino (natural)
6-8 ascuas de carbón encendidas

Preparación:

Con una aguja, hacer pequeños agujeros en el papel de arroz, que se utilizará para tapar el cuenco, atándolo por los bordes exteriores y dejándolo caer un poco dentro, pero sin tocar el fondo.

Disponer el salvado de arroz sobre el papel, formando un montículo, donde se acercan las ascuas ardientes. El calor derretirá lentamente el aceite contenido en el salvado de arroz, que goteará en el recipiente a través de los pequeños orificios.

Indicaciones:
Este aceite es útil en caso de dermatitis, psoriasis, eczema u otras enfermedades de la piel.

Se puede aplicar directamente sobre la piel inflamada, incluso en caso de erupciones, que surgen por ejemplo entre los muslos, una dolencia muy común entre los deportistas.

SOBRE LA FITOTERAPIA

LA FITOTERAPIA EN ORIENTE

Cuenta la leyenda que fue Shen Nung, el segundo emperador, que llegó de una zona situada más allá de las montañas occidentales de China, el primero en enseñar agricultura y fitoterapia: todos los días iba al campo a estudiar plantas y hierbas para comprender sus efectos, incluso a través de su ingestión. Al comer estas hierbas, se dice que incluso se envenenó ochenta veces: algunas personas que intentaron imitarlo, dotadas de menos sabiduría, encontraron la muerte. Shen Nung, que probablemente vivió hace cinco mil años, es el dios legendario de la medicina china. La primera infusión conocida, sin embargo, se remonta a hace tres mil quinientos años, durante la dinastía Shang. Fue preparada por I-yin, un cocinero imperial que presentó a la corte un compuesto elaborado con una mezcla de hierbas. Los cortesanos no sólo apreciaron el sabor de la infusión, sino que reconocieron sus propiedades terapéuticas. I-yin es considerado el primero en haber desarrollado el conocimiento de las hierbas con fines medicinales. Es a partir de este período cuando el conocimiento herbal con fines terapéuticos comienza su difusión y conoce una profundización, especialmente en la parte sur de China, mientras que en el norte (zona de origen del *Nei Ching)* se profundizaron aún más los estudios sobre acupuntura.

Uno de los textos clásicos de la fitoterapia oriental es el *Shinno Honzokyo,* que afirma que las hierbas medicinales se pueden utilizar de tres maneras: la mejor medicina que no causa ningún daño consiste en una dieta adecuada y equilibrada, ocasionalmente acompañada de hierbas; en segundo lugar, el uso de hierbas especiales que se pueden ingerir durante mucho tiempo sin causar daño; finalmente, el uso de algunas hierbas poderosas pueden ser utilizadas durante períodos cortos y sólo cuando la enfermedad haya llegado a una etapa donde se requiera un remedio rápido, prestando atención a los efectos adversos que estas hierbas podrían causar.

Fue Chang Chung Ching quien escribió el *Shang Han Lun,* considerado el texto clásico por excelencia de la medicina herbal china, hace unos mil ochocientos años. Describe alrededor de noventa tipos de hierbas y ciento veinte tipos de tés de hierbas, que todavía se utilizan en la actualidad.

En 1596, Li Shih Chin enumeró en su *Pen Ts'ao Kang Mu* mil ochocientas hierbas clasificadas según el yin y el yang. A lo largo de la historia de la medicina herbal china, se han descubierto alrededor de treinta mil tipos de hierbas silvestres con las que se ha experimentado una cantidad considerable de infusiones y otras preparaciones a base de hierbas. Desde el principio, hace miles de años, el sentido generalizado de gratitud de los chinos hacia la naturaleza facilitó la difusión del conocimiento de las hierbas entre los estudiosos, pero también dentro de las familias, donde el patrimonio cognitivo, también adquirido a través de experimentos empíricos, ha sido transmitido de generación en generación.

A lo largo de los siglos, la fitoterapia oriental ha aprendido a utilizar todas las partes de la planta (raíces, rizomas, hojas, flores), combinándolas también con elementos del mundo animal y mineral.

Tratarse con hierbas

En la antigüedad, para comprender el efecto de las plantas en el cuerpo, el herbolario tradicional realizaba un examen práctico de las plantas silvestres que se llevaba a cabo en cuatro fases.

Las tres primeras fases consistían en observarlas, olerlas y saborearlas, la cuarta en comer una cantidad razonable de hierbas silvestres para ver mejor la reacción en el propio cuerpo, examinando los efectos de la planta sobre uno mismo, antes de poder recomendársela a otros. Los antiguos herbolarios ayunaban hasta tres días para desarrollar su sensibilidad al máximo, luego comían sólo la hierba a ser examinada y esperaban sus efectos.

Con el tiempo, se han identificado un número importante de plantas y hierbas silvestres con efectos terapéuticos que, en virtud de esta acción, se clasifican como «medicinales».

La forma más común y tradicional de tomar el remedio a base de hierbas es la tisana, una solución acuosa en la que se encuentran las sustancias activas de las hierbas.

Las infusiones se pueden preparar con una o más hierbas o partes de plantas a través de dos métodos principales: la decocción y la infusión. La infusión se usa principalmente con flores y hojas o cuando los elementos curativos de la planta son sensibles a temperaturas demasiado altas. La preparación es sencilla: las partes de la planta de interés se sumergen en agua hirviendo y se dejan infusionar durante 10-15 minutos, con la llama apagada, o se vierte el agua hirviendo directamente sobre las hierbas secas. Posteriormente, se filtra con un colador y se bebe la infusión así obtenida. La decocción, en cambio, es un método de preparación para el que se pueden utilizar todas las partes de la planta (raíces, rizomas, corteza, hojas, semillas), empleada principalmente cuando es necesario extraer componentes que no son sensibles a las altas temperaturas o contenidos en las partes duras de la planta. Para preparar una decocción, las partes de las plantas o las plantas, convenientemente cortadas, se sumergen en agua y se llevan a ebullición, dejándolas hervir por un tiempo que puede variar de 10 a 20 minutos, dependiendo del efecto deseado y de las plantas utilizadas, después de lo cual se retira del fuego, se deja reposar unos minutos y se filtra. Las preparaciones a base de hierbas, como las tisanas orientales, se pueden utilizar para aliviar dolencias y eliminar los síntomas de diversas enfermedades, o como ayuda en el tratamiento, teniendo en cuenta que la curación más profunda de las enfermedades sólo se puede lograr mediante un cambio de estilo de vida y, sobre todo, de la alimentación.

De entre las innumerables tisanas utilizadas por la medicina herbal oriental tradicional, sólo diez se enumeran a continuación, simplemente porque se requieren conocimientos y experiencia para elegir la preparación herbal correcta. De hecho, una tisana puede ser beneficiosa para una persona, pero no necesariamente para otra, o incluso para el mismo individuo puede ser beneficiosa en un momento y perjudicial en otro: hay que considerar el tipo de enfermedad y con qué síntomas se manifiesta, la constitución y condición individual, la dieta seguida, etc.

Finalmente, conviene recordar que si la persona siguiera cuidadosamente una dieta macrobiótica equilibrada, no necesitaría recurrir a remedios herbales.

Las tisanas orientales

Las tisanas orientales están compuestas de una hierba principal, que tiene una acción directa sobre el órgano enfermo, y otras que tienen el propósito de apresurar o atenuar su efecto y equilibrar todo el organismo. Pueden contener de cuatro a veinte tipos diferentes de plantas. Las diversas hierbas se combinan siguiendo los métodos de la antigua fitoterapia china, prefiriendo la preparación de decocciones de cocción prolongada para poder obtener una tisana concentrada.

Dado que los productos a base de hierbas son medios que intervienen más «intensamente» en el organismo, su uso sólo debe realizarse a partir del consejo de un experto.

Preparación:
Poner la dosis indicada de hierbas en una cazuela de barro u otro material natural (vidrio, acero inoxidable) con tres tazas de agua fría. Llevar a ebullición y cocer a fuego lento durante unos 20 minutos, hasta que el líquido se reduzca a la mitad. Dejar reposar, colar y beber media taza tres veces al día, media hora antes de las comidas.

Cómo utilizarlas:
Ninguna regla establece cuánto tiempo se debe tomar una tisana: depende del individuo y de la naturaleza de la enfermedad. Tan pronto como los síntomas hayan desaparecido, se debe dejar de tomarla; si, en cambio, después de cinco días no se notan signos claros de un efecto positivo, la infusión no es adecuada para la persona.

Los trastornos agudos generalmente desaparecen o mejoran notablemente en cinco días, mientras que los casos crónicos probablemente requieran varias semanas o meses de tratamiento continuo.

A un niño se le debe dar una cantidad menor hierbas que a un adulto. La cantidad correcta está determinada por el peso de la persona.

Las dosis de infusiones que se muestran son adecuadas para un adulto de estructura y peso medio.

Tisana inchinko-tō

Ingredientes:

4 g de inchinko *(Artemisia capillaris),* espiga
3 g de sanshishi *(Gardenia jasminoides),* frutos
1 g de daio *(Rheum palmatum),* raíz

Indicaciones:

Recomendada para cualquier enfermedad del hígado y de la vesícula biliar: hepatitis, ictericia, disfunción hepática, intoxicación por productos animales en mal estado, etc. También es beneficiosa para problemas cardíacos y digestivos, para limpiar la sangre, reducir la diuresis y es adecuada para personas débiles.

Tisana ninjin-tō

Ingredientes:

3 g de ninjin *(Panax ginseng),* raíz
2 g de kanzo *(Glycyrrhiza glabra),* raíz
3 g de jutsu *(Atractylodes lancea),* raíz
3 g de kankyo *(Zingiber officinalis),* rizoma

Indicaciones:

Indicada para personas débiles, especialmente para quienes padecen problemas cardíacos, mala circulación sanguínea, fatiga, trastornos del sistema digestivo (diarreas y problemas intestinales).

Es adecuada para personas con constitución yin y es un refuerzo del sistema inmunitario.

Tisana shishikanren-tō

Ingredientes:

3 g de sanshishi *(Gardenia jasminoides),* frutos
4 g de kanzo *(Glycyrrhiza glabra),* raíz
1 g de ohren *(Coptis sinensis),* raíz

Indicaciones:

Ayuda a la cicatrización en caso de gastritis duodenal, indigestión, dolor de estómago por problemas digestivos y en caso de problemas hepáticos. Fortalece la funcionalidad del corazón y purifica la sangre.

Tisana kakkon-tō

Ingredientes:

6 g de kakkon *(Pueraria lobata),* rizoma
3 g de mao *(Ephedra sinica),* hierba
4 g de keishi *(Cinnamomum cassia),* corteza
4 g de daiso *(Zizyphus jujuta),* frutos
1,5 g de kankyo *(Zingiber officinalis),* rizoma
2 g de kanzo *(Glycyrrhiza glabra),* ramitas
3 g de shakuyaku *(Paeonia lactiflora),* raíz

Indicaciones:

Ésta es una tisana equilibrada y puede ser utilizada tanto por personas yin como por yang.

Está indicada para problemas de estómago, úlceras, trastornos intestinales, dolores de cabeza crónicos, gripes, fiebre, bronquitis, dolor de garganta.

Tisana samnishakosai-tō

Ingredientes:

4 g de shakosai *(Digenea simplex),* algas
1,5 g de kanzo *(Glycyrrhiza glabra),* raíz
1,5 g de daio *(Rheum palmatum),* raíz

Indicaciones:
Muy eficaz para eliminar gusanos y otros parásitos del organismo, para la anemia y otras dolencias.

El alga shakosai mata a los parásitos en el intestino y daio los expulsa. El daio actúa sobre el estómago y los intestinos y es útil para el estreñimiento. Se puede usar durante mucho tiempo sin que provoque adicción.

Tisana keishi-tō

Ingredientes:

4 g de keishi *(Cinnamomum cassia),* corteza
4 g de shakuyaku *(Paeonia lactiflora),* raíz
4 g de daiso *(Zizyphus jujuta),* frutos
2 g de kankyo *(Zingiber officinalis),* rizoma
2 g de kanzo *(Glycyrrhiza glabra),* raíz

Indicaciones:
Es muy eficaz para la fiebre y los resfriados, provoca sudoración, calienta el cuerpo para expulsar toxinas. Es útil para problemas de la piel.

Tisana seiryu-tō

Ingredientes:

6 g de hange *(Pinelia ternata),* tubérculos
3 g de mao *(Ephedra sinica),* ramitas
3 g de shakuyaku *(Paeonia lactiflora),* raíz
3 g de kankyo *(Zingiber officinalis),* rizoma
3 g de kanzo *(Glycyrrhiza glabra),* raíz
3 g de keishi *(Cinnamomum cassia),* corteza
3 g de saishin *(Asiararum sieboldi),* raíz
3 g de gomishi *(Schisandra chinensis),* frutos

Indicaciones:
Se utiliza para combatir el asma, la bronquitis, la tosferina (o tos asinina) y otras enfermedades respiratorias. También para la amigdalitis, la faringitis y la laringitis. Disuelve la mucosidad antigua y actúa como expectorante y tiene propiedades antiinflamatorias.

Tisana keishibukuryo-tō

Ingredientes:

3 g de shakuyaku *(Paeonia lactiflora),* raíz
3 g de botanpi *(Paeonia suffruticosa),* corteza
3 g de bukuryo *(Pachyma cocos),* hongo blanco
3 g de tonina *(Prunus persica),* semillas
3 g de keishi *(Cinnamomum cassia),* corteza

Indicaciones:

Es muy eficaz para limpiar la piel y depurar la sangre. Esta infusión está recomendada a las mujeres para aliviar los cólicos menstruales y para problemas del aparato genitourinario, para la sangre estancada en el útero y los ovarios, en caso de frigidez y esterilidad y como tónico para todo el cuerpo.

La mayoría de los ingredientes son yin y limpian el organismo de toxinas debidas a un exceso de productos yang (productos de origen animal y alimentos salados).

Tisana hachimigan-tō

Ingredientes:

5 g de jio *(Rehmania glutinosa),* raíz
3 g de sanshuyu *(Cornus officinalis),* baya
3 g de sanyaku *(Dioscorea japonica),* raíz
3 g de takusha *(Oriental Alisma),* raíz
3 g de bukuryo *(Pachyma cocos),* hongo blanco
3 g de botanpi *(Paeonia suffruticosa),* corteza
1 g de keishi *(Cinnamomum cassia),* corteza
1 g de bushi *(Aconitum japonicum),* raíz cocida

Indicaciones:

Es excelente para problemas relacionados tanto con la deficiencia como con el exceso de micción, en caso de enuresis, trastornos de vejiga o próstata, nefritis, falta de apetito sexual, hipertensión arterial, diabetes y cataratas.

A un paciente anciano que sufría de micción nocturna frecuente se le dio tisana hachimigan-tō, que contiene hierba bushi. Después de ver los efectos positivos, compró una gran cantidad.

Su hermana vino a verme, una mujer de 43 años de tipo muy yang. Comenzó a beber la tisana de su hermano con regularidad y tenía fuertes dolores de cabeza. Le expliqué que aquella tisana no era adecuada para ella: «¡La hierba bushi es yang y usted es una persona yang!». La mujer había malinterpretado una conferencia que yo había dado sobre las tisanas orientales, creyendo que se podía tomar cualquier tisana sin considerar que existe una diferencia fundamental entre los diversos tipos: es decir, que las tisanas yin son beneficiosas para las personas yang, mientras que las yang son adecuadas para las personas yin.

Le aconsejé que preparara una bebida de frijoles negros con algo de regaliz y bebiera tanto como fuera posible. Las reacciones negativas pronto desaparecieron.

Tisana goreisan-tō

Ingredientes:

5 g de takusha *(Alisma oriental),* raíz
3 g de chorei *(Grifolia umbrellata),* hongo
3 g de bukuryo *(Pachyma cocos),* hongo blanco
3 g de jutsu *(Atractylodis lancea),* raíz
2 g de keishi *(Cinnamomum cassia),* corteza

Indicaciones:

Indicado para problemas de riñón, retención de agua, para inducir la micción y para pies hinchados.

Algunas preparaciones de hierbas occidentales

Nota de los editores: Cuando el senséi Muramoto llegó a Europa, se interesó mucho por las plantas típicas de nuestro continente y, con la ayuda de su esposa Ida (herbolaria), desarrolló algunas recetas de hierbas con plantas típicas de países europeos con clima templado que pueden sustituir a algunas tisanas orientales, utilizando productos que en algunos aspectos pueden ser más adecuados para las poblaciones europeas. Aquí hay unos ejemplos.

Tisana depurativa

Ingredientes:

25 g de ortiga *(Urtica dioica),* hojas y raíces
30 g de diente de león *(Taraxacum officinalis),* raíces
15 g de malva *(Malva sylvestris),* hojas y flores
10 g de brezo *(Sisymbrium officinale),* hojas
20 g de cola de caballo *(Equisetum arvense),* planta

Preparación:

Tomar una cucharada de la mezcla de hierbas y verterla en 250 ml de agua hirviendo. Hervir durante 5 minutos a fuego lento y dejar infusionar durante 10 minutos. Filtrar y beber en ayunas entre comidas.

Indicaciones:

Es beneficiosa para todas las enfermedades del hígado, para los trastornos sanguíneos y cardíacos, para los problemas digestivos y cutáneos.

Tisana desinflamatoria, emoliente y refrescante

Ingredientes:

20 g de malva *(Malva sylvestris),* flores y hojas
15 g de llantén mayor *(Plantago major* o *lanceolata),* hojas
30 g de malvavisco *(Althea officinalis),* raíz
20 g de achicoria *(Cichorium intybus),* raíz
15 g de grama *(Agropyrum repens),* rizoma

Preparación:
Poner una cucharada de estas hierbas en 250 ml de agua hirviendo y cocer a fuego lento durante 5 minutos; dejar las hierbas en infusión durante otros 10 minutos, luego filtrar y beber fuera de las comidas. También se pueden remojar las hierbas en agua fría durante aproximadamente 4-6 horas antes de cocerlas.

Indicaciones:
Es adecuada para inflamaciones gastrointestinales, estreñimiento, problemas pulmonares (tos, resfriado, etc.) y problemas de los órganos sexuales.

Tisana de artemisa

La artemisa es una fuente orgánica de hierro, también muy utilizada en la tradición oriental.

Ingredientes:
1 cucharada de artemisa seca *(Artemisia vulgaris* o *capillaris)*

Preparación:
Hervir 250 ml de agua, añadir las hojas secas y cocer durante unos 5 minutos a fuego medio.

Indicaciones:
Ayuda en caso de anemia, a expulsar gusanos y está recomendada para problemas hepáticos y digestivos.

Decocción de bardana, cola de caballo y gramíneas

Ingredientes:
30 g de bardana *(Arctium lappa),* raíz
30 g de cola de caballo *(Equisetum arvense),* planta
40 g de grama *(Agropyrum repens),* rizoma

Preparación:
Esta decocción se puede preparar con cualquiera de las hierbas indicadas o con las tres juntas.

Verter una cucharada de la mezcla de hierbas en 250 ml de agua fría y hervir durante al menos 10 minutos a fuego lento. Luego colar y beber después de las comidas o entre éstas.

Indicaciones:
Es útil para problemas de riñón y vejiga, cistitis con ardor, inflamación del tracto urinario u órganos sexuales, para la caída del cabello, la osteoporosis, la ciática y la artritis.

ÍNDICE